I0812085

نشر طلایه پُرسو

طرح روی جلد

دیوارنگاره‌ی پاث‌فایندر به عنوان طرح روی جلد این کتاب استفاده شده است. این دیوارنگاره در برگیرنده‌ی چهره‌پردازی رهبران انقلابی‌ای است که مکتوبات و سخنرانی‌های آنان را انتشارات پاث‌فایندر منتشر می‌کند. این دیوارنگاره بر روی دیوار ساختمان شش طبقه‌ای پاث‌فایندر در نیویورک و با مشارکت بیش از ۸۰ نقاش از ۲۰ کشور جهان نقاشی شد. پرده‌برداری از این دیوارنگاره در اواخر سال ۱۹۸۹ انجام گرفت، در این هنگام آن دسته از وقایع تاریخی سیاست جهانی که در این کتاب تحلیل شده‌اند در شرف تکوین بودند. (در اواخر سال ۱۹۹۶ این دیواره‌نگاره، که در اثر عوامل جوی صدمه دیده بود، رنگ‌آمیزی شد.)

امپریالیسم ایالات متحده
جنگ سرد را باخته است

امپریالیسم ایالات متحده جنگ سرد را باخته است

جک بارنز

نشر طلایه پُرسو

Barnes, Jack

بارنز، جک،

امپریالیسم ایالات متحده جنگ سرد را باخته است / جک بارنز؛ ترجمه‌ی مسعود صابری.ـــ تهران: طلایه پرسو، ۱۳۸۲.

۲۹۶ ص: مصور.

ISBN 964-5783-03-8 ۲۰۰۰ تومان

فهرستنویسی براساس اطلاعات فیپا.

U.S. Imperialism has lost the cold war.

عنوان به انگلیسی:

۱.امپریالیسم آمریکا -- تاریخ -- قرن ۲۰م. ۲.ایالات متحده -- سیاست و حکومت -- قرن ۲۰م. ۳.جنگ سرد. ۴.روسیه شوروی -- تاریخ -- ۱۹۹۱م. ۵.امپریالیسم -- تاریخ -- قرن ۲۰م. الف.صابری، مسعود، ۱۳۳۰ - ، مترجم. ب. عنوان.

۸الف۲ب/E۷۱۳ ۳۲۷/۷۳

۱۳۸۲

کتابخانه ملی ایران م۸۱-۴۷۷۲۰

این اثر ترجمه‌ای است از:

U.S. Imperialism Has Lost the Cold War

New International No. 11, 1999/ISBN 0873487966

by

Jack Barnes

امپریالیسم ایالات متحده جنگ سرد را باخته است

ترجمه‌ی: مسعود صابری

ناشر: نشر طلایه پُرسو

تیراژ: ۱۰۰۰

نوبت چاپ: اوّل / ۱۳۸۲

حروف چینی: طلایه پُرسو

آماده‌سازی چاپ: شرکت قلم

چاپ: خاشع

آدرس ناشر: تهران، صندوق پستی ۱۱۹۷-۱۳۱۸۵

E-mail: ntalaye_p@yahoo.com

ISBN 964-5783-03-8 شابک ۸-۰۳-۵۷۸۳-۹۶۴

۲۰۰۰ تومان

مقدمه‌ی ناشر

این کتاب هنگامی چاپ می‌شود که ایالات متحده آمریکا و متحدینش عراق را از طریق یک حمله‌ی نظامی اشغال و حق حاکمیت مردم آن کشور را نقض کرده‌اند. در عین حال، آن‌ها بدین طریق نیروهایی را در منطقه برانگیخته‌اند که تحت کنترلشان نیستند. گفتنی است که این جریان به عراق ختم نخواهد شد. بلکه، پیامدهای آن کل منطقه را در بر خواهد گرفت. عرضه‌ی این کتاب کوششی است برای کمک به فهم نیروهای سرنوشت‌سازی که در پشت این جریان قرار گرفته‌اند.

این تهاجم سؤالات جدی‌ای را مطرح می‌کند: کدام فعل و انفعالات درونی ایالات متحده و نظام امپریالیستی مصبب و برانگیزنده‌ی آنان برای روی آوردن به جنگ است؟ آیا جنگ‌افروزی این سیستم ناشی از قدرت آن است و یا انعکاسی است از ضعف آن؟ ریشه‌ی اختلافات میان‌ـامپریالیستی (نظیر اختلاف‌های "اروپای کهن" با ایالات متحده) چیست و ناشی از کدامین روندهای اقتصادی و سیاسی است؟ چشم‌انداز بحران اقتصادی فزاینده‌ای که نظام حاکم بر جهان را مرتعش می‌کند و زندگی صدها میلیون انسان را در دنیای سوم و کل جهان با خطر فزاینده‌ی فقر تهدید می‌کند، چیست؟

فروپاشی رژیم‌های شوروی و اروپای شرقی چگونه شکل گرفت؟ آیا این فروپاشی باعث تقویت نظام امپریالیسم و مشخصاً ایالات متحده شده است؟ پدیده‌ی جنگ سرد چه بود و آیا واقعاً به پیروزی ایالات متحده ختم شد؟ تصویری که نویسنده با دقت و استناد به رخدادهای اصلیِ واقع در بطن جامعه‌ی آمریکا و سطح جهان به خواننده ارائه می‌دهد، کمک خواهد کرد تا

خواننده خود بتواند وقایع را ارزیابی و درباره‌ی نتایج آن مستقلاً قضاوت کند.

متن این کتاب سیزده سال پیش به رشته‌ی تحریر در آمد. تعمق بر آنچه در جهان طی این مدت بوقوع پیوسته و همچنین در مقطعی که در آن بسر می‌بریم کمک می‌کند تا با عمق نظری که در این نوشته برای شناخت روندهای اساسی حاکم بر جهان و تحولات مرتعش‌کننده‌ی آن بکار رفته است آشنا شویم. پنج سال پیش نویسنده با افزودن زیرنویس‌هایی بر متن اصلی به تشریح بیشتر برخی مطالب پرداخت و انطباق این نوشته با واقعیت‌های رخ داده طی هشت سال پیش از آن را ارزیابی کرد.

کتاب حاضر تاکنون به زبان‌های اسپانیایی، فرانسه، سوئدی، ایسلندی و یونانی چاپ شده است. ناشر امیدوار است انتشار آن به درک بهتر جهان حاضر کمک کند و در برداشتن قدم‌های صحیح در جهان متلاطمی که در پیش روی ماست یاری دهد.

فهرست مطالب

فصل سوم

سرمایه‌داری جهانی در اروپای شرقی و اتحاد شوروی شکست تاریخی خورده است

فصل چهارم

بازسازی یک جنبش کمونیستی جهانی

مقدمه

سند "امپریالیسم آمریکا جنگ سرد را باخته است" را نمایندگان حزب کارگران سوسیالیست در ایالات متحده در سی و پنجمین کنگره‌ی حزب در ۸ الی ۱۲ام اوت ۱۹۹۰ بحث و تأیید کردند. کمیته سراسری حزب این قطعنامه را برای بحث در اختیار نمایندگان کنگره گذاشته بود. هنگامی که این قطعنامه در شاخه‌های حزبی در سراسر ایالات متحده و سازمان‌های کمونیستِ سایر کشورها به بحث گذاشته شده بود، وقایع تاریخی‌ای که علامت مشخصه‌ی ختم رژیم‌های استالینیست در سراسر اروپای شرقی، اتحاد شوروی و بیانگر تلاشیِ قدرت دستگاه‌های احزاب کمونیست در آن کشورها بود، روز به روز به وقوع می‌پیوست. حاکمان امپریالیست شروع کرده بودند با صدای بلند اعلام کنند که کمونیسم شکست خورده و "نظم نوین جهانی متولد" شده است ـ حتی اعلام می‌داشتند که خودِ تاریخ عمرش بسر رسیده است ـ و قاعدتاً خودشان از آن به بعد سکاندار بی‌رقیب و هدایت‌کننده‌ی کشتی جهان خواهند شد.

درست در همان زمانی که نمایندگان حاضر در کنگره‌ی حزب کارگران سوسیالیست در حال مشورت و بررسی بودند، حکومت ایالات متحده تدارک برای جنگ علیه عراق را آغاز کرد که پنج ماه پس از آن به شش هفته بمباران بی‌امان و ویرانگر عراق، یورش نظامی ۱۰۰ ساعته علیه آن کشور و قتل‌عام ۱۵۰٫۰۰۰ مرد و زن و کودک عراقی انجامید.

برنامه قبلی برای ویرایش سریع و انتشار قطعنامه‌ی مصوب کنگره‌ی اوت ۱۹۹۰ موقتاً کنار گذاشته شد. زیرا شاخه‌ها و فراکسیون‌های حزب در اتحادیه‌های کارگری و شعبه‌های سازمان جوانان سوسیالیست، به همراه

کمونیست‌هایی از سراسر جهان که موافق نتیجه‌گیری‌های سیاسی این سند بودند، به انجام وظیفه‌ی بلافصل مبارزه علیه جنگی که در پیش رو قرار داشت پرداختند. اما، امپریالیسم ایالات متحده قادر نشد به اهداف خود در جنگ با عراق تحقق بخشد. "ائتلاف بزرگ" که تحت باتون رییس جمهور، جرج بوش، شکل گرفته بود حتی در بحبوحه‌ی غرش توپ‌ها نیز شروع کرد به از هم وارفتن، به‌گونه‌ای که حاکمان ایالات متحده را مجبور کرد به چیزی کمتر از تشکیل یک رژیم تحت‌الحمایه‌ی خود در عراق رضایت دهند، حال آنکه آن‌ها نیازمند چنین رژیمی در منطقه بودند. عواقب جنگ خلیج فارس یکی از نخستین پیامدهای چشمگیر و تأییدی بر تشدید تخاصمات میان‌ـامپریالیستی بود که وجه مشخصه‌ی جهانِ بعد از جنگ سرد است و این نُت ناهنجاری بود که در حین خواندن سرود سیطره‌ی ایالات متحده بر نظم نوین جهانی نواخته شد. نتایج ناشی از آن پیامد هنوز هم گریبانگیر سرمایه مالی ایالات متحده است و همچنان ادامه دارد.

■ اینکه انتشار سند "امپریالیسم ایالات متحده جنگ سرد را باخته است" هشت سال پس از تحریر و تصویب آن انجام گرفت، امر پیش‌بینی شده‌ای نبود. اما، انتشار آن اکنون شاید دارای مزیّتی خاص باشد. آنچه اکنون منتشر می‌شود پس از بازنگری وقایع بعدی نوشته نشده است: این سند درست به همان گونه‌ای منتشر می‌شود که در بولتن بحث حزب کارگران سوسیالیست در ماه مه ۱۹۹۰ عرضه شده بود و فقط تغییرات مورد تصویب نمایندگان حاضر در کنگره مد نظر قرار گرفته است. قطعنامه‌ی تصویب شده فقط از نظر حذف مطالب تکراریِ غیرضروری، حذف جملات معترضه‌ی اضافی، رفع ابهام و افزودن پاورقی و ذکر منابعی که گذشت زمان لازم آورده ویرایش شده است. اما، امروز ما با چشم دیگری به سند می‌نگریم. چشم‌انداز این چند سال کوتاه

به ما این فرصت را می‌دهد که عظمت نتایج ناشی از خسران تاریخی امپریالیسم را دریابیم، همچنین متوجه سرعت تغییر و تعویض برخی از سکان‌داران اصلی سیاست جهانی در دورانِ پس از جنگ جهانی دوم باشیم.

● برخلاف گرایش‌های پیش‌بینی شده در سند درباره‌ی "استحکام نسبی سرمایه مالی آلمان در چارچوب نظام امپریالیستی" و شکل‌گیری یک اتحادیه اروپا که "هر چه بیشتر تحت سلطه‌ی سرمایه مالی آلمان قرار خواهد گرفت"، بورژوازی آلمان و ارز قرص و محکم آن، مارک، از نظر سیاسی و اقتصادی در اثر ۹ سال تلاشِ تلخ آلمان برای بلعیدن و هضم دولت کارگری آلمان شرقی تضعیف شده‌اند. قطعنامه به طور دقیقی به تضادهای عدیده‌ی مستتر در اتحاد آینده‌ی آلمان شرقی و غربی اشاره می‌کند. اما، به عواقب احتمالی آن نمی‌پردازد، چون این‌ها با روابط دوران پیشین که به صورت حادی تحت لوای آلمان "شرقی" و "غربی" از یکدیگر تفکیک می‌شدند تفاوت فاحش داشتند، روابطی که یک موج درازمدت توسعه‌ی سرمایه‌داری را در بر می‌گرفت.

■ نرخ رسمی بیکاری در آلمان به برابری با اعدادی رسید که از دوران انتصاب هیتلر به عنوان نخست وزیر رایش سوم تاکنون بی‌سابقه بوده است. حادتر شدن قطب‌بندی سیاسی با پیدایش جریانات رو به رشد فاشیسم و اوج گرفتن ضربه‌پذیریِ سرمایه مالی آلمان در مقابل از هم گسستگیِ اقتصادی روسیه ـ این‌ها از جمله مهمترین تجلیات واقعیت جدید اروپای سرمایه‌داری هستند.

ضعیف‌تر شدن نسبی بورژوازی آلمان در مقابل رقبایش، به خصوص امپریالیسم فرانسه، مهم‌ترین تغییرِ محور در سیاست جهانی از زمان تدوین پیش‌نویس قطعنامه‌ی حاضر تاکنون بوده‌است. نزول شتاب‌یابنده‌ی توکیو در همان دوره باعث شده است که یک پنداشت غلط عامیانه دگرگون شود.

پنداشت غلطی که در میان نقادان بورژوا در آستانه‌ی سال ۱۹۹۰ به اوج خود رسید و بر طبق آن آلمان و ژاپن با توجه به "معجزات اقتصادیشان" کشورهای "واقعاً پیروزِ" جنگ جهانی دوم بودند. در صورتی که، فقط از طریق یک کشتار جمعیِ میان-امپریالیستی و پیروز شدن قدرت‌های جدید است که رابطه‌ی نیروها می‌تواند به گونه‌ای متفاوت با نتایج جنگ جهانیِ پیشین تغییر یابد. و چنین آینده‌ای در حال تدارک است.

هرگز نباید فراموش کنیم که سرمایه مالی ایالات متحده، که اساساً بدون آنکه سایر طبقات حاکم امپریالیست او را به حریف بطلبند از این جنگ بیرون آمد، یگانه فاتح واقعیِ جنگ جهانی دوم نبود. "قرن آمریکایی" یک خیال باطل غم‌آلود برای لیبرال‌های واشنگتن باقی ماند زیرا برخلاف انتظارشان، طبقه‌ی کارگر در عرصه‌ی بین‌المللی کیش داد و ماتشان کرد. طبقه‌ای که فاتحِ دیگر آن فاجعه‌ی عظیم جهانی بود. پیروزی زحمتکشان در این واقعیت متجلی می‌شد که دیکتاتوری پرولتاریا در اتحاد شوروی هرچند که تضعیف و منحط شده بود، نابود نشد. زحمتکشان اتحاد شوروی به قیمت مادی و جانیِ بسیار گزافی با کمک کارگران و کشاورزان سراسر جهان موفق شدند تهاجم امپریالیستی را پس بزنند و بازسازی را آغاز کنند. پایه‌های اقتصادی که انقلاب اکتبر ۱۹۱۷ بنا نهاده بود جان سالم به در بردند. و ملل محروم آسیا، آفریقا و آمریکای لاتین از فرصتی که تضعیف سیستم امپریالیستی به بار آورده بود استفاده و مبارزات آزادیبخش ملی قدرتمندی را آغاز کردند که چهره‌ی سیاست جهانی را دگرگون کرد و تناسب نیروهای طبقاتی را در سطح بین‌المللی به ضرر سرمایه‌ی مالی تغییر داد.

● تا سال ۱۹۹۰ پنجاه سال در اروپا جنگی بر پا نشده بود. اما، اکنون هفت سال است که از اوایل سال ۱۹۹۱ یوگسلاوی و سرتاسر سرزمین‌های بالکان گاه به شکل آتش زیر خاکستر و گاه به صورت انفجارآمیزی درگیر

جنگ هستند.

حکومت ایالات متحده بر روی تلی از خون و استخوان مردم یوگسلاوی خود را به عنوان قدرت اصلی "اروپایی" تثبیت کرده است. در حالی که طبقات سرمایه‌دار کشورهای اروپایی خود را در پرچم سازمان ملل پیچیده و در تلاشی بیهوده برای جایگزینی یکدیگر به عنوان "پیروزمند" جنگ‌های بالکان خود را خسته کردند، واشنگتن در سال ۱۹۹۴ پرچم پیمان ناتویش را برافراشت و قاطعانه وارد عمل شد. حاکمان ایالات متحده به رغم توجیهات عوام‌فریبانه‌ای که به راه انداخته‌اند، هدفشان این نیست که "تصفیه‌ی قومی" را متوقف سازند و یا "دموکراسی" را تحمیل کنند، بلکه در صددند تا برتری ایالات متحده را در اروپا به کرسی بنشانند و شرایطی را فراهم کنند که روزی روابط اجتماعی سرمایه‌داری را در سراسر دولت کارگری یوگسلاوی تجدید حیات بخشند.

● تنش روزافزون در پیمان ارتجاعیِ ناتو "ناشی از تشدید رقابتِ میان-امپریالیستی و تغییر محور در صف‌بندی‌ها" که در قطعنامه بدان اشاره شده بود، کاهش نیافته، بلکه تشدید شده است. اما، سازمان ناتو، تحت هدایت طبقه‌ی حاکمه‌ی ایالات متحده، در حالی که اعضای آن در خصوص نتایج سرنوشت‌ساز خطومشی آن به هیچ وجه متفق‌القول نیستند، به نحوی در حال گسترش است که تضادهای درونی آن به مراتب افزایش خواهد یافت، این در حالی است که مرکز ثقل آن در حال حرکت به سمت شرق است. محاصره‌ی دولت کارگری روسیه در حال تنگ‌تر شدن در راستای تمامی خطوط محیط آن است: از اروپای مرکزی تا نواحی نفت‌خیز قفقاز و در عمق آسیا در راستای جاده‌ی تاریخی ابریشم در جنوب. همچنان که قدرت‌های سرمایه‌داری تلاش می‌کنند منافع خود را پیش ببرند، این دایره‌ی آتش با تناوب بیشتری شعله‌ور خواهد شد. نیروهای کنترل‌نشدنیِ لجام‌گسیخته همچنان رشد خواهند کرد. این

است چشم‌انداز واقعیِ ظاهر شده در افق قرن بیست و یکم.

■ امپریالیسم ایالات متحده قدم به قدم و با قساوت کامل آنچه را که متقاعد شده است باید در نهایت انجام دهد دارد تدارک می‌بیند. آنچه را که انقلاب اکتبر روسیه آغاز کرد با تردستی نمی‌توان از صفحه‌ی تاریخ زدود. سرمایه‌داری در آن سرزمین‌ها فقط از طریق ضدانقلاب خونین می‌تواند مجدداً مستقر شود. باید در شوروی سابق با زحمتکشان مستقیماً برخورد کنند. گرچه قدرت دولتیِ دولت کارگری تضعیف و طی دهها سال روش‌های نادرست حکومتیِ قشر بوروکرات و فرصت‌طلب و قاتلان و سایر انگل‌های ضدِ طبقه‌ی کارگر به آن خیانت و اکنون تکه تکه و به چندین اردوگاه تقسیم شده‌است، اما با همه این‌ها، برای سرنگونی آن بالاخره باید به قدرت نظامی متوسل شوند.

همچنان که قطعنامه تأیید می‌کند: "دولت‌های کارگری و پایه‌های مالکیت پرولتری آن‌ها نشان داده‌اند که از کاست‌های [استالینیستی] قوی‌ترند."

● در اوت ۱۹۹۰ هنوز چارچوب اتحاد جماهیر سوسیالیستی شوروی پا بر جا بود. میخاییل گورباچف رییس جمهور اتحاد شوروی و دبیر کل حزب کمونیست بود. رژیم مسکو هنوز حقانیت خود را از طریق این ادعا که تداوم‌بخش انقلاب اکتبر ۱۹۱۷ به رهبری بلشویک‌ها است توجیه می‌کرد. امروزه دیگر هیچ کدام از این‌ها واقعیت ندارد.

از هم گسستگی کاست‌های بوروکراتیک و ترک هر گونه ادعایی مبتنی بر اینکه سخنگوی کمونیسم یا مدافع طبقه‌ی کارگر و متحدینش در سطح جهان هستند، مانع عظیمی را از سر راه برداشته است. مانعی که دهها سال بود که نمی‌گذاشت مبارزان انقلابی مسیر خود را به سوی مارکسیسم پیدا کنند. میلیون‌ها انسان را به خط‌ومشی‌ای کشیدند که در واقع نفی ضدانقلابی هر آنچه بود که رهبران جنبش طبقه‌ی کارگرِ عصر جدید، از جمله مارکس، انگلس و

لنین، برای آن مبارزه کرده بودند. اما، امروز نه رییس جمهورِ تلو تلو خورانِ روسیه، بوریس یلتسین و همدستانش، و نه جناح مخالف آنان ـ و مقلدان آنان در سراسر جمهوری‌های سابق شوروی ـ نمی‌توانند حتی یک مبارز انقلابی را در هیچ نقطه‌ی جهان تحت تأثیر قرار دهند و به بیراهه بکشانند.

بر باد رفته با این سد راه، چسبی است که ده‌ها سال محیط اجتماعی و فرهنگی‌ای را که در سراسر جهان "چپ" خوانده می‌شد گرد هم نگه داشته بود. از زمانی که استالینیست‌ها در اواسط دهه‌ی ۱۹۳۰ "استراتژی" سازش طبقاتیِ جبهه‌ی مردمی را بنیان نهادند، "چپ" خط سیاسی و انسجام درونی خود و اغلب منابع مادی خود را از طریق اعلام هویت و سرسپردگی خود به اقشار واقعاً موجود که دولت‌های کارگری را تحت سلطه‌ی خود گرفتند بدست آورده است. قوه‌ی جاذبه‌ی حقیقتِ واقعاً موجود بسیار عظیم بود، در نتیجه همین طور بحرانی که "چپ" را در سراسر جهان در بر گرفت. زیرا که به قول رییس جمهور کوبا، فیدل کاسترو، "یک روز خورشید دیگر ساعت ۶ بامداد طلوع نکرد، ساعت ۷ هم همین طور، ساعت ۱۰ هم طلوع نکرد، حتی ظهر هم طلوع نکرد."[۱] از آن پس، روحیه و استقامت همه‌ی کسانی که خود را سوسیالیست و یا کمونیست می‌نامیدند دوباره به سنگ محک زده می‌شود؛ آزمایشی که امروز دامنه‌اش هم عمیق‌تر می‌شود و هم وسیع‌تر. برای روندهایی که ادعا می‌کنند انقلابی هستند از این به بعد در جنبش کارگری نیرویی از خارج از خودشان نیست که تقصیرها را بر گردنش بیندازند و یا در عمل، رهبری و تکامل خود امتیازها را به او بدهند.

● در اوایل سال ۱۹۹۰ بازار بورسِ فوق‌العاده متورم سهام و املاکِ ژاپن

۱- سخنرانی فیدل کاسترو در کنگره اتحادیه نویسندگان و هنرمندان کوبا (UNEAC) در نوامبر ۱۹۹۳. مراجعه شود به:
"Defending Cuba, Defending Cuba's Socialist Revolution" by Mary-Alice Waters in *New International* no. 10, p. 30.

به تازگی سقوط کرده بود. تأیید اینکه چنین واقعه‌ای وجه مشخصه‌ی آغاز یک بحران انقباض سرمایه‌ای در سطح جهان است با تأخیر چشمگیر و با لحنی سراسیمه امروز در برخی گوشه و کنارهای افکار عمومیِ بورژوایی تصدیق می‌شود. بر خلاف آنچه انتظار داشتند، هرگز بهبودی رخ نداد. برعکس، بحران عمیق‌تر شده است.

اکنون هشت سال پس از آن، همچنان که "بحران آسیایی" شیوع پیدا می‌کند و سقوط بین‌المللی نظام بانکی تهدیدکنان با هیبت در افق ظاهر می‌شود، هیچ کس هنوز نمی‌داند که آیا ما حقیقتاً هم‌اکنون در حالتی بسر می‌بریم که در آینده‌ی نزدیک همه تصدیق خواهند کرد که نخستین سال بحران اقتصادی جهانی بوده است. آیا روزی به سال ۱۹۹۹ همانند ۱۹۲۹ دیگری نگریسته خواهد شد؟ آری یا خیر، چندان چیزی را تغییر نمی‌دهد. قدر مسلم آن است که ما شاهد آخرین تلاش‌های مستأصل و سست حاکمان سرمایه‌دار برای جلوگیری از وقوع اتفاقی هستیم که وقوع آن غیر قابل اجتناب است.

آنچه در پیش است برای زحمتکشان جهان به مراتب فاجعه‌آمیزتر از پیامد ۱۹۲۹ خواهد بود. این بار ابعادش واقعاً عالمگیر خواهد بود.

■ طی بحران اقتصادی جهانی دهه‌ی ۱۹۳۰ روابط اجتماعیِ سرمایه‌داری در اغلب کشورهای مستعمره‌ی آسیایی و آفریقا و حتی بخش‌هایی از آمریکای لاتین در حاشیه‌ی جامعه بود. برای اکثریت عظیم دهقانان که تحت نظام استعماری می‌زیستند ثمره‌ی استثمار مشدّد اجتماعی و اقتصادی همانند زندگی بر لبه‌ی تیغ بود. اما، امرار معاش و تنازع بقاء اساساً در خارج از حیطه‌ی نفوذ بازار سرمایه‌داری جهانی صورت می‌گرفت و به همین دلیل شرایط زندگی اغلب زحمتکشان جهان در اثر بروز بحران بزرگ از نظر کیفی چندان بدتر نشد. امروز سرمایه‌داری در اغلب این کشورها بسیار عمیق‌تر در کشاورزی نفوذ

کرده است و یک طبقه‌ی کارگر مزدبگیر که در برخی موارد چندان هم کوچک نیست در بسیاری از این کشورها رشد و نمو کرده است.

خلق‌های اتحاد شوروی که در دهه‌ی ۱۹۳۰ بر اثر دست‌آوردهای انقلابِ اکتبر و بنیان اقتصادی مبتنی بر مالکیت ملی و اقتصاد بابرنامه از ویرانی‌های رکود جهانی در امان مانده بودند، اکنون بی‌نهایت ضربه‌پذیرترند.

سرنوشت زحمتکشان جهان به مراتب بیشتر با چگونگی عملکرد بازار جهانی سرمایه‌داری گره خورده است، امیدها برای فردایی بهتر شروع به فروپاشیدن کرده‌اند.

این جهان قرن بیست و یکم، با تولدی زودرس در ساعات اختتام قرن بیستم، ممکن است برای کسانی که زندگی و آگاهی آنان توسط حوادث و عواقب ناشی از جنگ جهانی دوم شکل گرفته است به طور غیرمنتظره‌ای گیج‌کننده باشد. اما، برای نسلی که امروزه پا به حیات سیاسی می‌گذارد این تنها دنیایی است که همواره شناخته‌اند. برای همه‌ی ما "امپریالیسم ایالات متحده جنگ سرد را باخته است" به چشم‌انداز و وظایف عملی خاصی منجر می‌شود که همسنگ با مقاومت روزافزون امروزه‌ی طبقه‌ی کارگر است و نیروهایی راکه نبردهای عظیم آینده را شکل خواهند داد از نظر سیاسی برجسته و روشن می‌کند. بالاتر از همه اینکه به ما توضیح می‌دهد چرا، با همه‌ی تبلیغات بورژوازی، شرایط ویژه‌ی تاریخی در سطح جهان به نفع طبقه‌ی کارگر تقویت شده است، نه تضعیف.

جک بارنز و ماری-آلیس واترز[1]

سپتامبر ۱۹۹۸

1- Mary-Alice Waters

عکس از هالکت آلن از نشریه *میلیتانت*[1]

پیوستن کارگران اعتصابی علیه شرکت پیتستون به اعتصابیون علیه خطوط هوایی ایسترن در ۱۵ام ژانویه ۱۹۹۰، روز بزرگداشت مارتین لوتر کینگ، در میامی، فلوریدا. "این مبارزات، از طریق برافراشتن پرچم مقاومت، اعمال قدرت اتحادیه و کوشش همه جانبه برای ایجاد وحدت و همبستگی، سرمشقی برای سایر فعالین اتحادیه‌ها شده‌اند."

1- Halket Allen / *Militant*

فصل اول

جنبش اتحادیه‌های کارگری در ایالات متحده در مرکز صحنه‌ی سیاسی باقی مانده است

الف ـ گسترش رهبریِ برخاسته از رده‌های اتحادیه‌ها

۱ـ تهاجم کارفرمایان، که بیش از ده سال ادامه داشته، نتوانسته است جنبش اتحادیه‌ای کارگران را از مرکز صحنه‌ی سیاسی ایالات متحده بیرون براند.

۱-۱) جنبش اتحادیه‌ای همان جایی باقی مانده است که در نیمه‌ی دوم دهه‌ی ۱۹۷۰ قرار داشت، زمانی که از طریق مبارزه خود را دوباره به مرکز صحنه‌ی سیاسی، که تقریباً سه دهه قبل از آن زمان از آنجا بیرون رانده شده بود، وارد کرد.

۱-۲) دو پدیده بیانگر این تغییر موقعیت جنبش کارگری در ایالات متحده بودند:

۱-۲-۱) اعتصاب کارگران اتحادیه معدنچیان آمریکا[1]. پیش از این واقعه زنان موفق شده بودند راه خود را به سوی اشتغال در معادن زیرزمینی بگشایند. سپس این اتحادیه در جنبش‌های ضدهسته‌ای و جنبش انرژیِ بی‌خطر ذغال‌سنگ عمیق‌تر درگیر شد؛(۱)* و

۱-۲-۲) جنبش برای دموکراسی در اتحادیه کارگران فولاد آمریکا[2] که حول مبارزه‌ی انتخاباتی اتحادیه توسط جنبش نوظهور مقاومت کارگران فولاد[3] شکل گرفت.(۲)

1- United Mine Workers of America (UMWA)

* یادداشت‌ها در آخر هر فصل آمده است.

2- United Steel Workers of America (USWA)

3- Steelworkers Fight Back

۲ـ به دنبال رکود اقتصادی ۱۹۸۱-۱۹۸۲، عقب‌نشینی اتحادیه‌ها که در اثر ضربه‌های تهاجم کارفرمایان در اواخر دهه‌ی ۱۹۷۰ حادث شده بود، به شبیخون علیه اتحادیه‌ها منجر شد.

۲-۱) وا دادن صاحب‌منصبان اتحادیه‌ها در مقابل کارفرمایان باعث گریز کارگران از مبارزه شد.

۲-۲) کاهش دستمزدها، عقب‌نشینی در رعایت ایمنی در محیط کار و افزایش سرعت خط تولید نه‌تنها مخالفت اعضای اتحادیه‌ها را برنیانگیخت، بلکه اغلب به آن‌ها رای هم دادند، از آنهم فراتر رفته با رده‌بندی‌های نزولی دستمزدها هنگام استخدام، دادن کار به پیمانکاران دست دوم و طرح‌های استخدام موقت که همگی به ایجاد دودستگی میان نیروی کار و اعضای اتحادیه‌ها منجر می‌شد موافقت کردند.

۲-۳) به رغم اینکه تهاجم کارفرمایان ضربات سنگینی بر پیکر اتحادیه‌ها و طبقه‌ی کارگر وارد آورد و باعث تضعیف بیشتر اتحادیه‌ها شد، با این حال سرمایه‌داران

۲-۳-۱) مقاومت کارگران را در هم نشکسته‌اند؛ و

۲-۳-۲) موقعیت رقابتی خود را در قیاس با سایر سرمایه‌داران به میزانی بهبود نبخشیده‌اند که آنان را قادر سازد بخش قابل توجهی از طبقه‌ی کارگر را بخرند.

۳ـ تلاش‌های اخیر سرمایه‌داران برای افزایش فشار علیه جنبش اتحادیه‌ای و تعمیق روند در هم شکستن اتحادیه‌ها، که در اوایل دهه‌ی ۱۹۸۰ آغاز شد، با مقاومت روزافزونی مواجه شده است؛ بخصوص در مورد آن صنایعی که نسبت به رقبای خود در موقعیت ضعیفی قرار دارند (لورنزو: خطوط هوایی ایسترن، داگلاس: معادن ذغال‌سنگ پیتستون، کوری: خطوط اتوبوس‌رانی گری هاند).(۳)

۳-۱) این مقاومت نخستین بار در بحبوحه‌ی شبیخون علیه اتحادیه‌ها خود را بروز داد. بدین نشان که کارفرمایان معادن ذغال‌سنگ تصمیم گرفتند، به جای برانگیختن مبارزه‌ی جدید، در مقابل اتحادیه معدنچیان کوتاه بیایند. کارفرمایان در زمانی که تاریخ خاتمه‌ی یک قرارداد سراسری در سال ۱۹۸۴ سر رسید، قراردادی به معدنچیان پیشنهاد کردند که دست‌آوردهای قبلی کارگران را مورد تعرض قرار نمی‌داد و حتی افزایش دستمزد هم داشت.

۳-۱-۱) اتحادیه معدنچیان آمریکا در آن هنگام تنها اتحادیه در میان اتحادیه‌های صنعتی بود که قادر شده بود مانع از حذف آن بخش از دست‌آوردهای قراردادی شود که اثرات مسری انباشت آن‌ها وجه مشخصه‌ی شکست شد.

۳-۱-۲) این امر ماحصل این واقعیت بود که اعضای اتحادیه معدنچیان آمریکا در اواخر دهه‌ی ۱۹۶۰ و اوایل دهه‌ی ۱۹۷۰ در مقابل نزول و انحطاط اتحادیه‌ی خود شروع به ایستادگی کردند. آنان، از طریق یک جنبش قدرتمند بر پایه ایجاد دمکراسی برای اعضای اتحادیه، در مقابل بوروکراسیِ چنگال‌انداخته و فاسد ایستادند و برای ایجاد دموکراسی اتحادیه‌ای فضا باز کردند و از این فضا برای سازماندهی قدرت اتحادیه در مقابل کارفرمایان معادن ذغال‌سنگ استفاده کردند. آنان بر این مبنا در سال‌های ۱۹۷۷-۱۹۷۸ و ۱۹۸۱ نبردهای اعتصابی پیروزمندی را به ثمر رساندند.(۴)

۳-۱-۳) فقط از طریق شناخت این نبرد موفقیت‌آمیز اعضای اتحادیه برای بدست آوردن دموکراسیِ اتحادیه‌ای و اعمالِ قدرت اتحادیه‌ای علیه صاحبان معادن است که می‌توانیم دریابیم قوت نسبی و رزمندگی کنونی اتحادیه معدنچیان آمریکا از کجا سرچشمه گرفته است. سایر

اتحادیه‌ها نیز باید در نهایت از همین چهار راه بگذرند.

۳-۲) در اواخر سال ۱۹۸۵ اعضای اتحادیه کارگران متحد صنایع غذایی و تجاری[1] شروع کردند به مبارزه علیه افزایش تشدیدیابنده‌ی سرعت خط تولید، خشونت بی‌نظیر و فشار مکرر کارفرمایان در صنعت گوشت [شامل کشتارگاه‌ها و بسته‌بندی و تولید فرآورده‌های گوشتی] برای کاهش دستمزدها برای بار دوم و سوم.

۳-۲-۱) این نبردها در سال‌های ۱۹۸۵-۱۹۸۶ در پی اعتصاب کارکنان شرکت هورمل در مینه‌سوتا در مرکز توجه سراسری رسانه‌ها قرار گرفت و بر تمامی مبارزان اتحادیه‌ها در سراسر شمال امریکا تأثیر گذاشت.(۵)

۳-۲-۲) در اواخر سال ۱۹۸۶ و نیمه‌ی اول ۱۹۸۷ سراسر صنعت گوشت غذایی واقع در غرب میانی را موجی از اعتصابات فراگرفت، در حالی که در همان هنگام کارگران اعتصابی صنایع کنسروسازی در واتسون‌ویل، کالیفرنیا، در حال کسب پیروزی مهمی بودند.

۳-۲-۳) در سال‌های ۱۹۸۷-۱۹۸۸ کارگران صنایع کاغذسازی در چندین منطقه‌ی ایالات متحده اعتصابی را به راه انداختند که شانزده ماه به طول انجامید و طی آن سخت به مبارزه پرداختند؛ اعضای اتحادیه معدنچیان آمریکا در معادن ذغال‌سنگ در غرب ایالات متحده دست به یک سری اعتصاب زدند و در چندین اعتصاب پیروز شدند؛ اربابان معادن‌زغال‌سنگ، زمانی که موعد قرارداد سراسری در سال ۱۹۸۸ سر رسید، از رویارویی با اتحادیه معدنچیان آمریکا امتناع کردند.

۳-۲-۴) گرچه کارگران در اغلب مواقع قادر نبودند مانع از عقد

1- United Food and Commercial Workers Union (UFCW)

قراردادهایی شوند که باعث کاهش خدمات یا دستمزدشان می‌شد و همچنین نمی‌توانستند جلوی استخدام دایمی اعتصاب‌شکنان را بگیرند، اما آغاز نبردهای ۱۹۸۵-۱۹۸۶ خط مقسّمی بود که نشان می‌داد دوران شکست اتحادیه‌ها و شبیخون اربابان بسر آمده است.

۳-۳) در بهار ۱۹۸۹ واقعه‌ی جدیدی رخ داد: مکانیک‌ها، کارگران ترابری و نظافتچیان خطوط هوایی ایسترن، که اتحادیه بین‌المللی مکانیک‌ها[1] آنان را سازماندهی می‌کرد، نخستین اعتصاب سراسری با دوامِ این دهه را به راه انداختند، اعتصابی که به راحتی قابل مهار و یا شکست نبود.

۳-۴) علاوه بر این‌ها، نبرد ایسترن به سرعت با مرحله‌ی جدیدی از مقاومت اتحادیه معدنچیان آمریکا همپوشانی پیدا کرد و با آن گره خورد.

۳-۴-۱) همه‌ی اعضای اتحادیه معدنچیان به مبارزه‌ی پیتستون خیرمقدم گفتند و موجی از اعتصابات را در اواسط سال ۱۹۸۹ به راه انداختند تا مطمئن شوند که کارگران پیتستون منزوی نشوند و شکست نخورند، آنگونه که در سال ۱۹۸۵ اعتصابات اتحادیه معدنچیان آمریکا علیه کمپانی ای‌بی‌ماسی شکست خورد.(۶)

۳-۴-۲) اعتصاب پیتستون حمایت رو به گسترش سراسری را نسبت به خود جلب کرد. کارگران خطوط هوایی ایسترن و سایر کارگران از آن حمایت کردند، همین طور معدنچیان و اتحادیه‌گرایان از کشورهای دیگر که بسیاری از ایشان از اردوگاه همبستگی، که مرکز اعتصاب اتحادیه در جنوب غرب ایالت ویرجینیا بود، دیدن کردند.

۳-۴-۳) مبارزه‌ی معدنچیان، که شرکت معادن پیتستون را مجبور کرد در اوایل سال ۱۹۹۰ با خواسته‌های آنان کنار بیاید، تلاش اربابان برای در هم شکستن مقاومت اتحادیه معدنچیان آمریکا را پس زد و

1- International Association of Machinists (IAM)

مانع از آن شد که شکست اتحادیه در ای‌تی‌ماسی تعمیم یافته و به روند جدیدی در معادن ذغال‌سنگ تبدیل شود.(۷)

۳-۴-۴) همبستگی متقابل این مبارزاتِ مستدامِ اعضای اتحادیه بین‌المللی مکانیک‌ها و اتحادیه معدنچیان آمریکا علیه ایسترن و پیتستون، به همراه تعداد دیگری از اعتصابات پرچالش، به تقویت تک تک مبارزات کمک کرد و باعث تقویت مقاومت سایر کارگران در مقابل حملات صاحب‌کاران شد.

۳-۵) نبردهای اتحادیه‌های کارگری در سال‌های ۱۹۸۹-۱۹۹۰ اکثراً در صنایعی رخ داده که شرایط ذیل بر آن‌ها حاکم بوده است:

۳-۵-۱) شرایط خانمان‌برانداز ـ پس گرفتن دست‌آوردهای کارگران برای بار دوم و سوم، فشارهای شدید علیه ایمنی در مقابل سوانح در محیط کار، تقلیل فاحش خدمات درمانی ـ باعث می‌شود که کارگران پشت به دیوار قرار بگیرند و عکس‌العمل نشان دهند.

۳-۵-۲) صاحب‌کارانی که موقعیت صنعتشان از نظر رقابتی بویژه ضعیف است، مجبور می‌شوند آنچنان شرایطی را تحمیل کنند که صاحب‌منصبان اتحادیه‌ها احساس می‌کنند نمی‌توانند آن را به اعضای اتحادیه، که فی‌الواقع سخت تحت فشار قرار دارند، بقبولانند؛ و

۳-۵-۳) موضع اربابان در اغلب موارد توأم است با بیرون راندن کارگران و بستن درهای کارخانه در پشت سر آنان، به گونه‌ای که حیات خود اتحادیه‌ها دایماً در حال تهدید قرار می‌گیرند، زیرا صاحب‌کاران همچنان هدف خود را که استخدام دایمی اعتصاب‌شکنان است دنبال می‌کنند.

۳-۶) این‌ها نبردهای تدافعی کارگرانی هستند که تصمیم گرفته‌اند چیزی برایشان باقی نمانده است، مگر مبارزه. سرمشقی که آنان از خود باقی

می‌گذارند، تأثیر همگانی دارد.

۳-۶-۱) این‌ها نبردهای کارد به استخوان رسیده‌ها هستند. کارگران این نبردها را در حالی آغاز می‌کنند که احتمال کمتری برای پیروزی دارند تا کارگرانی که در شرایط بهتر قرار دارند و برای بهبود قرارداد خود دست به اعتصاب می‌زنند (نظیر اعتصاب ایسترن در مقایسه با اعتصاب بوئینگ).(۸)

۳-۶-۲) به این دلایل، صِرفِ مبارزه خود باعث شد مسایل عمومی‌تری مطرح شوند که منافع میلیون‌ها تن از زحمتکشان را در بر می‌گرفتند.

۳-۶-۲-۱) تعداد روزافزونی از اعتصابیونی که در مبارزات درگیر بودند گفتند: "ما نه صرفاً برای خودمان، بلکه برای کل جنبش اتحادیه‌ایِ کارگران مبارزه می‌کنیم."

۳-۶-۲-۲) آنان که دست همبستگی دراز کردند، خواه از اتحادیه و یا هر جای دیگری، به گونه‌ی روزافزونی اعلام می‌داشتند: "مبارزه‌ی شما، مبارزه‌ای است برای همه‌ی ماها."

۳-۶-۲-۳) سرمشقی که برای اعضای سایر اتحادیه‌ها بجا گذاشته می‌شود، آنان را تشویق می‌کند تا ورای همبستگی قدم بگذارند و بگویند: "دفعه‌ی بعد، ما مثل شما مبارزه خواهیم کرد."

۳-۷) اعتصاب ایسترن به طور اخص نشان داد هنگامی که بوروکراسیِ اتحادیه در مواجهه با نیاز مبرم به بسیج قدرت اتحادیه فلج می‌شود، حتی اگر این کار برای داشتن برگی برای چانه زدن بر سر میز مذاکره باشد، با فلج شدن آن‌ها فضای کافی ایجاد می‌شود تا یک رهبری برخاسته از میان رده‌های پایه بتواند خود را تثبیت کند.

۳-۷-۱) صاحب‌منصبان اتحادیه بین‌المللی مکانیک‌ها، همانند سایر

بوروکراسی‌هایی که از همان موقعیت برخوردارند، در هفته‌ی اول اعتصاب و کمی فراتر از آن به حرّافی‌های شبه‌ـقرص‌ومحکمی متوسل شدند. اما، هنگامی که حکومت علیه همبستگیِ برنامه‌ریزی شده‌ی کارگران راه‌آهن از دادگاه حکم گرفت و لورنزو دست بوروکراسی را خواند و خود را تحت قیمومیت دادگاهِ حمایتیِ ورشکستگی قرار داد و در عمل مذاکرات را لغو کرد، لاف‌زدن‌های بوروکراسی نیز رنگ باخت.

۳-۷-۱-۱) در چنین شرایطی، صاحب‌منصبان اتحادیه دستشان خالی شده بود. ساختار آنان برای مذاکره، که گاهگاهی همراه با تهدیدهای توخالی است، درست شده است و تاب و تحمل رزم مستمر را ندارد.

۳-۷-۱-۲) قشرهای بالای بوروکراسی آنقدر از اعضای اتحادیه فاصله گرفته‌اند که نمی‌توانند یک نبرد را رهبری کنند، حتی اگر به منظور ایجاد فشار برای پیشبرد اهداف محدود خودشان باشد. وجود حوزه‌های بزرگ فساد و ابتذال بین صاحب‌منصبانِ محلی باعث می‌شود اکثریت آنان نیز فاقد قابلیت لازم برای نبرد باشند.

۳-۷-۱-۳) چند هفته پس از آغاز اعتصاب، رده‌های پایه‌ی اتحادیه بین‌المللی مکانیک‌ها برای آنکه بتوانند مبارزه‌ی خود را پیش ببرند، راه خود را با فشار به این فضای ناشی از خلاء رهبری گشودند.

۳-۷-۲) به مرور زمان، یک رهبری برخاسته از میان رده‌های اتحادیه آزمایش خود را پس داد و شروع کرد به شکل گرفتن.

۳-۷-۲-۱) ابتکار عمل این رهبریِ برخاسته از میان رده‌های پایه، که شامل تعدادی از صاحب‌منصبان محلی رزم‌ـاندیش نیز می‌شود،

باعث شد که اعضای اتحادیه قدری مزه‌ی اعمال قدرت اتحادیه را بچشند و مانع از آن شد که انرژی و عزم راسخ اعتصابیون تحلیل برود.

۳-۷-۲-۲) آنان همچنین بر صاحب‌منصبان اتحادیه فشار وارد آوردند تا منابع اتحادیه را در خدمت مبارزه بگذارند و به تقاضاهای جنبش کارگری برای ابراز همبستگی خیرمقدم بگویند.

۳-۷-۳) این واقعیت که ساختارهای موجود اتحادیه‌ها برای رزم مساعد نیستند، حتی برای نبردهای محدودی که در جهت منافع خود بوروکراسی قرار دارند، یک مسأله‌ی عینی مستدام است که صاحب‌منصبان اتحادیه‌ها قادر به تغییر اساسی‌اش نیستند.

۳-۷-۳-۱) این مطلب توضیحی است برای این موضوع که چرا، همگام با افزایش فشار ناشی از مبارزه‌ی طبقاتی، بوروکراسی مجبور می‌شود از وجود افراد رادیکال بیشتر استفاده کند و مبارزان جوان را به درون ساختار اتحادیه بکشاند تا کنترل خود را بر اوضاع حفظ کند و بدین طریق مانع از آن شود که رهبران برخاسته از رده‌های پایه انرژی‌ها را بر روی تاکتیک‌هایی متمرکز کنند که می‌توانند به بهترین وجهی مبارزه را به پیش ببرند.

۳-۷-۳-۲) همزمان با این‌ها، مبارزان پیش‌قراول، از جمله کمونیست‌ها، مجبور شده‌اند بیش از پیش با تلاش‌های ضدکارگری سازمان‌های "چپ" نظیر ورکرز لیگ[1] دست و پنجه نرم کنند، چون این گونه سازمان‌ها سعی دارند مبارزه را از هم بپاشانند و فضایی را که برای پیدایش رهبری برخاسته از میان رده‌های پایه بوجود آمده است محدودتر کنند.(۹)

1- Workers League

۳-۸) گرچه مبارزه‌ی ایسترن و مرحله‌ی مقاومت معدنچیان، که نبرد پیتستون بیانگر آن بود، خط‌ومشی استراتژیک جدیدی را برای جنبش کارگری ترسیم نکردند، اما نشان داده‌اند که رده‌های پایه‌ی اتحادیه‌ها چگونه می‌توانند راه‌هایی بیابند تا مرزهای استراتژی اتحادیه‌ای صاحب‌منصبان را زیر پا بگذارند و برای اعمال قدرت اتحادیه، در مبارزه علیه اربابان، فضای تاکتیکی لازم را به چنگ آورند.

۳-۸-۱) این نبردها پیش از آنکه حداقل شرایط لازم ایجاد شده باشد و هسته‌ای از جناح چپ مبارزه‌ـطبقاتی در جنبش کارگری سازماندهی شود به وقوع پیوسته است، به عبارت دیگر

۳-۸-۱-۱) پیش از آنکه اتحادیه‌ها آنقدر با هم متحد شده باشند تا بتوانند در تعداد قابل توجهی از اعتصابات پیروز شوند؛

۳-۸-۱-۲) پیش از آنکه چنین مبارزاتی در سراسر صنایع و اتحادیه‌های دیگر عمومیت یافته باشند؛

۳-۸-۱-۳) پیش از آنکه سایر مبارزات اجتماعی و سیاسی آنچنان ابعاد و چشم‌انداز قابل‌توجهی یافته باشند که بتوانند انگیزه‌ای مضاعف برای نبردهای اتحادیه‌ای فراهم آورند؛

۳-۸-۱-۴) پیش از پیدایش رادیکالیزاسیون گسترده‌تری که بتواند آگاهی اجتماعی و سیاسی رهبری برخاسته از میان رده‌های پایه را دگردیس سازد، رهبری‌ای که از طریق نبرد تجربه کسب می‌کند.

۳-۸-۲) پخته شدن این شرایط راه را برای کارگران باز خواهد کرد تا ساختارهای پوسیده‌ی فعلی اتحادیه‌ها راکه سد راهشان هستند منهدم کنند و به جای آن خط‌ومشی استراتژیکِ بدیلی را رقم بزنند که اتحادیه‌ها را به یک جنبش اجتماعی رزمنده تبدیل کند.

۳-۹) در جریان نبردهای کنونی، اعتصابیون بر مبنای ظرفیتشان برای

مبارزه‌ی ثمربخش در چارچوب فضای محدودی که برای تاکتیک‌های خود دارند مورد آزمایش قرار گرفته‌اند. معرف‌های رهبران برخاسته از میان پایه‌ها عبارت است از: عزمشان، شعورشان برای انتخاب تاکتیک مناسب، ثبات قدمشان و توانمندیشان برای توسل به دیگران و گسترش وحدت و همبستگی.

۳-۹-۱) رهبران برخاسته از رده‌های پایه را سایر مبارزین با محک‌هایی می‌شناسند که عبارت است از توانمندی آنان برای:

۳-۹-۱-۱) گسترش فضای مرزبندی‌های تاکتیکی که رهبران برخاسته از رده‌ها در آغاز مبارزه وارث آن بودند؛ و

۳-۹-۱-۲) تلاش برای اِعمال هرچه بیشتر قدرت اتحادیه و در عین حال پرهیز از جنگیدن با صاحب‌منصبان اتحادیه که در شرایط موجود امکان پیروزی بر آنان وجود ندارد و ضرر این کار به منفعت آن می‌چربد.

۳-۹-۲) چنین عملکردی، توسط رهبران برخاسته از رده‌های پایه، نقطه‌ی مقابل عملکرد گروه‌های آپوزیسیون در درون اتحادیه (یا نشریات مخالف در خارج از اتحادیه‌ها) است. چون آنان نوک حملات خود را متوجه صاحب‌منصبان منتخب می‌کنند و سعی دارند آنان را از مقامشان در اتحادیه به زیر بکشند و جای آنان بنشینند، به جای آنکه پایه‌ها را سازماندهی کنند تا با کاربرد تاکتیک‌های صحیح بتوانند قدرت اتحادیه را مثمر ثمر کنند.

۳-۹-۳) رهبران برخاسته از رده‌های پایه‌ی اتحادیه، در اعتصاب اتحادیه بین‌المللی مکانیک‌ها در مبارزه‌ی ایسترن، خط‌ومشی‌ای را برگزیدند تا وحدت میان صفوف کارکنان اعتصابی را به حداکثر ممکن برسانند.

۳-۹-۳-۱) آنان پیوندی ایجاد کردند میان اعتصابیون اتحادیه بین‌المللی مکانیک‌ها و خدمه‌ی هواپیما که اتحادیه کارگران حمل و نقل[1] آنان را سازماندهی می‌کند و خلبانان که عضو اتحادیه انجمن خلبانان خطوط هوایی[2] هستند و در ماه‌های نخستین اعتصاب دست از کار کشیدند.

۳-۹-۳-۲) خط‌ومشی رهبری برخاسته از رده‌های پایه‌ی اتحادیه به سمت فاصله گرفتن از جهت‌گیری صاحب‌منصبان اتحادیه بود که چنین روش‌هایی را توصیه می‌کردند: تکیه به دادگاه اعلام ورشکستگی، طرح‌های فروش یکجای شرکت و جابجایی مدیریت برای آنکه به قول خودشان خطوط هوایی "ما" حفظ شود. حال آنکه خط‌ومشی رهبری برخاسته از رده‌های پایه به سمت بسیج اعضای اتحادیه بین‌المللی مکانیک‌ها و از طریق آنان توسل برای دستیابی به همبستگی وسیع‌ترِ کارگری برای تقویت اتحادیه‌ی "ما" بود.

۳-۹-۳-۳) در نتیجه، اعتصابیون اتحادیه بین‌المللی مکانیک‌ها هنگامی که با نخستین نقض فاحش همبستگی مواجه شدند از مسیر خود منحرف نشدند و آن زمانی بود که تحت رهبری اتحادیه انجمن خلبانان خطوط هوایی خلبانان و خدمه‌ی هواپیمایی به مبارزه پشت کردند و این ضربه در نوامبر ۱۹۸۹ به اوج خود رسید. این بزرگ‌ترین امتحان کارگران در دوران اعتصاب بود. توفیق در آن امتحان وجود آگاهی طبقاتی و اعتماد به نفس مبارزین اتحادیه بین‌المللی مکانیک‌ها را به نمایش گذاشت و نبرد برای سرنگونی لورنزو را ــ و اینکه "لورنزویسم" نمی‌تواند پیروز شود ــ وارد مرحله‌ای جدید در ماههای دسامبر ۱۹۸۹ـ ژانویه ۱۹۹۰ کرد.

1- Transport Workers Union (TWU)

2- Air Line Pilots Association (ALPA)

۳-۹-۴) تحلیل و مشی عملی‌ای که کمیته‌ی سراسری حزب کارگران سوسیالیست ایالات متحده از همان آغاز اعتصاب در بهار ۱۹۸۹ اتخاذ کرد در تجربه با استنتاجات ناشی از تجارب مبارزاتی لایه‌ی رو به رشدی از رهبران برخاسته از رده‌های پایه‌ی همگرا شده است.

۳-۹-۴-۱) لازم بود لبه‌ی تیز حمله متوجه لورنزو، به عنوان بالاترین مقام اجرایی ایسترن، بشود. "لورنزو را متوقف کنید" شعاری نبود که کسی بتواند یا می‌باید از روی آن بپرد. اعضای اتحادیه فقط از طریق طرح "لورنزو را متوقف کنید" می‌توانستند علیه لورنزویسم مبارزه کنند.

۳-۹-۴-۲) نقش دادگاه اعلام ورشکستگی، ممانعت از تحلیل رفتن سرمایه‌ی اجتماعی [سیستم] است. همان‌گونه که رهبران برخاسته از رده‌های پایه‌ی اتحادیه به تدریج دریافتند، دادگاه آن‌گونه عمل می‌کرد که حراست از سرمایه‌ی اجتماعی ایجاب می‌کرد، سرمایه‌ای که خطوط هوایی ایسترن نماینده‌ی آن بود. دادگاه حافظ لورنزو در مقابل اتحادیه و بستانکاران شرکت ایسترن بود، ولی تا آنجا که خط‌ومشی پشنهادی لورنزو اساس وجود بخش‌های بزرگی از سرمایه‌ی اجتماعی را تهدید نمی‌کرد. اتکا به اقدامات قاضی و یا دادگاه‌ها، به عنوان مرجعی برای شکایت علیه لورنزو، به‌هیچ‌وجه راه حلی نبود که مبارزه را برای به کارگیری قدرت اتحادیه پیش ببرد.

۳-۹-۴-۳) لازم بود اعتصابیون را برای این احتمال روزافزون آماده کرد که ممکن است پشتیبانی اتحادیه انجمن خلبانان خطوط هوایی زمانی از پا بیفتد که هنوز لورنزو از پا نیفتاده است. تعداد روزافزونی از اعضای اتحادیه بین‌المللی مکانیک‌ها بر مبنای

تجربیاتشان با خلبانان و صاحب‌منصبان اتحادیه انجمن خلبانان خطوط هوایی، همگام با طولانی شدن اعتصاب، دریافتند که این موضوع غیر قابل اجتناب شده است.

۳-۹-۴-۴) اعتصابیون مجبور بودند قوت و نیروی حرکت خود را از طریق ایجاد وحدت در میان صفوف کارگران خطوط هوایی بنیان نهاده و فراتر از صفوف اتحادیه گام بگذارند تا همبستگی جنبش کارگری را در ابعاد گسترده‌تری بدست آورند. آنان بخصوص باید حمایت سایر اعضای اتحادیه بین‌المللی مکانیک‌ها را کسب می‌کردند، چون این‌ها را تحت فشار گذاشته بودند تا مشاغلی را انجام دهند که اعتصابیون دست از انجام آن‌ها برداشته بودند. همین طور جلب حمایت کارگرانی که در حال نبرد بودند، از جمله معدنچیان پیتستون و سایر اعضای اتحادیه معدنچیان آمریکا. آنان مجبور بودند پا را از مرزهای ایالات متحده فراتر نهاده و به کارگرانِ پذیرای اقصی نقاط جهان متوسل شوند.

۳-۹-۴-۵) از طریق پیشبرد این خط‌ومشی با عزمی راسخ ـ "انجام قدری بیشتر از همین گونه کارها" ـ نیرو بخشیدن به اعضای مبارز اتحادیه بین‌المللی مکانیک‌ها و تداوم استفاده از قدرت اتحادیه برای چهارمیخ کردن لورنزو میسر بود، به گونه‌ای که اکنون رخ داده است، و مبارزه را به سطحی جدید ارتقا داد، مبارزه‌ای که هنوز فیصله نیافته است. این امکان وجود دارد که بتوان رو در روی لورنزویسم با آن قراردادهای برده‌وارش ایستاد و مانع از آن شد که به پناهگاهی برای اعتصاب‌شکنان تبدیل شود. این‌ها همه برای آماده ساختن زمینه برای سخت‌ترین نبرد لازم است ـ یعنی سرپا نگه داشتن اتحادیه و روحیه رزمنده‌ی کادرهایش، نه حفظ خطوط

هوایی ایسترن با لورنزو یا بدون او.

۳-۱۰) کارگران ایسترن، پیتستون، و سایر کارگران (از جمله اعتصاب اتحادیه صنایع ارتباطی آمریکا علیه شرکت تلفن نانیکس، اعتصاب بیمارستان ناحیه ۱۱۹۹ در نیویورک) از طریق نبردهای سخت، هم‌اکنون عرصه را بر الگوهای لورنزووار تنگ کرده‌اند؛ الگوهایی که مرتب از کارگران امتیاز می‌گیرد، اعلام می‌کند که "اعتصاب‌شکنان همه می‌مانند و شما کار خود را از دست داده‌اید" و الگوهای در هم شکستن اتحادیه (نظیر خطوط هوایی کانتیننتال و کاغذسازی اینترناسیونال و غیره). تلاش داگلاس مدیر پیتستون برای تعمیم الگوی شرکت ای‌تی‌ماسی در معادن به شکست انجامیده است.

۳-۱۰-۱) این مبارزات، از طریق برافراشتن پرچم مقاومت، اِعمال قدرت اتحادیه و کوشش همه جانبه برای ایجاد وحدت و همبستگی، سرمشقی برای سایر فعالین اتحادیه‌ها شده‌اند.

۳-۱۰-۱-۱) آنان پیش‌کسوت راهی شده‌اند که سرمشق سایر کارگرانِ مرعوب نشده است، آن‌ها در مقابله هستند با ترجیعات اربابان (که همیشه یک بلوف نیست): "یا با روال من کار کن، یا شرکت ورشکست خواهد شد. همین است که هست، یا بپذیر یا خوش آمدی."

۳-۱۰-۱-۲) در هر صورت، کارگران ایسترن و پیتستون جنگیدند و کل جنبش اتحادیه‌ای از قِبَل آن تقویت شده است.

۳-۱۰-۲) تحت این شرایط، نتیجه‌ی اعتصاب با این معیار سنجیده می‌شود که کارگران از طریق مبارزه چقدر بیشتر توانسته‌اند بدست آورند، نه اینکه بیراهه‌برانِ بوروکراسی چقدر سد راه آنان شده‌اند (نظیر پیتستون).

۳-۱۰-۲-۱) هر قدر مبارزه قوی‌تر باشد، فاصله‌ی موجود میان آنچه بدست آمده است و آنچه می‌شد بدست آورد، کمتر می‌شود.

۳-۱۰-۲-۲) چنانچه مبارزه به گونه‌ای پیش برده شده باشد که سایر فعالین اتحادیه‌ها آن را سرمشق خود قرار دهند، آن گاه اعتصاب یک پیشرفت تلقی می‌شود.(۱۰)

ب- عکس‌العمل بوروکراسی اتحادیه‌ای به تهاجم ممتد کارفرمایان

۱- مشی سازش- طبقاتی صاحب‌منصبان اِی‌اِف‌اِل- سی‌آی‌او[1] عمیق‌تر شده و بیش از هر زمان دیگری متمرکز شده است بر اینکه چگونه کمپانی "خودمان" و صنعت "خودمان" را "خوب مدیریت کنیم" و سودآور سازیم.

۱-۱) سیاست‌های بوروکراسی اتحادیه‌ای به شکل روزافزونی چنان هدف‌گیری شده است که آنان را شریکِ کوچکِ اربابان کند، تا از طریقی در حقوق قانونی و امتیازات ویژه‌ی سرمایه سهیم شوند.

۱-۲) صاحب‌منصبان اتحادیه‌ها این کارِ خود را در قالب طرح‌هایی انجام می‌دهند که دارایی صندوق اتحادیه و سایر منابع اعضای اتحادیه را صرف خرید سهام و اوراق قرضه می‌کند، آن‌ها بر سر میز مذاکره برای برنامه‌های سهام‌دار شدن کارکنان می‌نشینند و سعی می‌کنند در خرید سهام شرکت‌ها جزو سهام‌داران اصلی بشوند.

۱-۳) بوروکراسی هرچه بیشتر راه‌هایی را جستجو می‌کند تا بتواند در برگزیدن مدیریت "خوب" نظر بدهد و اینکه در هیأت مدیره شرکت‌ها و کمیته‌های اعطای اعتبارات یک جایی هم برای صاحب‌منصبان اتحادیه در نظر گرفته شود.

۱-۴) در قیاس با هر زمان دیگری، درصد بیشتری از خزانه‌ی اتحادیه

1- American Federation of Labor-Congress of Industrial Unions (AFL-CIO)

نه‌تنها صرف وکیل و مشاور، بلکه همچنین صرف "خدمات" رایزنان مالی، حقوق‌دانان سرمایه‌گذاری بانکی و متخصصین یک‌جاخرید شرکت‌ها می‌شود. این کارها باعث افزایش اتلاف منابع اتحادیه می‌شود، و این افزون بر هدر دادن آن منابع با روش‌های معمولی است، یعنی هزینه‌های صرف شده برای لابی‌گرها در واشنگتن و "کمیته‌های فعالیت سیاسی" برای کاندیداهای انتخاباتی احزاب دموکرات و جمهوری‌خواه که به اصطلاح "دوست" [کارگران] هستند.

۱-۵) چنانچه خط‌ومشیِ صاحب‌منصبان اتحادیه توأم با موفقیت باشد، آن گاه ریسک‌های ناشی از سهام‌دار شدن و بدهکار بودن را بر رده‌های اتحادیه تحمیل خواهد کرد (منطق چنین کاری ختم می‌شود به "علاقه‌ی اتحادیه در اعطای امتیازات به اربابان برای "کاهش هزینه‌ها"، وابسته کردن دستمزدها به میزان سود و غیره)، در حالی که حقوق قانونی مالکیت با امتیازاتش در واقع در دست‌های سرمایه باقی می‌ماند.

۲ـ این خط‌ومشی که بیشتر و بیشتر منافع نیروی کار با منافع سرمایه را یکی معرفی می‌کند ـ یعنی خط‌ومشی ایجاد همگرایی میان اتحادیه و هیأت مدیره ـ بیش از پیش توان اِعمال قدرت اتحادیه را تحلیل می‌برد و باعث تقویت سیاست‌های سازش‌ـطبقاتی می‌شود که طی نیم قرن گذشته باعث تضعیف جنبش کارگری شده است.

۲-۱) قراردادها در شرایطی مورد مذاکره قرار می‌گیرند که تاریخ انقضای آن‌ها به آینده‌ای دورتر و دورتر انتقال می‌یابد. قراردادها طولانی‌تر از هر زمان دیگر و به اسناد قانونی پیچیده‌ای تبدیل شده‌اند که مدیران به عنوان دستورالعمل از آن بهره می‌برند. در حالی که باید مختصر و راهنمای شفافی برای کارگران باشند و آنچه را کارگران در مقطع خاصی از زمان در مبارزه‌ی ممتد خود با اربابان کسب کرده‌اند مدون سازند.

۲-۲) تفاضل موجود در میزان دریافتی و شرایط کاری میان کارگرانی که کار یکسانی را شانه به شانه‌ی یکدیگر انجام می‌دهند رو به فزونی است. این ناشی از وجود دستمزدهای چندقشری است [که به قشرهای مختلف کارگران برای همان کار، مزدهای نابرابر می‌دهند]. و همچنین ناشی از توافقاتی است که اجازه می‌دهد تعداد روزافزونی از کارگران اشتغال پاره‌وقت و شغل موقت داشته باشند، بدون آنکه از حمایت اتحادیه برخوردار شوند و یا ناشی از وجود کارگرانی است که در درون اتحادیه‌ها عضو درجه‌ی دو محسوب می‌شوند.(۱۱)

۲-۳) بوروکراسی به جای آنکه قدرت جنبش اتحادیه‌ای را در جهت رهبری یک مبارزه‌ی اجتماعی و سیاسی بکار گیرد و برای تأمین بودجه از طرف دولت فدرال مبارزه کند تا طرح‌های اجتماعی که نیازهای بهداشتی و بازنشستگی کل طبقه‌ی کارگر را برآورده می‌کنند میسر شود، بیشتر و بیشتر بر روش مذاکره‌ی تک به تک با شرکت‌ها و بر سر آنچه آنان برنامه‌ریزی کرده‌اند بسنده می‌کند که نتیجتاً باعث می‌شود کارگران برای پرداخت سهم بیشتری از هزینه‌ها بیش از پیش تحت فشار قرار گیرند.(۱۲)

۲-۴) مدیریت اتحادیه‌ها همچنان اتحادیه‌ها را تحت‌الشعاع سیاستمداران سرمایه‌داری، معمولاً حزب دموکرات، قرار می‌دهند.

۲-۴-۱) همگام با تغییر محور سیاست سرمایه‌داری به سمت راست در دهه‌ی ۱۹۸۰، حمایت بوروکراسی اِی‌اِف‌اِل-سی‌آی‌او از "دوستانش" بدون کمترین تردیدی همچنان ادامه یافت.

۲-۴-۲) به رغم توجهات محترمانه‌ی بوروکراسی، مجالس سنا و کنگره که به دست حزب دموکرات کنترل می‌شوند، کمتر از هر زمان دیگری به فهرست آرزوهای بوروکراسی و برای تدوین قوانین بنفع

کارگران و یا قوانین عام‌المنفعه اعتنا می‌کنند.

۲-۴-۳) حتی بر مبنای معیارهای بورژوایی نیز اتحادیه‌ها نسبت به هر زمان دیگری از بدو خیزش سی‌آی‌او تاکنون از نفوذ سیاسی کمتری برخوردار هستند.

۲-۵) ثمره‌ی این فرآیند این است که اتحادیه‌های وابسته به سی‌آی‌او، در مقایسه با هر زمان دیگری از تاریخ خود، کمتر همانند اتحادیه‌های صنعتی [واقعی] عمل می‌کنند؛ حتی در محدوده‌ی عملکرد صنفی نیز چنین است.

۲-۵-۱) پذیرش روزافزون ساختارهای مبتنی بر دستمزدهای چندقشری در میان نیروی کار قراردادی بدون امکان هر گونه حمایتی از جانب اتحادیه و طرح‌های مشابه باعث بازگشت به سوی نابرابری و چنددستگی می‌شود ـ و در میان اقشاری از کارگران نگرش‌های اجتماعیِ اشراف‌گرایی، ضددموکراتیک و ارتجاعی را دامن می‌زند ـ و این‌ها همه از ویژگی‌های اتحادیه‌گرایی صنفی است [بجای اتحادیه‌گرایی صنعتی].

۲-۵-۲) مدیریت اتحادیه‌ها به جای آنکه برای متشکل ساختن کارگاه‌ها و کارخانه‌های صنعتیِ فاقد اتحادیه مبارزه کنند، اتحادیه‌های صنایع کاملاً متفاوت را دارند با هم ادغام می‌کنند، یا اینکه در صدد ادغامِ اقشاری از متخصصان، زندانبانان و سایر اقشار بیرون از طبقه‌ی کارگر در صفوف اتحادیه برآمده‌اند، و از این طریق بیش از پیش هویت صنعتی اتحادیه‌ها را تضعیف کرده‌اند.(۱۳)

۲-۵-۳) فاصله میان ماهیت اتحادیه‌های سی‌آی‌او [صنعتی] و اِی‌اِف‌اِل [حرفه‌ای] بیش از هر زمان دیگری، از زمانی که اتحادیه‌های صنعتی در نبردهای اواخر دهه‌ی ۱۹۳۰ پایه‌ریزی شدند تاکنون، کاهش یافته است، حتی در مقایسه با اواسط دهه‌ی ۱۹۵۰، زمانی که

سی‌آی‌او با اِی‌اِف‌اِل به هم پیوستند و با جار و جنجال درباره‌ی سازماندهی بی‌سازمانان وعده و وعید دادند و بی‌درنگ آن‌ها را بدست فراموشی سپردند.

۲-۵-۴) یک مثال از عواقب ناشی از این عملکرد، موفقیت اخیر [اتحادیه‌ای] کمپانی‌گرایِ انجمن اخوت مکانیک‌های هواپیما (آمفا) است.[1] آن‌ها توانستند مکانیک‌ها را در ترامپ شاتل در فرودگاه لاگواردیا از شعبه‌ی محلی اتحادیه بین‌المللی مکانیک‌ها جدا کنند و همچنین می‌توان از عملیات یورش کنونی به اتحادیه بین‌المللی مکانیک‌ها در خطوط هوایی نورث‌وست، یونایتد و سایرین که در حال حاضر در جریان است نام برد. بوروکرات‌های آمفا شکاف میان کارگران را تا مرز "منطقی" آن پیش می‌برند؛ شکافی که مدیریت اتحادیه‌ها طی دهه‌ی گذشته بر سر آن توافق کرده‌اند تا مکانیک‌های "ماهر" را متقاعد سازند که اگر خارج از اتحادیه‌ای که کارگرانِ "صِرف" پارکینگ و نظافتچیان فرودگاه عضو آن هستند قرار بگیرند وضعشان بهتر خواهد شد. مقامات اداری منتخب در اتحادیه بین‌المللی مکانیک‌ها توانایی لازم را برای مقابله با استدلال صاحب‌منصبان انجمن اخوت مکانیک‌های هواپیما ندارند.(۱۴)

۳ـ رهبری ترامکا در اتحادیه معدنچیان آمریکا در حال همگرایی با مدیریت اِی‌اِف‌اِل‌ـ‌سی‌آی‌او و خط‌ومشی تاکتیکی آن است.

۳-۱) رهبری ترومکا در حال تنگ‌تر کردن عرصه بر اعضای اتحادیه معدنچیان آمریکا در مناطق شرقی و غربی می‌سی‌سی‌پی است تا اصول مبارزه‌ی طبقاتی با سابقه‌ای طولانی را تغییر دهد؛ اصولی که انعکاسی از اعمال قدرت اتحادیه برای دفاع از منافع معدنچیان در مقابل گردانندگان

1- Aircraft Mechanics Fraternal Association (AMFA)

معادن هستند (نظیر: بدون قرارداد، کار تعطیل. ایذا و اذیت کارگران ممنوع. حق بدون قید و شرط خواندن و رأی دادن به همه‌ی قراردادها؛ و اعتصاب‌های سراسری در معادن ذغال‌سنگ، نه اعتصاب‌های دست‌چین).

۳-۲) این خط‌ومشی بیانگر و تسریع ادغام ترومکا در بالاترین مدیریت اِی‌اِف‌اِل-سی‌آی‌او است.(۱۵)

۳-۳) گرچه اتحادیه در اثر خط‌ومشی مدیریت در حال تحلیل رفتن است، اما، توانمندی‌هایی که اتحادیه در اثر مبارزه‌ی معدنچیان برای دموکراسی و مقاومت معدنچیان در دهه‌های ۱۹۷۰ و ۱۹۸۰ بدست آورد از بین نرفته است.

۳-۴) از همه مهم‌تر، ابعاد، عزم راسخ و قدرت تصور مبارزه‌ی پیتستون نشان می‌دهد که اعضای اتحادیه معدنچیان آمریکا دارای یک رهبری برخاسته از رده‌های پایه‌ی اتحادیه است که می‌تواند توسط نیروهای جدید در مبارزات انفجارآمیز تجدید حیات بیابد و دگردیس شود. این رهبری آنقدر گسترده، توانمند و با تجربه باقی مانده است تا بتواند مانع از آن شود که شکست آی‌تی‌ماسی همه‌جاگیر شود. آنقدر قوی باقی مانده است که بتواند جریان را در جهت عکس به پیش ببرد. و آن اعمال قدرت اتحادیه معدنچیان آمریکا برای تقویت اتحادیه در مقابل تهاجم بی‌وقفه‌ی تک تک اربابان معادن ذغال‌سنگ است، و از این طریق قادر است دست خود را به سوی جنبش اتحادیه‌ای در ایالات متحده و فراتر از آن بگشاید و آنان را تحت تأثیر قرار دهد.

ج- فضای جدیدی که جنبش انقلابی کارگران می‌تواند آن را تسخیر و حفظ کند و بکار گیرد

۱- مبارزات کارگری که در سال ۱۹۸۹ با اعتصاب‌های ایسترن و پیتستون

آغاز شد و رهبری جدیدِ برخاسته از میان رده‌های پایه را به صحنه وارد و رهبری‌های موجود را تقویت کرد، مسئولیت‌ها و فرصت‌های جدیدی را خلق کرده است که کمونیست‌ها باید خود را سازماندهی کنند تا آن را دریابند و به طریق اولی بکار گیرند.

۱-۱) همگام با مشارکت ما در این مبارزات، کارگرانی که کمونیست هستند دو وظیفه را با هم به پیش می‌برند.

۱-۱-۱) ما به عنوان اتحادیه گراهای مؤثر، جزئی از مبارزین رده‌های پایه و رهبریِ در حالِ ظهور آن عمل می‌کنیم، تجربه‌ی رزمندگی کسب می‌کنیم و بدین طریق هر چه بیشتر در گوشت و پوست مقاومتِ طبقه‌ی کارگر ادغام می‌شویم.

۱-۱-۲) ما با همقطاران مبارز خود از سوسیالیسم صحبت می‌کنیم، بر تعداد خوانندگان ثابت نشریات، کتب و جزوه‌های کمونیستی می‌افزاییم و دامنه‌ی نفوذ آن‌ها را افزایش می‌دهیم. ما از طریق مبارزات انتخاباتی، تشکیل تریبون‌های آزاد و سایر فعالیت‌های حزبی با اجتماع گسترده‌تری پیوند می‌خوریم.

۱-۲) این دو جنبه‌ی کار کمونیستی در اتحادیه‌ها در هنگام عقب‌نشینی جنبش اتحادیه‌ای نسبت به یکدیگر واگرا می‌شوند؛ ولی در زمان تشدید مبارزات کارگری، همگام با رشد فرصت برای کار توده‌ای، هر چه بیشتر همگرا می‌شوند.

۱-۲-۱) درگیر شدن روزافزون کارگران کمونیست به عنوان جزیی از کادرهای رده‌های پایه در این مبارزات ـ تحت شرایطی که، در کوتاه‌مدت، چارچوب روابط نیروها را نمی‌توان تغییر داد ـ ما را از قبول مناصب در اتحادیه‌ها بیشتر و بیشتر دور می‌کند.

۱-۲-۱-۱) سنگینی فلج‌کننده‌ی تقبل چنین مناصبی بر دوش

مبارزین بیش از پیش واضح می‌شود، هم از دیـدگاه افـزایش قـدرت اتحادیه و هم از نظر ساختن جنبش کمونیستی.

۱-۲-۱-۲) در عین حال، مدیریت اتحادیه‌ها نیاز دارند مـبارزان را که در حال رادیکال شدن هستند به ساختار مـوجود اتـحادیه جـلب کنند تا اعتبار خودشان را حفظ کنند و آن را ثبات بخشند.

۱-۲-۲) در مـقطعی از تکـامل و تـعمیق مـبارزات کـارگری، انـباشت اثرات اعمال روزافزون قدرت اتحادیه‌ای توسط اعضا می‌توانـد بـه یک جهش کیفی منجر شود و شروع کند به در هم شکستن سـاختار کـنونی جنبش اتحادیه‌ای (همانند اواخر سال ۱۹۳۴ در شعبه‌ی ۵۷۴ اتـحادیه تیمسترها در مینیاپولیس).(۱۶)

۱-۲-۲-۱) هیچ راهی وجود ندارد که از قبل بدانـیم یک چـنین در هم شکستن ساختار کنونی چگـونه شکـل خـواهـد گـرفت. در هـم شکستن ساختار کنونی اتحادیه‌ها ناشی خواهد شد از ترکیب عوامل گوناگونی از مبارزه‌ی طبقاتی: افـزایش تـعداد نـبردها و هـمپوشانی یکدیگر؛ درگیر شدن درصد در حال رشدی از کارگران اتـحادیه‌ها و همچنین کارگرانی که سازماندهی نشده‌اند؛ جذب نیروهای کمکی از صفوف مبارزات پیش آمـده در خـارج از اتـحادیه‌ها (نـظیر مـبارزه بـرای احـقاق حـقوق سـیاهپوستان و زنـان، نـبردهای انـفجارآمـیز کشاورزان، مخالفت‌های در حال افزایش با تجاوزات نظامی ایـالات متحده و غیره) که همگی تعداد بـیشتری از رزمـندگان اتـحادیه‌ها را مجبور می‌کند اجتماعی بیندیشند و سیاسی عمل کنند.

۱-۲-۲-۲) فقط در چنین شرایـطی است کـه فـرصت‌های مـناسب پیش می‌آید تا کمونیست‌ها بـخشی از جـناح چپ مـبارزه‌ـ طـبقاتی رشدیابنده در اتحادیه‌ها بشوند. حرکت به سوی فعالیت‌های سیاسی

مستقل کارگری نه‌تنها با توسعه‌ی چشم‌گیر فضای مناسب برای تبلیغات سوسیالیستی همزمان خواهد شد، بلکه همچنین با جلب کارگران به عضویت در حزب پرولتری انقلابی توأم خواهد بود.

۱-۲-۳) اینکه جنبش کمونیستی به چه وجهی از فرصت‌هایی که نبردهای طبقاتی آینده ارائه خواهند داد استفاده خواهد کرد، بیش از هر چیز، بستگی دارد به پیش‌تدارک‌هایِ سیاسی و سازمانی ما، که آغازش از همین مبارزات امروز است.

۲ـ اعتصاب ایسترن نخستین نبردی است که کادرهای حزب کارگران سوسیالیست ایالات متحده مستقیماً در آن شرکت داشته‌اند و همچنین مبارزه‌ی مشترکی را با کارگر ـ بلشویک‌هایمان در جنبش جهانی‌مان پیش بردند تا همبستگی بین‌المللی را برای این اعتصاب سازمان دهند.

۲-۱) مشارکت ما در نبردهای ایسترن و پیتستون نه‌تنها تجارب مبارزه‌ی طبقاتی ویژه‌ای را در اختیار رفقای ما، که اعضای اتحادیه بین‌المللی مکانیک‌هاو ایسترن و معدنچیان عضو اتحادیه معدنچیان آمریکا هستند، قرار داد؛ بلکه همه‌ی کادرهای جنبش ما را در برگرفت.

۲-۱-۱) اینکه این نبردها در کدام صنایع و اتحادیه‌ها بیرون زد، و بنابراین، اینکه کدام فراکسیون‌های حزب ما در صنایع مستقیماً درگیر آن شدند، توسط نیروهایی تعیین شد که در کنترل ما نبودند؛ و در آینده نیز همین گونه خواهد بود.

۲-۱-۱-۱) نتایج متراکم تجارب و کارهای عملیِ همه‌یِ ده فراکسیون سراسری حزب، از آغاز چرخش ما به صنعت تاکنون، در آماده‌سازی برای دست و پنجه نرم کردن و کسب دست‌آوردهای سال گذشته‌ی ما نقشی حیاتی داشتند.(۱۷)

۲-۱-۱-۲) ما طی دورانی بیش از ده سال برای آن مبارزه کرده‌ایم

تا جنبش مقاومت در صنایع ذغال‌سنگ، و خودمان را به عنوان بخشی از آن مقاومت، در مرکز مبارزه برای فتح چرخش [به صنعت] قرار دهیم. و این کار کلید آماده‌سازی حزب برای مشارکت در این مبارزات اتحادیه‌ای بود.

۲-۱-۱-۳) بسیاری از درس‌های این تجربیات، همچنین گزارش‌ها و قطعنامه‌های مربوطه در کتاب ذیل به چاپ رسیده است:

The Changing Face of U.S. Politics (Pathfinder, third edition, 2002)

قطعنامه‌ی سیاسی و گزارش جول بریتون[1] درباره‌ی کار در اتحادیه‌های صنفی که در کنگره‌ی سال ۱۹۸۵ حزب به تصویب رسید و سایر گزارشات و مقاله‌هایی که طی دهه‌ی گذشته در بولتن‌های حزب چاپ شده بودند در این کتاب به چاپ رسیده‌اند.(۱۸)

۲-۱-۱-۴) هم کادرهای هر یک از فراکسیون‌ها و هم کل حزب در نبردهای آتی طبقاتی تجارب بیشتری را کسب خواهند کرد. در این نبردها، حزب را رفقایی رهبری خواهند کرد که در مرکز مبارزه قرار دارند و حزب از طریق تجاربی که در زمینه‌ی رهبری سیاسی کمونیستی بدست می‌آورد در رهبری کار توده‌ای به مراتب مؤثرتر خواهد بود.

۲-۱-۲) اعضای کلیه شعبات حزبی و تک تک فراکسیون‌های صنعتی‌مان همبستگی با اتحادیه بین‌المللی مکانیک‌ها و اتحادیه معدنچیان آمریکا را از طریق اتحادیه‌هایی که عضوشان هستیم

1- Joel Britton

سازماندهی کردند. ما کارگران همکارمان، دوستان حزب، هواداران فعال، اعضای اتحاد جوانان سوسیالیست و کارگران سایر کشورها را با خود به صفوف اعتصاب‌کنندگان آوردیم، از جمله اعتصاب‌کنندگان ایسترن و کمپ سالیداریتی، صفوف اعتصابیون شرکت حمل و نقل گری هاند، گردهم‌آیی‌های برپا شده در حمایت از کارگران نایِنکس، حمایت از کارگران بیمارستان‌های شهر نیویورک، حمایت از کارگران نساجی کارخانه‌ی پوشاکِ دامزی در بروکلین و حمایت از کارگران روزنامه‌ی نیویورک دیلی نیوز.

۲-۱-۳) هر دو مبارزه‌ی ایسترن و پیتستون سنگ محکی برای این واقعیت بودند که هیچ گونه مانعی بر سر راه ما برای فروش تک نسخه و آبونمان برای نشریات میلیتانت و پرسپکتیوا موندیال [۱] وجود ندارد؛ همین طور فروش کتاب‌ها و جزوات پاث‌فایندر و فروش نسخه‌های نیو اینترنشنال [۲] به کارگران رزمنده. همچنین بر سر راه ادغام کل طیف وسیعی از مبارزات و فعالیت‌های جبهه‌ی واحدی که حزبمان به عنوان جزیی از جنبش اتحادیه‌ای درگیر آن‌هاست. از جمله شواهدی که در سال پیش دال بر این مطلب مشاهده شد عبارتند از:

۲-۱-۳-۱) نتایج حاصل از اعزام تیم‌های فروش نشریات و کتاب‌ها و جزوات پاث‌فایندر و شماره‌های نیو اینترنشنال به کارگران اعتصابی اتحادیه بین‌المللی مکانیک‌ها در خطوط هوایی ایسترن و سایر اتحادیه‌ها، چه در محل کارشان و چه خارج از محیط کار.

۲-۱-۳-۲) جلساتی که ما به سازماندهی آن‌ها کمک کردیم تا انقلابیون کوبایی‌ای که از اینجا بازدید می‌کردند بتوانند با کارگران

1- Perspectiva Mundial

2- New International

گردهم‌آیی داشته باشند؛ از جمله با کارگران اعتصابی ایسترن، معدنچیان عضو اتحادیه معدنچیان آمریکا، مبارزان واتسون‌ویل و بسیاری دیگر از اعضای اتحادیه‌ها، کارگران کشاورزی و کشاورزان [زحمتکش].(۱۹)

۲-۱-۳-۳) درگیر شدن مبارزان ایسترن و پیتستون در فعالیت‌های همبستگی با جنبش ضدآپارتاید آفریقای جنوبی؛ و

۲-۱-۳-۴) افزایش روزافزون تعداد کارگرانی که از طریق تجارب خود در مبارزات اهمیت مبارزه علیه پاپوش‌دوزی برای مارک کرتیس[1] را درک می‌کنند(۲۰) و در می‌یابند که عقب راندن تخریب ورکرز لیگ علیه جنبش طبقه‌ی کارگر تا چه حد حایز اهمیت است.

۲-۲) از طریق مشارکت خود در این مبارزات، شانه به شانه‌ی سایر رزمندگان، موفق شده‌ایم قشری از کارگران را به پیرامون حزب جلب کنیم. آن‌ها دوستانی هستند که به حزب احترام می‌گذارند، خواهان دانستن عقاید ما هستند، نشریه میلیتانت را آبونه می‌شوند، کتاب‌های پاث‌فایندر را می‌خرند و در جلسات و یا اعتراضاتی که حزب از آن‌ها حمایت می‌کند یا خود برپا می‌دارد شرکت می‌کنند.

۲-۲-۱) باید توجه خاصی داشته باشیم تا بتوانیم از میان این مبارزان، هر جا که میسر باشد، اعضای جدیدی را به سوی خود جلب کنیم.

۲-۲-۲) ما همچنین به محدودیت‌های عینی موجود در سرعت عضوگیری برای جنبش کمونیستی در این مرحله از مبارزه‌ی طبقاتی واقف هستیم؛ در حال حاضر در مقایسه با سرعت عضوگیری به حزب، با سرعت بیشتری می‌توان بین اعضای اتحادیه‌ها دوست و یا حامی برای حزب پیدا کرد. حال آنکه در یک دوره‌ی رادیکالیزاسیون، نفوذ

1- Mark Curtis

حزب در اتحادیه‌ها مستقیماً به عضوگیری روزافزونی از میان کارگران منجر خواهد شد.

۲-۲-۳) ما آموخته‌ایم که کار آموزشی جدی‌ای باید در همکاری با هر عضو جدید سازماندهی شود تا به او مساعدت شود تا فهم و پایه‌ای مستحکم از دست‌آوردهای تاریخی جنبش بین‌المللی کارگری پیدا کند.

۲-۲-۴) ما همچنین آموخته‌ایم همان‌گونه که کادرهای ما در اتحادیه‌ها جزیی از طبقه‌ی کارگر و رهبری برخاسته از رده‌های پایه هستند، ما همچنین بخشی از کارگران مبارزی هستیم که نیاز داریم هر هفته نشریه میلیتانت را بخوانیم.

۲-۲-۴-۱) نشریه میلیتانت اخبار جامع اجتماعی، سیاسی و اخبار جهان و تحلیلی از آن‌ها را ارائه می‌دهد که طبقه‌ی ما به آن نیاز دارد تا خود را به عنوان بخشی از طبقه‌ی کارگر بین‌المللی ببیند و در راستای خط حرکت تاریخی‌مان پیشروی کند. مطالعه‌ی میلیتانت تنها راه دنبال کردن وقایع جنبش کارگری و پیش‌شرط کار مؤثر در اتحادیه‌هاست.

۲-۲-۴-۲) فعالیت در اتحادیه‌ها چنانچه منجر به گسترش تعداد خوانندگان میلیتانت و پرسپکتیوا موندیال در میان کارگران و نیز افزایش دوایر خوانندگان نیو اینترنشنال و کتاب‌های پاث‌فایندر نشود، نمی‌توان آن را به عنوان کار کمونیستی در میان اتحادیه‌ها دانست.

۳ـ تجارب ما در مبارزات اتحادیه‌ای که از سال ۱۹۸۹ آغاز شد، همانند سایر جنبه‌های فعالیت‌های حزبی، وجه مشخصه‌اش نه‌تنها وجود یک دوره‌ی تشدید نبردهای طبقاتی بوده است، که ما به سویشان در حال حرکت هستیم،

بلکه همچنین حالت شبه- سکتاریستی ما بوده است که طی دوازده سال فعالیت اتحادیه‌ای خود از زمان چرخش به صنعت تاکنون در حالت خروج از آن حالت بوده‌ایم. این واقعیت، وجه مشخصه‌ی اشتباهات ما در نبردهای ایسترن و پیتستون بوده است.

۳-۱) تحت این عنوان که باید هر آنچه داریم تماماً در آخرین مراحل نبرد ایسترن بکار بندیم و بدون آنکه کاملاً آگاه باشیم که چه می‌کنیم، دو اشتباه سکتاریستی ماورای‌چپ مرتکب شدیم. این اشتباهات انعکاسی بودند از ارزیابی غلط ما و از آنجا ناشی می‌شدند که فکر می‌کردیم با توجه به وزنه‌ی کنونی وجود خودمان در نبرد اتحادیه‌ای، می‌توانیم سرنوشت آن را رقم بزنیم. بدین ترتیب تنش‌ها و پیچیدگی‌هایی بر وزنه‌ی [سیاسی] و کوششهای ارزشمندمان وارد آوردیم.

۳-۱-۱) ما از تلاش‌های خود در زمینه‌ی تبلیغ کمونیستی در سراسر کشور مبتنی بر فروش آبونمان نشریه میلیتانت که با اعتماد به نفس شایسته‌ای باید توأم می‌بود عقب‌نشینی کردیم. این کار تبلیغاتی هم میسر بود و هم برای مقاومت طبقه‌ی کارگر اهمیت داشت.

۳-۱-۱-۱) در واقع، فروش هرچه بیشتر آبونمان نشریه میلیتانت به اعضای در حال اعتصاب اتحادیه بین‌المللی مکانیک‌ها یکی از راه‌های حیاتی‌ای است که کادرهای یک سازمان کمونیست می‌توانند به عنوان یک اهرم سیاسی بکار گیرند تا اعتصاب را به پیش ببرند، نه یک واگرایی از انجام هر آنچه در توان داریم برای کسب پیروزی در اعتصاب.

۳-۱-۱-۲) از همه مهم‌تر، نشریه میلیتانت محوری است که حول آن مبارزان طبقه‌ی کارگر می‌توانند به سوی کمونیسم جلب شوند و کارگران کمونیست نیز می‌توانند از طریق خواندن، فروختن و بحث

آن با همرزمان خود، دقت ذهن سیاسی خود را صیقل دهند.

۳-۱-۲) در تعدادی از شعبات حزبی ما کار حمایت از اعتصاب ایسترن را بیش از آنچه لازم باشد سانترالیزه و بدین‌طریق ساختارهای موقتی را جایگزین پیشبرد کارها از طریق فراکسیون‌های محلی کردیم.

۳-۱-۲-۱) این کار مانعی شد بر سر راه بکارگیری و تجدید تجهیز فراکسیون‌های محلی که بدنه‌هایی مناسب برای پیشبرد این فعالیت اتحادیه‌ای بودند (در عین حال که کمیته‌های اجراییِ هر شعبه‌ی حزبی لازم بود مسئولیت پیشبرد روز به روزِ کل کارها را بر عهده داشته باشند).

۳-۱-۲-۲) بدون اِعمال دقت کافی، مسئولیت‌های کمیته سراسری گرداننده را هنگام پیشبرد مسئولیت‌های محلی الگو قرار دادیم و این بی‌دقتی در خطای ما سهیم بود.

۳-۲) اشتباهات ما در نبرد پیتستون دو نوع بودند:

۳-۲-۱) اولاً در ماه‌های شروع اعتصاب، هم در تشخیص درک کامل اینکه میان فعالیت‌های ایجاد همبستگی در جنبش کارگری با اعتصاب ایسترن و ایجاد همبستگی با اعتصاب پیتستون ارتباط ماهوی وجود دارد کُند بودیم و هم در عمل به آن. گرایش ما این بود که جهت‌گیری به سوی نبرد پیتستون را واگرایی نسبت به ایجاد همبستگی با ایسترن می‌دیدیم، به جای اینکه کوشش در این مورد را متمم همدیگر ببینیم که به هر دو قدرت می‌بخشد.

۳-۲-۲) ثانیاً، در اوایل دهه‌ی ۱۹۹۰، زمانی که ترومکا اعلام کرد که عنقریب یک توافق حاصل خواهد شد، ما به عنوان کارگران مبارز، از درون اعتصاب، واکنش صحیحی از خود نشان دادیم. زیرا می‌دانستیم که مبارزان پیش‌قراول از کار اخراج شده‌اند، جریمه‌های

سنگینی که بسته بودند هنوز پا بر جا بود، و بندهای کلیدیی از قرارداد هنوز حل و فصل نشده بودند. اما، هنگامی که صحبت‌های حل و فصل اعتصاب در جریان بود خود را مشغول خیال خام کردیم، مبتنی بر اینکه شاید اعضا به پیشنهاد دریافتی رأی منفی و به اعتصاب ادامه بدهند ـ این همزمان بود با وقتی که ما قدم‌های بزرگی در جهت سازماندهی اعتصابیون ایسترن و سایر کارگران برای رفتن به سالیدرتی‌سیتی برمی‌داشتیم. در نتیجه، در تشخیص ماهیت و اهمیت پیروزی‌ای که اعضای اتحادیه معدنچیان آمریکا بدست آورده بودند کُند بودیم.

۳-۳) ما به این اشتباهات پی بردیم و در جهت تصحیح آن قدم برداشتیم. از طرف دیگر، دو اشتباه دیگر هستند که ما، حزب کارگران سوسیالیست ایالات متحده، مرتکب نشدیم و به عنوان یک حزب کارگر-بلشویک نمی‌توانستیم چنین اشتباهی را مرتکب شویم:

۳-۳-۱) ما اشتباهِ حاشیه‌نشینی و گریز از بطن این نبردها را مرتکب نشدیم. ما اهمیت جهانی آن‌ها را درک کردیم و نه‌تنها با تمام وجود خود درگیر آن شدیم، بلکه جنبشمان در آمریکای شمالی و جنبش بین‌المللی خود را درگیر آن‌ها کردیم. تمرکز ما بر روی اهمیت سرتاسری آن مبارزات بود، نه اینکه با چه محدودیت‌هایی مواجه هستند. ما برای پیوستن به این نبردها هیچ گونه پیش‌شرطی قایل نشدیم (نظیر شرط وجود دموکراسی اتحادیه‌ای، یا توقف خط تولید)، طی این جریان از زیر بار مسئولیت‌های بزرگ شانه خالی نکردیم و منبع اخبار هفتگی بین‌المللی‌ای موثق و جایگزین‌ناپذیر آن مبارزات بودیم.

۳-۳-۲) ما اشتباه جهت‌گیری به سوی افراد خاصی از صاحب‌مقامان

اتحادیه را مرتکب نشدیم و این کار را جایگزینِ توجه به رده‌های مبارزی که همان اتحادیه هستند نکردیم.

۳-۴) با توجه به واقعیت‌های ذیل، آنچه یک حزب کارگر-بولشویک‌ها توانست در این مبارزات اتحادیه‌ای انجام دهد و بیاموزد اختصاصاً چشمگیر بود:

۳-۴-۱) فقط دو فراکسیون از ده فراکسیونی که در اتحادیه‌های صنعتی داریم، مستقیماً درگیر بودند؛

۳-۴-۲) هیچیک از اعضای ما که عضو اتحادیه معدنچیان آمریکا هستند، کارگر پیتستون نبودند و در اعتصاب شرکت نداشتند.

۳-۴-۳) نیمی از شعبات حزب ما در مناطقی مستقر هستند که مستقیماً و به صورت هفتگی در این اعتصاب درگیر نبودند؛

۳-۴-۴) آن عده از ما که از اعتصابیون علیه ایسترن و عضو اتحادیه بین‌المللی مکانیک‌ها هستند، تعدادشان به دوازده نفر هم نمی‌رسد. در مورد معدنچی‌های شاغل که عضو اتحادیه معدنچیان آمریکا هستند تعداد ما از این هم کمتر است.

۳-۴-۵) دست‌آوردهای ما در گذشته و دست‌آوردهای کنونی ما بیانگر این واقعیت است: فقط سازمان‌هایی که چرخش به صنعت را تحقق بخشیده‌اند و یا در حال انجام آن هستند قادرند این نوع کارهای کمونیستی را پیش ببرند.

۳-۴-۵-۱) این عملاً ثابت می‌کند که فراکسیون‌های ما در اتحادیه‌های صنعتی و تک تک اعضای آن‌ها به عنوان جزیی از یک حزب انقلابی پرولتری سانترال به چه میزان می‌توانند کارآمد باشند.

۳-۴-۵-۲) نشان می‌دهد که داشتن مسئولیت مشترک با کارگران مبارز به مرور زمان ـ آشنایی با آن‌ها، تبادل نظر با ایشان و آموختن

اینکه به یکدیگر اعتماد کنیم ـ تا چه میزان برای مبارزات آتـی در مـا ایجاد اعتماد به نفس و آمـادگی بـرای هـمکاری در مـبارزات آیـنده می‌کند.

۳-۴-۵-۳) نشان مـی‌دهد کـه هـیچ چـیزی نـمی‌توانـد جـایگزین عملکرد سازمانی باشد که نه‌تنها در سطح یک کشور فعالیت مـی‌کند، بلکه به عنوان جزیی از جنبش کمونیستی جـهانی است و اجـزای آن همه از طریق فراکسیون‌های اتحادیه‌ایی صـنعتی در حـیات طـبقه‌ی کارگر درگیرند.

۳-۴-۵-۴) نشان می‌دهد که چگونه یک حزب انقلابی کارگری، بـه عنوان جزیی از پیشروی طبقه‌ی ما، بر قدرت خـود مـی‌افـزایـد و در وجود خود جان تازه می‌دمد؛ و این‌ها چگونه مـا را در رونـدی قـرار می‌دهد تا بتوانیم پس از یک دهه، که شرایـط عـینی مـا را بـه سـوی غیرسیاسی شدن سـوق داده بـود، خـود را از نـظر سـیاسی تـجدید حیات بخشیم.

۳-۵) کادرهای حزب کارگران سوسیالیست ایالات متحده در جـریان ایـن نبردها دگردیس شده‌اند.

۳-۵-۱) دست‌آوردهای ما به عـنوان جـزیی از ایـن مـبارزات، کـه از زمان چرخش ما به صنعت تاکنون هیچ تجربه دیگری همانند آن نـبوده است، برای رویارویی بـا نـبردهایی کـه در دهـه‌ی آیـنده در پـیش رو خواهیم داشت، حزب را در جایگاه نوینی قرار می‌دهد ـ نـبردهایی کـه نمی‌توانیم آن‌ها را پیشگویی کنیم و ما آغازگرش نخواهیم بود.

۳-۵-۲) اما، مبارزات بعدی به هر شکلی که پیش بیایند و هـر زمـانی که پیش بیایند، ما بـا سـرعت و اعـتماد بـه نـفس بـیشتر و بـا تـدارک بیشتری به عنوان پیش‌قراولان رزمنده‌ی طـبقه‌ی خـودمان وارد آن‌هـا

خواهیم شد. با داشتن تعداد بیشتری از کارگر-بلشویک‌هایی که پیگیر پیشرفت کارها خواهند بود، ابتکار عمل به خرج خواهند داد و حزب خود را عمیق‌تر وارد عمل خواهند کرد. این‌ها به خاطر دست‌آوردهایی است که ما به عنوان جزء لاینفکی از نبردهای ایسترن و پیتستون در سال‌های ۱۹۸۹ و ۱۹۹۰ بر آن‌ها دست یافته‌ایم.(۲۱)

یادداشت‌های فصل اول

۱ـ در طولانی‌ترین اعتصاب ذغال‌سنگ در تاریخ ایالات متحده، بیش از ۱۸۰,۰۰۰ معدنچی در بیست و دو ایالت از ۶ام دسامبر ۱۹۷۷ به مدت ۱۱۰ روز اعتصاب کردند. اتحادیه معدنچیان آمریکا توانستند در مقابل تلاش‌های اربابان معادن ذغال‌سنگ که می‌خواستند اتحادیه را فلج کنند مقاومت کنند؛ تلاش‌های اربابان از حمایت دولت رئیس‌جمهور جیمز کارتر نیز برخوردار بود.

در اوایل دهه‌ی ۱۹۷۰ زنان سدهایی را که در راه استخدام آنان در معادن وجود داشت در هم شکستند. در سال ۱۹۷۳ از هر ۶,۷۱۴ نفری که به عنوان معدنچی ذغال‌سنگ جدیداً استخدام می‌شدند، فقط ۱ نفر زن بود. حال آنکه در سال ۱۹۷۹ این رقم به ۵۵۵ زن از هر ۴,۸۵۶ نفر استخدامی جدید رسید (۱۱/۴ درصد). در کاهش نیروی انسانی که متعاقباً صورت پذیرفت، زنان در ابعاد نامتناسبی از کار بیکار شدند؛ درصد اشتغال زنان از سطح بالای ۴ درصد در دهه‌ی ۱۹۸۰ به ۱ درصد در سال ۱۹۹۶ کاهش یافت.

در ۲۸ام مارس ۱۹۸۱، در دومین سالگرد سانحه‌ی راکتور هسته‌ای در جزیره‌ی تری مایل[1] در پنسیلوانیا، حدوداً ۱۵,۰۰۰ تن از اعضای اتحادیه‌ها و سایر مخالفین نیروگاه‌های هسته‌ای در یک تظاهرات که با حمایت اتحادیه‌های کارگری در هاریس برگ، مرکز این ایالت برگزار شد، شرکت کردند. این تظاهرات را کمیته‌ی اتحادیه‌های کارگری برای انرژی ایمن و اشتغال کامل طی کنفرانسی که در اکتبر ۱۹۸۰ در پیتزبرگ برگزار شد فراخواند. بیش از هزار تن از اعضای اتحادیه‌ها و سایرین در این کنفرانس شرکت کردند. برگزارکننده‌ی اصلی کنفرانس اتحادیه معدنچیان آمریکا بود.

1- Three Mile Island

۲ـ جنبش مقاومت فولادکاران در سال ۱۹۷۵ تحت رهبری اِد سدلاوسکی[۱]، رییس شعبه‌ی ۳۱ام اتحادیه فولادکاران، به منظور برکناری رژیم تثبیت شده‌ی آی دبلیو آبل[۲]، رییس کل اتحادیه فولادکاران آمریکا، شکل گرفت. بسط دموکراسی اتحادیه‌ای یکی از موضوعات مرکزی در این مبارزه بود؛ از جمله حق کارگران برای شرکت در رأی‌گیری در خصوص قراردادهای دسته‌جمعی. انتخابات در ۸ام فوریه ۱۹۷۷ برگزار شد. طبق آمار رسمی، سدلاوسکی حدود ۴۳ درصد آراء را بدست آورد.

۳ـ برای کسب اطلاع بیشتر از اعتصابات ایسترن، پیتستون و گری هاند و سایر مبارزاتی که درباره‌ی آن‌ها در این قسمت بحث شده است، مراجعه کنید به:

The Eastern Airlines Strike: Accomplishments of the Rank-and-File Mechanics and Gains for the Labor Movement, by Ernie Mailhot, Judy Stranahan, and Jack Barnes (Pathfinder, 1991).

فرانک لورنزو[۳]، پال داگلاس[۴] و فرد کوری[۵] به ترتیب مدیران عامل شرکت‌های ایسترن[۶]، پیتستون[۷] و گری‌هاند[۸] بودند.

۴ـ در اواخر دهه‌ی ۱۹۶۰ کارگران ذغال‌سنگ اتحادیه معدنچیان آمریکا در عکس‌العمل به فاجعه‌ی معدن فارمینگتون در ویرجینیای غربی شروع به بسیج و مقاومت کردند. در آن فاجعه ۷۸ معدنچی جان باختند. همچنین آنان خواستار شدند تا قربانیان بیماری سیاه‌ـریه با بودجه‌ی دولت درمان شوند و ازکارافتادگی دریافت کنند. (این بیماریِ مهلک در اثر استنشاق ذرات ذغال‌سنگ گریبانگیر کارگران می‌شود.) در سال ۱۹۶۹ معدنچیان در جنوب ویرجینیای غربی محل کار خود را ترک کردند تا خواسته‌ی خود مبنی بر حفاظت در مقابل بیماری سیاه‌ـریه را مطالبه کنند. در این راستا ۳۰۰۰ نفر در مقابل استانداری در چارلستون تظاهرات کردند. در دسامبر همان سال، جاک یابلانسکی[۹] یکی از حامیان این مبارزات که تونی بویل[۱۰]، رییس اتحادیه

1- Ed Sadlowski
2- I. W. Abel
3- Frank Lorenzo
4- Paul Douglas
5- Fred Currey
6- Eastern
7- Pittston
8- Greyhound
9- Jock Yablonski
10- Tony Boyle

معدنچیان آمریکا، را در انتخابات برای ریاست اتحادیه به چالش کشیده بود ترور شد. در سال ۱۹۷۲ تونی بویل را آرنولد میلر[1]، که در رأس جنبش معدنچیان برای دموکراسی قرار داشت، در انتخابات شکست داد. تونی بویل متعاقباً به جرم نقشی که در کشتن یابلانسکی و دختر و همسر او داشت به زندان محکوم شد.

۵ـ رجوع کنید به کتاب:

The 1985-86 Hormel Meat-Packers Strike in Austin, Minnesota by Fred Halstead (Pathfinder, 1986).

۶ـ کمپانی ذغال‌سنگ ای تی ماسی در سال ۱۹۸۴ از امضای قرارداد منعقده میان اتحادیه معدنچیان آمریکا و انجمن گردانندگان ذغال‌سنگ بیتومینوس سر باز زد. در سال‌های ۱۹۸۴–۱۹۸۵ کمپانی موفق شد اعتصاب سازمان یافته به دست اتحادیه معدنچیان آمریکا را شکست دهد و اتحادیه را در معادن ای‌تی‌ماسی در هم بشکند.

۷ـ در فوریه ۱۹۹۰، مجتمع ذغال‌سنگ پیتستون قرارداد جدیدی را با اتحادیه معدنچیان آمریکا امضا کرد که به نمایندگی از جانب بیش از ۱۹۰۰ معدنچی در ویرجینیا، ویرجینیای غربی و کنتاکی بود. در طول مدت اعتصاب یازده ماهه حدود ۴۰,۰۰۰ نفر از اعضای اتحادیه معدنچیان آمریکا در سراسر معادن ایسترن به حمایت از اعتصاب دست از کار کشیدند و بیش از ۵۰,۰۰۰ نفر از حامیان اعتصاب از اردوگاه همبستگی بازدید کردند.

۸ـ در اکتبر ۱۹۸۹ حدود ۵۸,۰۰۰ تن از اعضای اتحادیه بین‌المللی مکانیک‌ها که در استخدام بوئینگ در کارخانه‌های این شرکت در واشنگتن، اورگان و کانزاس بودند دست به اعتصاب زدند. این در حالی بود که این شرکت از مقادیر زیادی سفارش‌های تلنبار شده بهره‌مند بود. پس از گذشت ۴۸ روز از آغاز اعتصاب، بوئینگ توافقنامه‌ای را امضا کرد که دستمزد کارگران در یک دوره‌ی سه ساله به میزان ۱۰ درصد افزایش می‌یافت. علاوه بر آن، پاداش‌های سالیانه ۱۹ درصد افزایش می‌یافت، پرداخت هزینه‌های زندگی وابسته به تورم بیشتر می‌شد و اضافه کاری اجباری کاهش می‌یافت.

1- Arnold Miller

۹ـ بین سال‌های ۱۹۷۵ تا ۱۹۹۵ یک گروه ضد کارگری به نام ورکرز لیگ (که در سال ۱۹۹۶ نام خود را به حزب سوشالیست ایکوآلیتی[1] تغییر داد) موجی از فعالیت‌های ایذایی و تخریبی علیه حزب کارگران سوسیالیست ایالات متحده و علیه تعداد زیادی از فعالیت‌های اتحادیه‌ای به راه انداخت؛ از جمله علیه فعالین اتحادیه‌ای که در اعتصاب‌های ایسترن و پیتستون درگیر بودند، همین طور علیه فعالین اعتصاب کاغذسازی اینترنشنال در سال‌های ۱۹۸۷–۱۹۸۸ و کارگران صنایع بسته‌بندی گوشت هورمل در سال‌های ۱۹۸۵–۱۹۸۶. برای مطالعه‌ی بیشتر مراجعه کنید به:

A New Probe by the Workers League against the Communist Movement: Record of an Antilabor Outfit, from the Gelfand Harassment Case to the Campaign against Mark Curtis (Pathfinder, 1995).

۱۰ـ اعتصاب بیست و دو ماهه‌ی مکانیک‌ها علیه خطوط هوایی ایسترن در ژانویه ۱۹۹۱ زمانی پایان یافت که این کمپانی حدوداً نه ماه پس از تحریر این قطعنامه از کار افتاد و منحل شد. نویسندگان کتاب پاث‌فایندر تحت عنوان اعتصاب خطوط هوایی ایسترن در مقدمه‌ی این کتاب نوشتند: "بالاخره اعتصابیون پس از سپری کردن حدود دو سال در صف اعتصاب، این شرکت خطوط هوایی را، که روزی برای خودش قدرقدرتی بود، مجبور کردند تا شکست را بپذیرد، درهایش را ببندد و اموالش را حراج کند. به میمنت ثبات قدم و استقامت اعتصابیون ایسترن، سنت اتحادیه‌شکنی ضربه‌ی سختی دیده است. مبارزات مکانیک‌ها پیام خود را برای سایر زحمتکشان این گونه ارسال داشته که بهتر است در دفاع از حقوق خود سرپا بایستیم و مبارزه کنیم، تا اینکه منفعلانه در مقابل تحکم اربابان سر فرود آوریم."

۱۱ـ از سال ۱۹۶۸ تاکنون درصد کارگران پاره‌وقت در نیروی کار ایالات متحده از ۱۴ درصد به حدود ۲۰ درصد افزایش یافته است؛ در سال ۱۹۹۴ حد متوسط دستمزد کارگران پاره‌وقت ۶/۰۱ دلار در ساعت در مقایسه با

1- Socialist Equality Party

۹/۳۶ دلار برای کارگران تمام وقت بود. رشد تعداد کارگرانِ موقت از این هم چشمگیرتر بوده است. این کارگران در اواسط دهه‌ی ۱۹۹۰ در حدود ۱۰ درصد از توسعه‌ی اشتغال‌زایی را شامل می‌شدند که نسبت به ۴ درصد برای دهه‌ی ۱۹۸۰ و ۲ درصد برای دهه‌ی ۱۹۷۰، رو به افزایش بوده است. هدف خانواده‌های حاکم بر ایالات متحده از گسترش اشتغال "موقت"، پایین نگه داشتن دستمزدها و افزایش سرعت خط تولید از طریق بوجود آوردن بخش روزافزونی از طبقه‌ی کارگر است که از حمایت اتحادیه‌ای برخوردار نیست و با یک اخطار یک روزه می‌توانند آنان را هم استخدام و هم اخراج کنند.

۱۲ـ طبق آمار اداره‌ی کار ایالات متحده، درصد کارگران تمام وقت شاغل در کمپانی‌های بزرگ یا متوسط که کارگران را تحت پوشش خدمات درمانی قرار می‌دهند از ۹۵ درصد در سال ۱۹۸۳ به ۸۰ درصد در ده سال بعد نزول کرده است. در همان دوره، درصد کارگرانی که بخشی از هزینه‌های خدمات درمانی را مستقیماً از دستمزد خود می‌پردازند از ۵۴ درصد به ۷۶ درصد افزایش یافته و میانگین چنین پرداخت‌هایی ماهیانه بیش از دو برابر شده است. درصد کارکنان بازنشسته که تحت پوشش خدمات درمانیِ کارفرمایان دوران اشتغال خود هستند از ۴۴ درصد در سال ۱۹۸۸ به ۳۳ درصد در سال ۱۹۹۳ کاهش یافته است. در سال ۱۹۹۶ حدود ۴۲ میلیون تن از ساکنین ایالات متحده ـ یعنی ۱۷ درصد جمعیت ـ تحت پوشش هیچ گونه طرح بیمه‌ی خدمات درمانی قرار نداشتند؛ ۴۸ درصد کارگران شاغل، که درآمدشان رسماً زیر کمربند فقر می‌افتد، پوشش خدمات درمانی ندارند.

۱۳ـ برای مثال، مدیریت اتحادیه اتومبیل‌سازان متحد[1] عضویت اتحادیه سراسری نویسندگان[2] را پذیرفته است، اتحادیه‌ای که خود را "اتحادیه‌ی صنف نویسندگان غیرحرفه‌ایِ و از همه نوع" معرفی می‌کند. و همچنین اتحادیه اتومبیل‌سازان عضویت سازمان سراسری کارکنان خدمات امور قضایی[3] را پذیرفته است؛ سازمانی که وکلا و سایر کارکنان خدمات امور قضاییِ را در ایالات متحده در برمی‌گیرد و بودجه‌ی آن را دولت فدرال می‌پردازد. فدراسیون کارکنان

1- United Auto Workers Union
2- National Writers Union
3- National Organization of Legal Service Workers

شهرداری، استانداری و فدرال آمریکا (افسمی)[1] زندانبانان را در سازمانی به نام متحدین تأدیب (افسمی)[2] متشکل کرده است که جزوه‌ای منتشر می‌کند که به منظور حسن نام آن را اداره‌ی ناآرامی در زندان[3] گذاشته است. رئیس این سازمان، ژرالد مک اِنتی[4]، و خزانه دار، ویلیام لوسی[5]، مقدمه‌ای بر این دست‌نامه‌ی ضدکارگری می‌نویسند که با این کلمات آغاز می‌شود: "کارمندان [زندان] به منظور حفظ امنیت جامعه و به منظور تأمین البسه، رزق و مسکن خانواده‌های خود با جانیان در محیط قابل اشتعالی کار می‌کنند و اغلب در حالی که منابع کافی در اختیار ندارند... بزرگ‌ترین امید ما این است که این دست‌نامه هرگز به بوته‌ی عمل گذاشته نشود، اما تجارب ما در [زندان‌های] آتیکا[6]، سانتافه[7]، لوکاس‌ویل[8]، ساوت‌پورت[9]، کمپ هیل[10] و جاهای دیگر به ما آموخته است که همیشه باید حاضر و آماده باشیم."

۱۴ـ در مارس ۱۹۹۸ انجمن اخوت مکانیک‌های هواپیما در یک یورش اتحادیه‌ـشکنی در خطوط هوایی آلاسکا موفق شد و توانست آرای اکثریت مکانیک‌ها و نظافتچیانی را که قبلاً اتحادیه بین‌المللی مکانیک‌ها آن‌ها را متشکل می‌کرد بدست آورد. کارگران پارکینگ هواپیما و کارگران خدمات در آلاسکا هنوز عضو اتحادیه بین‌المللی مکانیک‌ها باقی مانده‌اند. انجمن اخوت مکانیک‌های هواپیما همچنین دارای واحدهای مکانیک‌ها در نورث وست ایرلینک[11] و یونایتد اکسپرس[12] هستند که از طرف کمپانی به رسمیت شناخته شده و آن دو همچنان عملیات اتحادیه‌ـشکنی خود را (که تاکنون ناموفق مانده) در شرکت‌های هواپیمایی نورث وست ایرلاینز و یونایتد ادامه می‌دهد.

۱۵ـ ریچارد ترومکا[13] از سال ۱۹۸۲ تا ۱۹۹۵ رییس اتحادیه معدنچیان آمریکا بود. سپس به عنوان دبیر خزانه‌داری اِی‌اِف‌اِل‌ـسی‌آی‌او در لیست

1- American Federation of State, County and Municipal Employees (AFSCME)
2- AFSCME Corrections United
3- Managing a Prison Disturbance
4- Gerald McEntee
5- William Lucy
6- Attica
7- Santa Fe
8- Lucasville
9- Southport
10- Camp Hill
11- Northwest Airlink
12- United Express
13- Richard Trumka

کاندیداهایی انتخاب شد که جان سوییني[1]، رییس سابق اتحادیه بین‌المللی تعمیرکاران[2] در رأس آن قرار داشت. اتحادیه معدنچیان آمریکا در اکتبر ۱۹۸۹ مجدداً به اِی‌اِف‌اِل‌ـ‌سی‌آی‌او پیوست.

۱۶ـ جریان رهبری مبارزه‌ـطبقاتی شعبه‌ی ۵۷۴ اتحادیه تیمسترها و اعتصابات ۱۹۳۴ که نهضتِ اتحادیه‌های صنعتی را در مینیاپولیس بنیان نهاد در کتاب ذیل آمده است:

Teamster Rebellion, by Farrell Dobbs (Pathfinder, 1972)

دابز از رهبران مرکزی آن نبردها و اعتصابات بود که منجر به حرکت برای سازماندهی اتحادیه‌ها در اواسط دهه‌ی ۱۹۳۰ شد و اتحادیه تیمسترها را در مناطق غرب میانی ایالات متحده به یک جنبش اجتماعی مبارز تبدیل کرد. آن نبردهای بعدی را دابز، که متعاقباً به عنوان دبیر سراسری حزب کارگران سوسیالیست ایالات متحده انجام وظیفه کرد، در کتاب‌های ذیل به رشته‌ی تحریر در آورد: قدرت تیمسترها، سیاست تیمسترها و بوروکراسی تیمسترها[3].

۱۷ـ در نیمه‌ی دوم دهه‌ی ۱۹۷۰، حزب کارگران سوسیالیست در ایالات متحده چرخش کرد به اتحادیه‌های صنعتی و سازماندهی لازم را انجام داد تا اکثریت قاطع کادرهایش کارگران کارخانه‌هایی بشوند که بتوانند در میان کارگران متشکل در اتحادیه‌های صنعتی به فعالیت سیاسی بپردازند. این کار از طریق فراکسیون‌های حزب در اتحادیه‌های صنعتی سازماندهی می‌شود. حزب کارگران سوسیالیست در سال ۱۹۹۰ در ده اتحادیه‌ی صنعتی، از جمله در اتحادیه معدنچیان آمریکا، دارای فراکسیون بود.

۱۸ـ قطعنامه‌ی ۱۹۸۵ تحت عنوان: "چشم‌انداز انقلابی و تداوم لنینیستی در ایالات متحده"[4] در مجله‌ی نیو اینترنشنال شماره‌ی ۴ به چاپ رسیده است. گزارش جول بریتون در سال ۱۹۸۵ درباره‌ی اتحادیه‌های صنفی در کتاب‌های ذیل به چاپ رسیده است: "زمینه‌ی کتاب چهره‌ی در حال تحول سیاست در

1- John Sweeney 2- Service Employees International Union (SEIU)

3- *Teamster Power*, *Teamster Politics*, and *Teamster Bureaucracy*

4- The Revolutionary Perspective and Leninist Continuity in the United States

ایالات متحده" و "امپریالیسم ایالات متحده جنگ سرد را باخته است"[۱].

۱۹ـ انتشارات پاث‌فایندر در آوریل و مه ۱۹۹۰ برای کارلوس تابلادا[۲] تور سخنرانی در نقاط مختلف ایالات متحده ترتیب داد. تابلادا یک اقتصاددان کوبایی و نویسنده‌ی کتابی است تحت عنوان: "چه گوارا: اقتصاد و سیاست در انتقال به سوسیالیسم"[۳]. تابلادا در بیش از بیست و پنج شهر و شهرستان ایالات متحده در جلسات عمومی و دانشگاه‌ها سخنرانی کرد. او در هنگام تور با رهبران اعتصابیون ایسترن ملاقات داشت و چند تن از آنان در جلسات سخنرانی در جایگاه سخنرانان با او همراه شدند. تابلادا همچنین با حدود بیست تن از کارگران کنسروساز که اتحادیه تیمسترها آنان را متشکل کرده است در واتسون ویل در ایالت کالیفرنیا دیدار کرد. بیش از چهل تن از کارگران نسّاجی عضو اتحادیه در رستوران یک کارخانه در لاورنس، ماساچوست با او ملاقات کردند. اعضای چندین اتحادیه‌ی دیگر نیز با او آشنا شدند. چند ماه پیش از آن، در اکتبر و نوامبر ۱۹۸۹، نقاش کوبایی، آلدو سولر[۴]، طی یک تور به ایالات متحده مسافرت کرد. این تور با حمایت پروژه‌ی نقاشی دیواری پاث‌فایندر ترتیب داده شد. سولر به ایالات متحده آمده بود تا پیکره‌های فیدل کاسترو و کارل مارکس را بر دیوار ساختمان شش طبقه‌ای پاث‌فایندر در شهر نیویورک نقاشی کند (این دیوارنگاره بر روی جلد کتاب حاضر به چاپ رسیده است). سولر در کنار سخنرانی‌های خود در گالری‌های هنری و در دانشگاه‌ها و جاهای دیگر، همچنین در یک گردهم‌آیی که اتحادیه کارگران متحد مزارع[۵] در ایالت واشنگتن متشکل کرده بود سخنرانی کرد، از صف معدنچیان اعتصابی در ویرجینیای غربی بازدید و در ایالت آیووا با رهبران جنبش کشاورزان ملاقات کرد.

۲۰ـ در مارس ۱۹۸۸، علیه مارک کرتیس، یک سوسیالیست و عضو اتحادیه

1- *Background to "The Changing Face of U.S. Politics" and "U.S. Imperialism Has Lost the Cold War"* (Pathfinder, 1998).

2- Carlos Tablada

3- *Che Guevara: Economics and Politics in the Transition to Socialism* (Pathfinder, 1989)

4- Aldo Soler

5- United Farm Workers Union

کارگران متحد صنایع غذایی و تجاری که در کارخانه صنعت گوشت سویفت[1] در دموینز[2] در ایالت آیووا مشغول به کار بود، پاپوش‌دوزی و به تجاوز به عنف و سرقت متهم شد. درست چند ساعت پس از آنکه او یک گردهم‌آیی در دفاع از شانزده تن از کارگران مکزیکی و یک کارگر السالوادریِ شاغل در سویفت را ترک کرده بود توسط پلیس دستگیر و سبعانه کتک زده شد. پلیس‌های اداره‌ی خدمات مهاجرت ایالات متحده در یک تهاجم به کارخانه سویفت این کارگران را از محل کارشان بیرون کشیده و به اخراج از این کشور تهدید کرده بودند. در سپتامبر ۱۹۸۸ کرتیس به بیست و پنج سال زندان محکوم شد. او در ژوئن ۱۹۹۶ شامل عفو و پس از هفت سال و نیم از زندان آزاد شد؛ این مدت به مراتب بیش از مدتی است که در ایالت آیووا محکومین به جرایم مشابه در زندان بسر می‌برند. برای مطالعه‌ی شرح ماوقع پاپوش‌دوزی و حمایت بین‌المللی‌ای که در دفاع از کرتیس برای آزادی او شکل گرفت، رجوع کنید به کتاب:

A Packinghouse Worker's Fight for Justice: The Mark Curtis Story by Naomi Craine (Pathfinder, 1996)

۲۱ـ مشارکت در این نبردهای اتحادیه‌ای در آماده‌سازی کادرهای حزب کارگران سوسیالیست ایالات متحده برای رویارویی با آزمایش بعدی بسیار تعیین‌کننده بود. آزمایشی که هنگام تصویب این قطعنامه در کنگره‌ی حزب در اوت ۱۹۹۰ آغاز شد. در همان ماه، واشنگتن حرکت جنگ‌افروزانه‌ی خود را در خلیج فارس آغاز کرد، جنگی که در آغاز سال ۱۹۹۱ به بمباران شش هفته‌ای و حمله‌ی ۱۰۰ ساعته به عراق ختم شد و طی آن حداقل ۱۵۰,۰۰۰ عراقی قتل‌عام شدند. برای ارزیابی نتایج آن یورش و مبارزه‌ی طبقه‌ی کارگر علیه امپریالیسم و جنگ که کادرهای حزب کارگران سوسیالیست ایالات متحده و همفکرانش در سایر کشورها پیش بردند رجوع کنید به کتاب:

"Opening Guns of World War III: Washington's Assault on Iraq" by Jack Barnes, in *New International* no. 7.

1- Swift 2- Des Moines

رساله اصلی این نوشته به فارسی ترجمه شده است:
شلیک اولین توپ‌های جنگ جهانی سوم، علل تهاجم ایالات متحده علیه عراق، جک بارنز، ترجمه شهره ایزدی، نشر طلایه پرسو، تهران، ۱۳۷۳.

عکس از مگان آرنی[۱] از نشریه میلیتانت

اعضای اتحادیه یونایت در سال ۱۹۹۷ به تضاهرات اعتراض علیه ضرب و شتم آبنر لوئیما[۲]، مهاجر اهل هایتی، می‌پیوندند. "خیزش مقاومت و افزایش قدرت اتحادیه‌ای در دهه‌ی ۱۹۹۰ تپش جدیدی در مبارزات اجتماعی گسترده‌تری ایجاد و ترکیب اجتماعی اعتراضات اجتماعی را هرچه بیشتر پرولتری خواهد کرد. در عین حال، این مبارزات نیز به نوبه‌ی خود مقاومت اتحادیه‌ای را تقویت خواهند کرد و بر ابعاد آن خواهند افزود و ترکیب اجتماعی رهبری برخاسته از رده‌های پایه را در جنبش اتحادیه‌ای تقویت خواهند کرد."

1- Megan Arney

2- Abner Louima

عکس از مارگارت سیم[۱] از نشریه میلیتانت

تظاهرات تیمسترها در جرسی سیتی، نیو جرسی، ماه اوت ۱۹۹۷ در هنگام اعتصاب ***اتحادیه کارگران خدمات پستی***[۲]، که از طریق یک مبارزه‌ی سراسری اتحادیه‌ای به اولین پیروزی اتحادیه‌ای در طول یک دهه در ایالات متحده منجر شد. "چنانچه مبارزه به گونه‌ای پیش برده شده باشد که سایر کارگران و فعالین اتحادیه‌ها آن را سرمشق خود قرار دهند، آن گاه می‌توان گفت اعتصاب یک پیشروی را تثبیت کرده است."

1- Margrethe Siem 2- United Parcel Service (UPS)

فصل دوم

امپریالیسم ایالات متحده جنگ سرد را باخته است

الف- تهاجم طبقات حاکمه‌ی امپریالیست - که خط و مشی ریگان/تاچر علامت مشخصه‌ی آن بود - به شکست انجامیده است

۱- تهاجم سرمایه‌داری در کشورهای امپریالیستی در دهه‌ی ۱۹۸۰ قطعاً ضرباتی کاری بر جنبش کارگری وارد آورد، ضرباتی که نتایج خانمان براندازی برای اقشار وسیعی از زحمتکشان به همراه داشت.

۲- با این وجود، این تهاجم نتوانست هیچیک از اهداف مورد نظر را تحقق بخشد و زمینه را برای پیدایش یک دوران توسعه‌ی سرمایه‌داری و ایجاد ثبات اجتماعی و سیاسی آماده سازد و بدین وسیله پیش‌شرط‌های لازم را برای معکوس ساختن احتمال روزافزون بروز بحران اقتصادی و اجتماعی جهانی فراهم آورد:

۲-۱) حاکمان سرمایه‌دار در معکوس ساختن گرایش نزولی نرخ سود شکست خوردند.

۲-۲) ثابت شد که آنان قادر نیستند مقاومت طبقه‌ی کارگر را به گونه‌ای درهم شکنند که لازمه‌ی تغییر اساسی در توازن نیروها میان نیروی کار و سرمایه است.

۳- تلاش امپریالیست‌ها برای تثبیت یک تکیه‌گاه مستحکمِ طبقه‌ی متوسط نیز به شکست انجامید.

۳-۱) هنگامی که حاکمان سرمایه‌دار تهاجم ضدکارگری خود را پیش می‌بردند، جمع کثیری از متخصصان و سایر اقشار خرده‌بورژوا از رفاه

نسبتاً خوبی برخوردار بودند.

۳-۲) با وجود این، افزایش مالیات‌ها و تصاعد نرخ بهره‌ی وام مسکن و رشد بی‌ثباتی اقتصادی تا اواخر دهه‌ی ۱۹۸۰ اقشار وسیعی از طبقه‌ی متوسط و همچنین کارگران و کشاورزان زحمتکش را در کشورهای امپریالیستی مورد تهاجم قرار داد.(۱)

۴ـ در دهه‌ی ۱۹۸۰ بهترین فرصت به سرمایه‌داری "بازار آزاد" از نوع ریگان‌ـ‌تاچری‌اش داده شد، لکن سرمایه‌داران نتوانستند به اهداف خود دست یابند.

۵ـ نبردهای سرنوشت‌ساز، میان طبقات هیأت حاکمه‌ی امپریالیست و کارگران، سپری نشده است، بلکه در آینده شاهد آن خواهیم بود.

ب ـ تضادهای اجتماعی و اقتصادی امپریالیسم ایالات متحده حادتر شده است

۱ـ بزرگ‌ترین خطر اقتصادی برای امپریالیسم، خطر بالقوه و در حال رشدِ از کار افتادن نظام بانکی سرمایه‌داری و پیدایش رکود جهانی و بحران اجتماعی غیر قابل اجتنابی است که در پی خواهد داشت.

۲ـ وضعیت عناصر بحران‌ساز نظام سرمایه‌داریِ جهانی وخیم‌تر شده است و هریک از این عناصر به تنهایی یا ترکیبی از آن‌ها می‌تواند به یک بحران بانکی جهانی دامن بزند. در مدت کوتاه سپری شده از اوت ۱۹۸۸، زمانی که حزب کارگران سوسیالیست [در ایالات متحده] قطعنامه‌ی سیاسی خود را تحت عنوان "سقوط بازار بورس در ۱۹۸۷ چه چیزهایی از آینده بازگو کرد" منتشر ساخت، وضعیت این عناصر بحران‌ساز رو به وخامت گذاشته است.(۲)

۲-۱) روند نزولی نظام پس‌انداز و وام در ایالات متحده تسریع شده است.

۲-۱-۱) نقشه‌ی واشنگتن ـ با حمایت هر دو حزب [دموکرات و

جمهوری‌خواه] - برای نجات شبکه‌ی رو بـه ورشکستگیِ پس‌انـداز و وام، کـه حـدوداً ۵۰۰ میلیارد دلار هـزینه بـرداشت، نشـان مـی‌دهد سرمایه‌داران درصددند، برای ممانعت از بـروز بـحران بـانکی وسـیع‌تر، هزینه‌ی جبران ضررهای نظام بانکی را برعهده‌ی جامعه بگذارند.(۳)

۲-۱-۲) بحران حاد نظام پس انداز و وام، بیانگر فقط مشتی از خـروار تنش‌های مالی وارده بر شـرکت‌های بـیمه، بـنگاه‌های بـزرگ فـروش سهام و اوراق قرضه، آژانس‌های شبه‌دولتی رهـن و وام است. هـمچنین بیانگر تنش‌های وارده در جهت بی‌ثباتی قیمت‌های مستغلات و زمـین است. مهم‌تر از هـمه‌ی ایـن‌ها، فشـار فـزایـنده‌ی وارده از طـریق ایـن آژانس‌ها بر بانک‌های تجاری است.

۲-۲) سنگینی بدهی جهان سوم همچنان به قوت خود بـاقی است و حـتی قوی‌ترین کشورهای شبه‌مستعمره (نظیر مکزیک، آرژانـتین و بـرزیل) نـیز امکان پرداخت آن را ندارند.

۲-۲-۱) گرچه بانک‌های قوی‌تر امپریالیستی در یکی دو سال گـذشته از طریق کاهش بخشی از بدهی عظیم جهان سوم در مقایسه بـا رقـبای خود دست‌اورد کوچکی بدست آورده‌اند، اما سـرمایه‌داران نـه بـه یک راه‌حل نزدیک‌تر شده و نه در ایجاد یک ثبات میان‌مدت در کشـورهای مقروض به نتیجه‌ای رسیده‌اند.

۲-۲-۲) در آرژانتین، و اخیراً در برزیل، سیاست‌های حـاد انـقباضی[۱] که رژیم‌های سرمایه‌داری در مواجهه با بحران بدهی تحمیل کـرده‌انـد، در حال ایجاد رکودی هستند که از دهه‌ی ۱۹۳۰ تاکنون بی‌سابقه بـوده است.

۲-۲-۳) در حـــدود یک پـــنجم جـــمعیت جـهان، کـه نسـبت آن در

1- Deflationary

کشورهای نیمه‌مستعمره بیشتر است، از فجایعی نظیر امراضی چون سل، مالاریا، ایدز و همچنین از آثار گرسنگی و سوءتغذیه رنج می‌برند. اوضاع اجتماعی این چنینی در دهه‌ی گذشته، به خصوص در صحرای آفریقا و به طور کلی در جهان سوم به غیر از چند استثنا، وخیم‌تر شده است.(۴)

۲-۲-۴) از زمان پیدایش بحران بدهی جهان سوم از اوایل دهه‌ی ۱۹۸۰ تاکنون، امروزه بیش از هر زمان دیگری احتمال بروز قصور در پرداخت، که کل نظام مالی جهان را به زیر سؤال ببرد، افزایش یافته است. در کشورهای مقروض، احتمال بروز ناآرامی‌های اجتماعی علیه نتایج ویرانگر سیاست‌های تضییقاتی و تاراج ثروتشان به دست بانک‌های امپریالیستی در هر لحظه قریب به یقین است.(۵)

۲-۳) شیوع خرید و فروش اوراق قرضه‌ی جانک[1] [که بازدهی و ریسک بسیار بالا دارند] از زمان رکود سال‌های ۱۹۸۰-۱۹۸۱ تاکنون به شیوه‌ی غالب در توسعه‌ی سرمایه‌داری در ایالات متحده تبدیل شده است و دارد به اوج خود نزدیک می‌شود.

۲-۳-۱) بدهی شرکت‌های بزرگ در ایالات متحده، که همچون یک بالون در حال افزایش حجم است، بر مبنای درصد سود شرکت‌ها و یا بر مبنای درصدی از محصول ناخالص ملی، ابعادی پیدا کرده است که از رکود بزرگ ملی دهه‌ی ۱۹۳۰ تاکنون به بزرگ‌ترین حجم خود رسیده است.

۲-۳-۲) محدودیت‌های ناشی از توسعه‌ی اقتصادی بر مبنای اوراق بهادار به اشکال گوناگونی خود را عیان ساخته است: اُفت بازار اوراق قرضه‌ی جانک از سال ۱۹۸۹ به بعد، کاهش تعداد و حجم دلاری

1- Junk Bond

تصاحب‌های اهرمی[1] و تداوم بی‌ثباتی در بازارهای بورس سهام، اوراق قرضه و کالاهای مصرفی.(۶)

۲-۳-۳) سرمایه‌گذاریِ سرمایه‌داری در زمینه‌ی افزایش ظرفیت کارخانه‌ها و ماشین‌آلات همچنان راکد است و هم‌اکنون نیز همانند دهه‌ی ۱۹۸۰ در پایین‌ترین حد خود در دوران بعد از جنگ جهانی دوم بسر می‌برد.(۷)

۲-۳-۴) سرمایه‌داریِ ایالات متحده نسبت به عواملی نظیر شوک ناشی از یک رکود، انفجار تورم و نرخ بهره، یا بحران‌های جدی‌تری که باعث سقوط نظام بانکی شود بیش از زمان سقوط بازار بورس در ۱۹۸۷ ضربه‌پذیر شده است.

۲-۴) سرمایه‌داریِ ایالات متحده در سال ۱۹۸۶ با چنان اُفتِ اقتصادیی مواجه شد که در واقع معادل یک رکود اقتصادی بود.

۲-۴-۱) سرمایه‌های قابل توجهی کاهش ارزش داده شده است تا:

۲-۴-۱-۱) زمینه‌ی لازم برای رشد اقتصادی، هرچند آهسته، فراهم آید، و

۲-۴-۱-۲) حرکت سراشیبی بعدیِ اقتصاد ایالات متحده حدوداً نیم دهه به تعویق افتد.

۲-۴-۲) رکود بعدی در شرایطی شکل خواهد گرفت که برخی عوامل بی‌ثباتی اقتصادی بر روی یکدیگر انباشته شده‌اند: وخیم‌تر شدن بحران بانکی، پیدایش بزرگ‌ترین بالون قرضه‌ای که تاکنون وجود داشته است، تداوم بی‌ثباتی بازارهای بورس سهام و اوراق قرضه، افزایش ضربه‌پذیری کشاورزان مولد و کساد سرمایه‌گذاری.

۲-۴-۳) به دلیل وزنه‌ی اقتصادی ایالات متحده در جهان و

1- Leverage Buyouts

یکپارچگی روزافزون سرمایه‌دارِ جهانی، چنین اُفت اقتصادیی می‌تواند رکودهای بزرگی را در سایر کشورهای امپریالیستی دامن بزند و اثرات فاجعه‌برانگیز بیشتری در کشورهای نیمه‌مستعمره ببار آورد. چنین اتفاقی باعث تشدید رقابت‌های حاد کنونی و افزایش اصطکاک، ناشی از حمایت تولیدات داخلی، در میان قدرت‌های بزرگ امپریالیستی خواهد شد.(۸)

۳) عوامل ایجاد بحران سرمایه‌داری که در بالا ذکر شد، جملگی تجلی گرایش مداوم کاهش نرخ سود هستند.

۳-۱) به رغم اینکه کارفرمایان در دهه‌ی ۱۹۸۰ موفق شدند حد متوسط ساعات کار هفتگی را برای اولین بار در طول نیم قرن افزایش دهند، این گرایش کاهش نرخ سود همچنان به عنوان گرایش غالب باقی خواهد ماند.

۳-۲) محدوده‌ی رغبت حاکمان سرمایه برای اعطای امتیازات اقتصادی یا اجتماعی به طبقه‌ی کارگر هرچه بیشتر تنگ‌تر می‌شود. ظرفیت فردی سرمایه‌داران برای نگرش به سمت جلو کاهش می‌یابد، چون هرکدام سعی دارند به نوبه‌ی خود تا جایی که امکان دارد درآمدهای ناشی از سرمایه‌گذاری با بازگشت سریع را از آن خود سازند تا بدینوسیله سر خود را روی آب نگه دارند و رقبای خود را شکست دهند؛ حتی اگر این کار عواقبی نظیر افزایش بدهی و کاهش بودجه‌های تحقیق و توسعه را در پی داشته باشد و باعث ادغام شرکت‌ها با انگیزه‌های مالی شود و بدون آنکه دست‌آوردهای تولیدی و یا بازاریابی را در بر داشته باشد.(۹)

ج-جابجایی در صف‌بندی امپریالیستیِ دوران مابعد جنگ جهانی دوم و تشدید رقابت‌های سرمایه‌داری

۱ـ در دوران پس از جنگ جهانی دوم، مهم‌ترین شاخص جا به جایی در

صف‌بندی نیروهای طبقاتی در عرصه‌ی بین‌المللی، میزان و ماهیت تغییرات پدید آمده در سلطه‌ی اقتصادی، سیاسی و نظامی واشنگتن در درون نظام امپریالیستی است.

۲ـ تدارک برای سازماندهی یک رایش چهارم، یک بار دیگر آلمان را در مرکز سیاست‌های اروپا و حوزه‌ی اطلس قرار داده و نشانی از آغاز تغییری بنیادین در میان قدرت‌های امپریالیستی است.

۲-۱) در هم تنیده شدن چشم‌اندازهای پولی و اقتصادی و صف‌بندی سیاسی و مبارزات طبقاتی میان دو آلمان (جمهوری فدرال و جمهوری دموکراتیک)، با شتابی روزافزون، مشخصه‌ی بزرگ‌ترین جابجایی در روابط و تخاصمات میان‌ـامپریالیستی در صف‌بندی اروپا و حوزه‌ی اطلس است. این پدیده، در مقایسه با هر یک از تحولات دیگر، بزرگ‌ترین تأثیر را بر تشدید بحران فزاینده‌ی اقتصادی و سیاسی دولت‌های کارگریِ اروپای شرقی و مرکزی و در روابط آن‌ها با شوروی باقی می‌گذارد.

۲-۲) نخستین و برجسته‌ترین اثر این تغییرات خود را به شکل تقویت نسبی سرمایه مالی آلمان در چارچوب نظام امپریالیست عیان می‌سازد.(۱۰)

۲-۲-۱) قدرت صنعتی و تجاریِ سرمایه‌ی مالی آلمان منشأ استحکام مارک و افزایش وزنه‌ی بانک مرکزی آلمان در اروپای سرمایه‌داری و فراتر از آن است.(۱۱)

۲-۲-۲) حاکمان سرمایه‌دار جمهوری فدرال آلمان بی‌وقفه تلاش می‌کنند تا قدرت جهانی سیاسی و نظامی خود را پا به پای استحکام موقعیت اقتصادیشان در مقایسه با امپریالیسم ایالات متحده و رقبای سرمایه‌دارشان در اروپا تقویت کنند.

۲-۳) سرعت شتاب‌یابنده‌ی اقدامات انجام یافته در جهت اتحاد اقتصادی

و پولی دو آلمان بیش از پیش هر گونه چشم‌اندازی را در زمینه‌های ذیل دچار تردید می‌کند: ۱) پدیده‌ی رشدیابنده‌ی ادغام و یکپارچه شدن کشورهای سرمایه‌دارِ عضو جامعه‌ی مشترک اروپا در حالی که به سال ۱۹۹۲ نزدیک می‌شویم، ۲) فروکاستن مبارزات نیروی کار و طبقه‌ی کارگر در آلمان غربی که رکن اصلی اروپایِ سرمایه‌داری است.(۱۲)

۲-۳-۱) سلطه‌ی به مراتب افزون‌تر اقتصادی و نظامیِ امپریالیسم آلمان در مقایسه با رقبای اروپایی‌اش (چه در داخل جامعه‌ی مشترک اروپا و چه در خارج از آن) به گونه‌ی برجسته‌ای باعث تشدید بی‌ثباتی و تخاصمات و تضادهای موجود خواهد شد و دست‌یابی به یک مشی مناسب برای ایجاد اروپای یکپارچه‌ی سرمایه‌داری را مشکل‌تر خواهد کرد.

۲-۳-۲) آنچه را که پیش از جنگ جهانی دوم یک واقعیت بود، یعنی وجود یک اروپای مرکزی تحت سلطه‌ی سرمایه‌ی مالی آلمان، حاکمان جمهوری فدرال از طریق تلاش برای تثبیت موقعیت خود در اروپای سرمایه‌داری و پیشدستی در ایجاد ارتباط با حکومت‌های دولت‌های کارگری اروپا هم‌اکنون دنبال می‌کنند.

۲-۳-۳) برداشتن قدم‌هایی در جهت جفت و جور کردن دو آلمان (یکی امپریالیستی و دیگری دولت کارگری)، در یک اقتصاد واحد، باعث شده است که بورژوازی آلمان بیش از پیش رو در روی طبقه‌ی کارگر شرق و غرب اروپا قرار گیرد و در عین حال وحدت عمل طبقه‌ی کارگر را در دو آلمان تسهیل کند.

۲-۴) حاکمان سرمایه‌دار بریتانیا کمتر قادرند به پشتوانه‌ی داشتن "روابط ویژه" با واشنگتن تکیه کنند تا بدین ترتیب بتوانند در مقابله با سلطه‌ی روزافزون آلمان در اروپا و افول مداوم امپریالیسم بریتانیا موازنه ایجاد

کنند.

۲-۴-۱) پوندِ [بریتانیا] قربانی ادعـای تـقریباً دهسـاله‌ی [مـارگارت] تاچر مبتنی بر وانمود کردن قـدرت سـرمایه‌داریِ بـریتانیا بـه مـیزانـی فزون‌تر از قدرت واقعی‌اش شده است. پوند اکنون بالاجبار بـه مـارک آلمان بیش از دلار ایالات متحده آویزه خواهد بود.

۲-۴-۲) استحکام سرمایه‌داریِ بریتانیا و حمایت از تـاچریسم دایـماً در حال رنگ باختن است. زیرا بریتانیا هم بالاترین نـرخ تـورم و بـهره را در اروپا داراست و هم با مـقاومت روزافـزون در مـقابله بـا حـملات کارفرمایان و دولت، به خصوص علیه مالیات‌های تصاعدی و سنگین، مواجه است.

۲-۴-۳) جنگ مالویناس در سال ۱۹۸۲ نه‌تنها قـدرت بـریتانیا را بـه عنوان یک قدرت جـهانیِ امـپریالیستی ثـابت نکـرد، بـلکه بـرعکس، نقطه‌ی مقابل آن را عـیان سـاخت. بـریتانیا در جـنگ عـلیه آرژانـتین نمی‌توانست حتی سرپا بایستد، چه رسد به اینکه پیروز شـود، مگـر بـه خاطر حمایت تعیین‌کننده‌ی اطلاعاتی و تدارکاتی واشنگتن که تـصمیم گرفت قدرت نیروی هوایی و دریایی ایالات مـتحده را در طـول مـدتی که کشمکش ادامه داشت در خدمت لندن قرار دهد.(۱۳)

۳ـ رقابت میان‌ـامپریالیستی (هم در زمینه‌ی تجارت و هم در عرصه‌ی صـدور سرمایه) همچنان شدت می‌یابد و باعث افـزایش فشـارهای نـاشی از سـیاست حفاظت [حفاظت از سرمایه داخلی و حمایت تعرفه‌ای] می‌شود و کشـمکش‌ها و تنش‌های سیاسی مربوطه را در سطح جهان افزایش می‌دهد.

۳-۱) جامعه‌ی مشترک اروپا در صدد است تا سـال ۱۹۹۲ تـمامی مـوانـع داخلی را از سر راه تجارت، جابجاییِ نیروی کار و انتقال سـرمایه بـردارد و جبهه‌ی مشترکی را در مـقابل رقـبای امـپریالیستش عـرضه کـند. ایـالات

متحده و کانادا نیز قدم‌هایی در جهت ایجاد یک جبهه‌ی مشترکِ مشابه برداشته‌اند.(۱۴) هیأت‌های حاکمه‌ی استرالیا و زلاندِنو نیز "منطقه‌ی آزاد تجاری" خود را تشکیل داده‌اند.

۳-۱-۱) این سیاست حفاظت، که در حال رشد است، بازارها را هر چه بیشتر به روی کشورهای شبه‌مستعمره می‌بندد و بیش از پیش موجب ویرانی اقتصادی این کشورها می‌شود.

۳-۱-۲) سیاست حفاظت، تحت فشارهای ناشی از هر گونه بحران اقتصادی، موجب پیدایش شکاف‌های انفجارآمیزی در میان دسته‌بندی‌های تجاری امپریالیستی خواهد شد.

۳-۲) رقابت‌های فزاینده‌ی امپریالیستی، و جنگِ تجاری ناشی از این رقابت‌ها، به‌گونه‌ی بارزی در تهاجم رو به رشدِ حاکمان ایالات متحده علیه رقیب امپریالیستشان، ژاپن، متبلور شده است.

۳-۲-۱) تهاجم واشنگتن علیه ژاپن از طریق سیاست حفاظت در اوضاع و احوال خاصی صورت می‌گیرد: بازار بورسِ فوق‌العاده متورم ژاپن در سال ۱۹۹۰، اُفت ارزش ین در مقایسه با مارک و دلار، بی‌ثباتیِ قیمت‌های سرسام‌آور املاک و افزایش آثار سوء ناشی از تورم قیمت ارزاق و سایر نیازمندی‌های عمومی در چارچوب نظامی که توزیع درآمدها در میان طبقات مختلف آن بسیار نامتعادل است. سرمایه‌داریِ ژاپن به مراتب بیش از دهه‌ی ۱۹۸۰ در مقابل بحران‌های نیم‌بند و نوسانات اقتصادی ضربه‌پذیر شده است.(۱۵)

۳-۲-۲) در عین حال، سرمایه مالی ژاپن پیوسته به شکل روزافزونی در سراسر کشورهای آسیای شرقی و آسیای جنوب شرقی کارخانه می‌خرد و در قبضه کردن بازارهای آسیا و حوزه‌ی اقیانوس آرام رقیب سرسخت ایالات متحده شده است.

۳-۲-۳) تهاجم رقبای امپریالیست ژاپن به آن کشور، از طریق سیاست حفاظت، جنبه‌ی نژادپرستانه و ضدآسیایی دارد. زمامداران ایالات متحده به سیاست‌های نژادپرستانه متوسل می‌شوند و در این زمینه بخصوص از طرف بوروکراسی حاکم بر اتحادیه‌های کارگری و نیز از حمایت بیراهه‌بران بورژوا و خرده‌بورژوای ملیت‌های ستمدیده‌ی ایالات متحده برخوردارند.

۳-۲-۴) امپریالیسم ژاپن ارتش خود را همچنان تقویت می‌کند (بعد از واشنگتن، ژاپن بزرگ‌ترین بودجه‌ی نظامی را در میان قدرت‌های امپریالیستی دارد). در عین حال، ژاپن فاقد زرادخانه‌ی اتمی است و هیچ گونه چشم‌انداز کوتاه‌مدتی برای دست‌یابی به آن ندارد. به همین دلیل در مقایسه با نیروی استراتژیک هوایی و دریاییِ ایالات متحده در حوزه‌ی اقیانوس آرام موضع فرودست را دارد.(۱۶)

۳-۳) بی‌ثباتیِ اقتصادی و اجتماعی و افق تشدید مبارزه‌ی طبقاتی در سرتاسر جهانِ امپریالیستی رو به گسترش است.

۳-۳-۱) همگام با کاهش نرخ رشد اقتصادی، نرخ بیکاری در سرتاسر اروپا به بالاترین مقدار خود در دوران مابعد جنگ جهانی دوم رسیده است.(۱۷)

۳-۳-۲) با توجه به اینکه بحران اقتصادی و تنش‌های طبقاتی در کشور امپریالیستی سوئد عیان‌تر می‌شود، همزمان با آن، کارآمد بودن "الگوی سوئدی" به عنوان "گزینه‌ای در مقابل سرمایه‌داری" همواره زیر سؤال می‌رود.

۳-۳-۲-۱) رشد اقتصادی در سوئد راکد شده است،تورم همچنان بالاست و میزان مالیات‌ها بقدری افزایش یافته که بر دوش اقشار وسیعی از مردم سنگینی می‌کند.

۳-۳-۲-۲) این باعث شده است که مقاومت طبقه‌ی کارگر در مقابل خواسته‌های حکومت سرمایه‌داری و طبقه‌ی کارفرمایان افزایش یابد، به رغم اینکه نرخ بیکاری در سوئد نسبتاً پایین و دستمزد اجتماعی هنوز هم نسبتاً بالاست.(۱۸)

۳-۳-۲-۳) با توجه به موجودیت جامعه‌ی مشترک اروپا و اینکه هرچه بیشتر تحت سلطه‌ی سرمایه‌ی مالی آلمان قرار می‌گیرد، حاکمان سوئد ـ که خارج از جامعه‌ی مشترک اروپا قرار دارد ـ با رقابت سرمایه‌داری حادی مواجه خواهند شد که بر شدت آن افزوده می‌شود.

۳-۳-۳) به رغم ضرباتی که حاکمان کانادا در اوایل دهه‌ی ۱۹۸۰ متوجه حقوق ملی [ملیت ستمدیده] کِبِکوا وارد کرده‌اند، قادر نبوده‌اند دست‌آوردهای عمده‌ی آنان را که از جنگ جهانی دوم تاکنون به آن نایل شده‌اند به میزان قابل توجهی به عقب برانند.

۳-۳-۳-۱) تعدّی حاکمان کانادا، به منظور آزمایش قدرت، از اواخر سال ۱۹۸۶ با مقاومت و حرکات چشمگیر این مردم در دفاع از حقوق مربوط به زبان [مادریشان] فرانسه مواجه شده است.

۳-۳-۳-۲) خیزش نوین آغاز شده در کِبِک، برای استقلال، حاکی از آن است که مرحله‌ی جدیدی در مبارزه‌ی آنان برای حق تعیین سرنوشت ملی پاگرفته است.

۳-۳-۳-۳) این مبارزه به شکل روزافزونی با مبارزات زحمتکشان سراسر کانادا، که در مقابله با بحران‌های اقتصادی و اجتماعی سرمایه‌داری از منافع طبقاتیشان دفاع می‌کنند، گره خواهد خورد.

۳-۳-۴) زلاندِنو تنها کشور امپریالیستی است که هرگز نتوانست رکود جهانی ۱۹۸۲ را پشت سر بگذارد.

۳-۳-۴-۱) سرمایه‌داران زلاندِنو در طول دهه‌ی ۱۹۸۰، که یک دوران رکود اقتصادی مستمر بود، تهاجم علیه کارگران را تشدید کردند و در نیمه‌ی دوم این دهه آن تهاجم منجر به هزیمت جنبش کارگری شد.

۳-۳-۴-۲) نتایج اقتصادی و اجتماعیِ حاصل، برای طبقه‌ی کارگر زلاندِنو، بخصوص برای قوم مائوری[1] و مهاجرین، فاجعه‌آمیز بوده است.

۳-۳-۴-۳) ده‌ها هزار تن از کارگران زلاندِنو مجبور شده‌اند در دهه‌ی گذشته در جستجوی کار و دستمزد مکفی برای امرار معاش به استرالیا مهاجرت کنند.(۲۰)

۳-۳-۵) در بیست سال گذشته، ده‌ها میلیون کارگر و دهقان از کشورهای ستمدیده‌ی آفریقا، آسیا، حوزه‌ی اقیانوس آرام، دریای کارائیب، آمریکای مرکزی و آمریکای جنوبی به کشورهای امپریالیستی مهاجرت کرده‌اند. این موج تاریخی از قبل از جنگ جهانی اول ـ که اروپاییان به طور وسیع به ایالات متحده مهاجرت کردند ـ تاکنون بی‌سابقه بوده است.

۳-۳-۵-۱) این روند همچنان ادامه خواهد داشت. زیرا، قوانین سرمایه همواره در کارند تا کارگرانِ فوق‌العاده استثمارشده‌ای را بیافرینند. سرمایه‌داری این گونه کارگران را با پرداخت دستمزدهای ناچیز و تحمیل ساعات طولانی کار روزانه بیش از حد استثمار می‌کند و آنان را وامی‌دارد تا به شرایط کار هولناک و سرعت کاری شدید تن در دهند.

۳-۳-۵-۲) کارگران مهاجر مدام با حملات نژادپرستانه،

1- Maori

شوونیستی و تبعیض زبانی مواجه هستند، در حالی که حاکمان سرمایه در تلاش هستند تا آنان را به عنوان گروهی مطرود و در عین حال منبع کار ارزان نگاه دارند و سعی می‌کنند با اشاعه‌ی واژگانی نظیر "بیگانه"، "خارجی"، "میهمان" و "مهاجران غیرقانونی" تخم چند دستگی را در میان صفوف زحمتکشان بپاشند.

۳-۳-۵-۳) بر اثر این امواج مهاجرت، بافت طبقه‌ی کارگر در کشورهای امپریالیستی بیش از پیش چند ملیتی شده است. همزمان با از بین رفتن مفهوم سنت‌های "ملی" برای طبقه‌ی کارگرِ کشورهای امپریالیستی، آنان بیش از پیش با مبارزات و تجارب کارگران و کشاورزان اقصی نقاط جهان پیوند می‌خورند و دوشادوش یکدیگر در حال کار و مبارزه هستند.

۳-۳-۵-۴) این تغییر بافت طبقه‌ی کارگر و علم و دانش ناشی از آن موجب تقویت جنبش کارگری در کشورهای امپریالیستی می‌شود. کارگران مهاجر به مرور زمان اعتماد به نفس و جسارت پیدا می‌کنند و کار به جایی می‌رسد که طبقه‌ی سرمایه‌داران ظرفیت نهفته‌ی آنان برای مبارزه را دست کم می‌گیرد (وزنه‌ی کارگران اسپانیایی زبان، آسیایی‌ها و سایر مهاجران در صنعت گوشت ایالات متحده ـ که همواره در حال افزایش است ـ مثال خوبی از این روند است). این فرآیند، همگام با تشدید مبارزات طبقاتی، کمک خواهد کرد تا رهبری پرولتریِ قدرتمندتری شکل بگیرد.

۴ـ همگام با عمیق‌تر شدن بحران‌های اقتصادی و اجتماعیِ نظام سرمایه‌داری در دهه‌ی ۱۹۹۰، حقوق دموکراتیک زحمتکشان و فضای سیاسی آنان به شکل روزافزونی تحت فشار قرار خواهد گرفت.

۴-۱) هم‌اکنون رژیم‌های بورژوا دموکراسی در تمامی کشورهای عمده‌ی

امپریالیستی وجود دارند. اما، با هجوم بحران اجتماعی و تشدید آن، این کشورها قادر نخواهند بود خود را از گرایشات حاد متمایل به حاکمیت سیاسی بناپارتیستی مصون بدارند، همانطور که در دهه‌ی ۱۹۲۰ و ۱۹۳۰ نیز بناپارتیسم مُهر خود را بر بیشتر کشورهای اروپای سرمایه‌داری فرود آورد.(۲۱)

۴-۲) طبقات حاکمه‌ی امپریالیست تا جایی که رابطه‌ی نیروهای طبقاتی اجازه دهد، خواه از طرق قانونی و خواه ورای قانون، تلاش خواهند کرد تا در مقابله با مقاومت اوج‌یابنده‌ی طبقه‌ی کارگر از حقوق مالکیت و امتیازات طبقاتی خود دفاع کنند.

۴-۲-۱) استفاده از پلیس و سیستم قضایی علیه جنبش کارگری و فعالین کشاورز و مبارزانی که با تبعیض نژادی مخالفت می‌ورزند و آنان که درگیر مبارزات مترقی اجتماعی هستند، افزون‌تر خواهد شد.

۴-۲-۲) همگام با قطبی شدن جامعه بر حول محور طبقاتی، دار و دسته‌های دست‌راستی و نژادپرست و ضدکارگری تحت پوشش‌های مختلف همانند قارچ سر برون خواهند آورد و سبک سنگین خواهند کرد که آیا می‌توانند علیه فعالین اتحادیه‌های کارگری و مبارزین زحمتکش و فعالین سیاسی - از جمله کادرهای سازمان‌های کمونیست ـ علناً به خشونت متوسل شوند یا خیر.

۴-۲-۳) با ظهور روندهای بناپارتیستی، بوروکراسی حاکم بر اتحادیه‌های کارگری دست در دست کارفرمایان خواهد گذاشت تا سعی کنند اتحادیه‌های کارگری را هر چه بیشتر به دولت سرمایه‌داری پیوند بزنند و به ابزاری برای انقیاد و کنترل طبقه‌ی کارگر تبدیل کنند.

۴-۳) گرچه تحول اوضاع از حالت کنونی به حاکمیت بناپارتیستی به سادگی صورت نخواهد گرفت، اما، فشارهای اقتصادی و اجتماعی فزاینده

در کشورهای امپریالیستی هم‌اکنون این جوامع را به سوی قطبی‌تر شدن سوق می‌دهند. از جمله نکات بیانگر این موضوع، مقاومت روزافزون ملیت‌های ستمدیده در مقابل تبعیضات شوونیستی و دفاع از خود در مقابل خشونت است.

د-امپریالیسم ایالات متحده جنگ سرد را باخته است

۱ـ "جنگ سرد" واژه‌ای برای تشریح مشی استراتژیک نظامی تحمیل شده به امپریالیسم ایالات متحده و متحدینش بود. "جنگ سرد" بیانی از محدودیت‌های تحمیل شده به ایالات متحده و متحدینش و منتج از موازنه‌ی نیروهای بین‌المللی در آستانه‌ی خروج از جنگ جهانی دوم بود. واشنگتن دریافته بود برای دوره‌ای طولانی، که مدت آن قابل پیش‌بینی نبود، قادر نخواهد بود نیروهای نظامی‌اش را در ابعاد گسترده‌ای برای تحقق هدف استراتژیک‌اش، یعنی سرنگونی اتحاد شوروی و دولت‌های کارگری اروپای شرقی به منظور برقراری مجدد سرمایه‌داری، وارد عمل کند.

۱-۱) مخالفت سربازان آمریکایی با آغاز مجدد جنگ، بلافاصله پس از پایان جنگ جهانی دوم، باعث بسته شدن راه واشنگتن به سوی آغاز جنگ جدیدی علیه متحدین پیشین یعنی اتحاد شوروی و کارگران و دهقانانِ چین شد. در انتهای جنگ جهانی دوم، حاکمان امپریالیست که با جنبش خودجوش سربازان و با شعار "ما را به خانه‌مان برگردانید" مواجه شده بودند، به لحاظ سیاسی مجبور شدند به قولشان عمل و قسمت اعظم نیروهای نظامی راکه بسیج کرده بودند مرخص کنند.(۲۲)

۱-۲) حمله‌ی امپریالیستی‌ای که ایالات متحده در سال ۱۹۵۰ علیه کُره سازمان داد و آزمایشی برای مشی نظامی "از در پشت وارد شدن" علیه اتحاد شوروی بود، شکست خورد و هدف سرنگونی جمهوری خلق کره

تحقق نیافت و جنگ در رأس مدار سی و هشت درجه به بن‌بست رسید و متوقف شد.

۱-۲-۱) تهاجم علیه کره موجب تسریع سرنگونی مالکیت سرمایه‌داری و تثبیت یک دولت کارگری در کشور همسایه، چین، شد. توده‌های عظیمی از کارگران و دهقانان داوطلب چینی از آن سوی رودخانه‌ی یالو[1] به سوی کره سرازیر شدند تا دوشادوش مردم کره بجنگند و نیروهای اشغالگرِ امپریالیست را به عقب برانند.

۱-۲-۲) امپریالیست‌ها نتیجه گرفتند که اگر بخواهند برای دومین بار در آسیا از سلاح اتمی استفاده کنند، از نظر سیاسی بهای عظیمی باید در آن منطقه بپردازند و این سد راه کاربرد سلاح اتمی در جنگ با کره شد. مشکلات ناشی از پیشبرد یک جنگ منفور زمینی در آسیا علیه یک دولت کارگری، پیش‌درآمد واقعه‌ای بود که بیست سال پس از آن در شکست ایالات متحده در جنگ ویتنام خود را به نمایش گذاشت.

۱-۲-۳) جنگ، کره را به دو نیم تقسیم کرد و از زمانی که توکیو و واشنگتن آن را اشغال و وحدت ملی آن را نقض کردند بیش از نیم قرن می‌گذرد. این مهم‌ترین و انفجارآمیزترین شکاف ملی حل نشده است که فاتحان جنگ جهانی دوم تحمیل کرده‌اند.

۱-۳) توسعه‌ی تسلیحات اتمی و تکنولوژی فضایی در اتحاد جماهیر سوسیالیستی شوروی در نیمه‌ی دوم دهه‌ی ۱۹۵۰ موجب آن شد که امپریالیست‌ها متقاعد شوند حمله‌ی مستقیم به شوروی و دولت‌های کارگری اروپای شرقی آنچنان ریسک بزرگی را مطرح می‌سازد که نه‌تنها تخریب وسیع اروپای سرمایه‌داری، بلکه ریسک تخریب وسیع ایالات متحده را نیز به همراه خواهد داشت. اتحاد شوروی از اواخر دهه‌ی ۱۹۶۰

1- Yalu River

از نظر تسلیحات اتمی و سیستم‌های پرتاب موشک تقریباً با امپریالیسم ایالات متحده همسنگ بوده است (همسنگ نه از نظر برابری در تعداد کلاهک‌های اتمی، بلکه از این لحاظ که هر دو حکومت ظرفیت لازم را برای وارد آوردن ضربه‌ی مهلک به دیگری را دارند ـ "انهدام متقابل تضمین شده"[1]، یا به زبان پنتاگون "دیوانه").(۲۳)

۲ـ با توجه به چنین واقعیتی، توانمندی واشنگتن در استفاده از قدرت نظامی‌اش برای جلوگیری از گسترش سرنگونیِ انقلابی سلطه‌ی امپریالیستی و برچیده شدن روابط مالکیت سرمایه‌داری در دوران جنگ سرد محدود بود. تلاش استراتژیک ایالات متحده به منظور تضعیف شوروی و دولت‌های کارگریِ اروپای شرقی به صورت فشار امپریالیسم بر قشرهای بوروکراتیک متبلور شد، تا آن‌ها پلیس‌وار بر طبقه‌ی کارگر حکومت کنند، مانع از پیدایش هر گونه ابتکار عملِ سیاسیِ طبقه‌ی کارگر شوند، کارگران و دهقانان را در انزوا قرار دهند و آنان را از مبارزات کارگران و دهقانان سرتاسر جهان جدا نگه دارند، توأم با همه‌ی عواقب ناشی از چنین جدایی که باعث غیرسیاسی شدن و یأس کارگران می‌شود.

۲-۱) این دوره برای امپریالیسم همانند میان‌پرده‌ای غیر قابل اجتناب و در راستای تدارک برای روز مناسب بود. روزی که سیاست‌های استالینیستی موجبات تضعیف دولت کارگری را فراهم آورده و باعث یأس و ناامیدی طبقه‌ی کارگر شده باشد و شرایط لازم برای انهدام دولت کارگری با یک یورش امپریالیستی فراهم آمده باشد.

۲-۲) به جای همه‌ی این‌ها، در سال‌های ۱۹۸۹ و ۱۹۹۰ موضوع بدانجا منجر شده که احزاب استالینیست و اقشارِ انگل‌وارِ خرده‌بورژوا که پایگاه احزاب استالینیستی هستند دچار بحرانی شتاب‌یابنده و برگشت‌ناپذیر

1- Mutual Assured Destruction (MAD)

شده‌اند. هم آنان که سیاست‌های ضدانقلابیشان طی ده‌ها سال باعث تضعیف دولت‌های کارگری منحط [شوروی] و دولت‌های کارگری ناقص‌الخلقه‌ی [اروپای شرقی] شده بود.

۲-۲-۱) دولت‌های کارگری[1] و شالوده‌ی مالکیت پرولتری آنان ثابت کرده‌اند که از این اقشار قوی‌ترند.

۲-۲-۲) طبقه‌ی کارگرِ دولت‌های کارگری گرچه صدمه دیده و غیرسیاسی شده است، لکن توانمندی خود را حتی در محدوده آگاهی سندیکایی-بورژوایی در مقاومت علیه آثار اقتصادی و اجتماعیِ عملکردهای انگل‌وار و بوروکراتیک اقشار حاکم به نمایش گذاشته است.

۲-۲-۲-۱) این مقاومت، که با قیام کارگران لهستان در ۱۹۸۰ آغاز شد، به بحران‌هایی دامن زده که اکنون رژیم‌های سراسر اروپای شرقی و مرکزی و اتحاد شوروی را به اضمحلال کشانده است.

۲-۲-۲-۲) کارگران این کشورها در مقابل عواقب ناشی از حرکت به سمت استقرار مجدد سرمایه‌داری حتی شدیدتر عمل خواهند کرد.

۲-۲-۳) این وقایع مؤید حقیقت مستدامی است که کمونیست‌ها آن را در دهه‌ی ۱۹۳۰ پیشگویی کردند. به بیان موجز تروتسکی: "بوروکراسی، به عنوان یک نیروی سیاسی آگاه، به انقلاب خیانت کرده است. اما، خوشبختانه، یک انقلاب پیروزمند صرفاً یک برنامه و یک بیرق و تعدادی نهادهای سیاسی نیست، بلکه یک نظام روابط اجتماعی

1- Workers State

کلمه‌ی State در فارسی "دولت" ترجمه شده است که متأسفانه رسا نیست. State (دولت) در تحلیل نهایی بیانگر نظام روابط اجتماعی است. مترجم.

نیز هست. خیانت به تنهایی کافی نیست. باید بتوانند انقلاب را سرنگون کنند. قشر حاکم، به انقلاب اکتبر خیانت کرده، اما انقلاب هنوز سرنگون نشده است."(۲۴)

۳ـ با توجه به اینکه خائنان انقلاب، به عنوان بزرگ‌ترین مانع بر سر راه استحکام دولت‌های کارگری، یا در حال فروپاشی هستند و یا موضع تدافعی به خود گرفته‌اند و با در نظر گرفتن اینکه چشم‌انداز تهاجم نظامی علیه شوروی و اروپای شرقی کمتر از هر زمان دیگری قابل اجراست، امپریالیسم هنوز هم با همان نبرد تاریخی مواجه است، البته در موقعیت ضعیف‌تری. زین پس، امپریالیسم مجبور خواهد شد به جای راه انداختن "جنگ سرد" علیه رژیم‌های خرده‌بورژوای اقشار بوروکراتیک، مستقیماً با طبقه‌ی کارگر رو در رو شود و سعی کند او را شکست دهد تا بتواند دولت‌های کارگری را سرنگون کند و بدین‌ترتیب در اروپای شرقی و مرکزی و اتحاد شوروی سرمایه‌داری را مجدداً مستقر سازد.

۳-۱) تضعیف ممتد و نسبیِ اقتصادی و سیاسیِ امپریالیسم ایالات متحده، توأم با تعمیق بحران رژیم اتحاد شوروی، باعث کاهش تأثیر مستقیم روابط مشترک آنان بر سیاست جهانی می‌شود و از تسلط آنان بر مبارزات می‌کاهد.

۳-۱-۱) با توجه به اینکه ایالات متحده و اتحاد جماهیر سوسیالیستی شوروی در مسایل استراتژیک هسته‌ای به توازن قوا و به بن‌بست رسیده‌اند، امکان وقوع جنگ هسته‌ای میان آنان وجود ندارد. از میزان آن بخش‌هایی از جهان که تحت پوشش "چتر هسته‌ای" ایالات متحده‌ـشوروی قرار دارند همانطور مرتب کاسته خواهد شد. کشمکش‌ها و مبارزات، به مراتب کمتر از گذشته خطر رویارویی هسته‌ای میان این دو کشور را مطرح خواهد کرد.

۳-۱-۲) در چنین شرایطی، فروپاشی نظامی پیمان ورشو تأثیر

بسزایی در از هم گسستگیِ اتحاد نظامی مرتجع ناتو خواهد داشت. بخصوص چون ناتو قبلاً به دلیل تنش‌های میان‌ـامپریالیستی و پیدایش واگرایی در میان طبقات سرمایه‌داریِ رقیب، تحت تنش‌های فزاینده‌ای بسر می‌برد.

۳-۲) این فروریختنِ روابط نیروها در جهان، که توازن نیروها میان دو بلوک نظامی تسلیحات اتمی وجه مشخصه‌ی آن است، بدین معنی است که بی ثباتی در کشورهای امپریالیستی و دولت‌های کارگری و کل جهان رو به افزایش خواهد بود.

۳-۲-۱) فروپاشی رژیم‌های استالینیست، فضای سیاسی گسترده‌تری را برای سازماندهی و مبارزه‌ی طبقه‌ی کارگر در اروپای شرقی و مرکزی و در داخل اتحاد شوروی پدید می‌آورد و این در شرایطی اتفاق می‌افتد که طبقه‌ی کارگر در این کشورها علیه نتایج ویرانگرِ افزایش تکیه بر روش‌های سرمایه‌داری و تعدی به دست‌آوردهای دولت‌های کارگری به مبارزه رو می‌آورد.

۳-۲-۲) مبارزات کارگران چه در اروپای سرمایه‌داری و چه در دولت‌های کارگریِ اروپای شرقی و مرکزی بیش از هر زمان دیگری، از چهل سال پیش تاکنون، بر یکدیگر تأثیر خواهند گذاشت. دیوار نسبتاً نفوذناپذیری که ارتباط متقابل آنان را قطع کرده بود، در اثر گسست پیمان ناتو و ورشو و شتاب در وحدت دو آلمان فرو می‌ریزد.(۲۵)

۳-۲-۳) به علاوه، به تدریج همانند گذشته به این مبارزات با دو چشم متفاوت نگریسته نخواهد شد: یکی مبارزه‌ی کارگران علیه استثمار سرمایه‌داری در اروپای غربی و دیگری مبارزات کارگران در اروپای شرقی علیه قشر بوروکراتیکی که خود را تثبیت کرده است. بلکه، به

تدریج به عنوان مبارزات بهم گره‌خورده‌ی کارگران در کل اروپا و جهان علیه نظام‌های استثمارگر و ستمگرِ طبقات حاکم بر کشورهای امپریالیستی ـ که هویت انسان بودن را از بشریت می‌گیرند و کره‌ی ارض را نابود می‌کنند ـ و علیه انعکاسِ این طبقات استثمارگر از طریق تسمه‌های انتقالی آنان در دولت‌های کارگری تلقی خواهد شد. این تسمه‌های انتقالی عبارتند از:

۳-۲-۳-۱) صاحب‌منصبان کارگری، سوسیال دموکرات‌ها، استالینیست‌ها، و سایر بیراهه‌بران خرده‌بورژوا در اروپای سرمایه‌داری و

۳-۲-۳-۲) رژیم‌های خرده‌بورژوا، احزاب سیاسی، صاحب‌منصبان اتحادیه‌ها و سایر نهادهایی که عمدتاً از افراد طبقه‌ی متوسط تشکیل یافته‌اند و منبعث از اقشار در حال فروپاشی حاکم بر دولت‌های کارگریِ منحط و ناقص‌الخلقه می‌باشند.

۳-۳) توانمندی واشنگتن در کاربرد زرادخانه‌ی استراتژیک هسته‌ایش به عنوان اهرمی علیه رقبای قدرتمند امپریالیست خود، که به منظور جبران اُفت نسبی اقتصادیش بدان متوسل می‌شود، ضربه خورده است.

۳-۳-۱) کاهش چشمگیر ضرورت وجودی دایره نفوذ چتر هسته‌ای ایالات متحده در پی افول پیمان ورشو، بیش از هر زمان دیگری موجب کاهش نفوذ کلام واشنگتن در میان طبقات حاکمه‌های امپریالیستِ رقیبش، بخصوص سرمایه مالی آلمان، می‌شود.

۳-۳-۲) با این حال، حاکمان ایالات متحده همچنان در مجموع از برتری تسلیحات هسته‌ای و عادی خود به عنوان حربه‌ای برای اعمال قدرت سیاسیشان در چارچوب نظام امپریالیستی، فراتر از آنکه قدرت

اقتصادیشان مستقلاً اجازه دهد، استفاده خواهند کرد.

۳-۳-۳) گرچه ممکن است برخی فرصت‌های تجاری و سرمایه‌گذاریِ جدید برای قدرت‌های امپریالیستی و حکومت‌های دول کارگری پیش بیاید، اما این‌ها به مراتب کوچک‌تر از آن خواهد بود که بتواند اثرات ناشی از تشدید رقابت‌های امپریالیستی و کاهش نرخ سود را جبران کند.

۴ـ "ملاقات سران" حکومت‌های واشنگتن ـ مسکو، در مقایسه با هر زمان دیگری از کنفرانس‌های یالتا و پوتسدام که هدفشان تقسیم جهان به "حوزه‌های نفوذی باثبات" بود، آثار کمتری از خود بر روند سیاست جهانی باقی می‌گذارند.

۴-۱) واشنگتن اکنون، در مقایسه با هر زمان دیگری در گذشته، کمتر می‌تواند به عنوان رهبر بلامنازع متحدین امپریالیست سخن گوید، مذاکره و یا عمل کند. مسکو نیز دیگر نمی‌تواند از طرف پیمان ورشو یا از جانب قسمت اعظم "اتحاد" جماهیر سوسیالیستی شوروی سخن بگوید.(۲۶)

۴-۲) بنابراین، موضوعات مورد بحث "اجلاس سران" به شکل روزافزونی در مطالب ذیل خلاصه می‌شود:

۴-۲-۱) کاهش تسلیحات و نیروهای مستقر در خارج از مرزهای خود که به دلایل اقتصادی و سیاست داخلی هم مطلوب حاکمان ایالات متحده و هم مورد پسند قشر حاکم بر شوروی است،

۴-۲-۲) "محدود کردن" تسلیحات اتمی، که برای واشنگتن و مسکو اکنون به عنوان یک پوشش روابط عمومی تبدیل شده است تا تحت لوای آن زرادخانه‌ی استراتژیک هسته‌ای خود را هم مدرن کنند و هم آن را به ابعاد مینیاتوری تبدیل سازند.

۴-۳) در مقایسه با هر زمان دیگری در گذشته، اکنون دست‌های قشر

خرده‌بورژوازیِ حاکم بر اتحاد جماهیر سوسیالیستی شوروی برای عرضه به امپریالیسم تهی‌تر شده است و در معاملات "همزیستی مسالمت‌آمیز" متاع کمتری برای پیشکش دارد.

۴-۳-۱) این قشر حاکم هنوز هم سعی دارد رابطه‌ی باثباتی با امپریالیسم برقرار کند. اما، این توهمی بیش نیست. تا زمانی که بنیان‌های مالکیتِ دولت کارگری پابرجاست، هیچ گونه ثبات درازمدتی میان امپریالیسم ایالات متحده و اتحاد شوروی برقرار نخواهد شد. مبارزات طبقاتی همچنان بی‌امان گریبانگیر هر دو کشور خواهد بود.

۴-۳-۲) حکومت شوروی چون گذشته سیاست خارجی خود را با کوبا و انواع جنبش‌های آزادیبخش ملی بر مبنای صلاح و مصلحت سیاسی و نیازهای اقتصادی خود تنظیم خواهد کرد و نه بر مبنای اصول انترناسیونالیستی. همچنین به سان گذشته سعی خواهد کرد جنبش‌های آزادیبخش را با توسل به فشار در مسیر زدوبندهای سیاسی‌اش با امپریالیسم بیندازد.

۴-۳-۳) اما، هم از نظر سیاسی و هم از جنبه‌ی اقتصادی قطع روابط تجاری با کوبا در ابعاد وسیع و یا قطع ارتباطات با سازمان‌های آزادی‌بخش ملی، نظیر کنگره ملی آفریقا، در جهت منافع دولتی قشر حاکم بر اتحاد جماهیر سوسیالیستی شوروی نیست.(۲۷)

۴-۴) گرچه بیش از هر زمان دیگری احتمال وقوع جنگ هسته‌ای میان ایالات متحده و شوروی کاهش یافته است، اما، نباید این موضوع را با کاهش خطر کاربرد سلاح هسته‌ای در هم آمیخت.

۴-۴-۱) به هر میزان که بر تعداد حکومت‌های مجهز به زرادخانه‌ی هسته‌ای افزوده شود (اسرائیل، هند و پاکستان نیز به این فهرست

اسامی افزوده شده‌اند و تعداد بیشتری نیز در راه‌اند) خطر اینکه یکی از این رژیم‌های سرمایه‌داری در اثر فشار شدید تنش‌های فزاینده‌ی طبقاتی یا ملی و یا حکومتی در سطح جهان به سلاح هسته‌ای متوسل شود افزایش می‌یابد.

۴-۴-۲) علاوه بر این‌ها، گرچه قدرت‌های امپریالیستیِ مجهز به سلاح هسته‌ای نشان داده‌اند از زمان بمباران هیروشیما و ناکازاکی به بعد برای کاربرد سلاح‌های هسته‌ای آمادگی سیاسی لازم را ندارند (با توجه به عدم بکارگیری آن در کره، ویتنام و کوبا)، اما، همچنان "جنگ‌های نیابتی"[۱] را دامن می‌زنند و ممکن است نهایتاً متفقین‌شان بدین طریق به سمت جنگ هسته‌ای کشانده شوند.

۴-۴-۳) تنها واقعه‌ای که می‌تواند یک‌بار و برای همیشه فاجعه‌ی اشتعال هسته‌ای جهان را منتفی سازد، انقلاب سوسیالیستی در کشورهای امپریالیستی است.

۴-۴-۴) این امکان وجود دارد که طبقه‌ی حاکمه‌ی ایالات متحده در یکی از مراحلِ پیشرفته‌ی انقلاب سوسیالیستیِ جهان، زمانی که استثمارگران در کنجی گیر افتاده‌اند، با سلاح‌های هسته‌ای یورش بیاورند.

۴-۴-۴-۱) اما، برای پیشگیری از وقوع چنین احتمالی، تنها یک راه وجود دارد و آن ساختن یک جنبش انقلابی طبقه‌ی کارگر با قدرتی کافی است تا بتواند حاکمان سرمایه‌دار ایالات متحده را سرنگون و خلع سلاح کند.

۴-۴-۴-۲) این خط‌ومشی، ساختن یک حزب کمونیستِ پرولتری را به عنوان جزیی از جنبش کمونیستی جهان لازم می‌آورد.

1- Proxy Wars

۴-۴-۵) جریانات ۱۹۸۹-۱۹۹۰ دینامیسمی را به حرکت انداخته است که چشم‌انداز موج جدیدی از جنبش‌های اعتراض‌آمیز را نوید می‌دهد که علیه تولید سلاح‌های هسته‌ای و کارگذاری آن در اروپا مبارزه خواهد کرد. این چشم‌انداز بخصوص در آلمان از اهمیت خاصی برخوردار است. این چنین مبارزاتی ظرفیت سیاسی امپریالیست‌ها را در بکارگیری تسلیحات هسته‌ای به عنوان حربه‌ای برای اخذ حق‌السکوت در سیاست خارجیشان محدود می‌سازد و فضای مبارزه و پیشبرد سیاست طبقاتی را هم در اروپا و هم در سراسر جهان وسعت می‌بخشد.

۵-۴) اینکه احتمال می‌رود در آینده‌ای نزدیک کشمکش‌های نظامی میان ایالات متحده و اتحاد شوروی کاهش یابد به مفهوم برقراری صلح برای دنیای نیمه‌مستعمره نیست.

۴-۵-۱) واشنگتن زین پس به مراتب کمتر می‌تواند برای توجیه مؤثر تهاجمات ایالات متحده، جنگ سرد و "تهدید شوروی" را مستمسک قرار دهد.

۴-۵-۲) اما، امپریالیسم چیزهای دیگری نظیر "مبارزه با مواد مخدر" و یا "تروریسم" را دست‌آویز قرار خواهد داد یا صرفاً به تحریکات قساوتمندانه متوسل خواهد شد تا ببیند در صورت کاربرد قدرت عظیم نظامی‌اش برای سرکوب مبارزات کارگران و دهقانان و جنبش‌های آزادیبخش با کدام محدودیت‌ها مواجه خواهد شد.

۴-۵-۳) آن‌ها در هیچ نقطه‌ای از جهان با زحمتکشانی که در حال مبارزه برای رهایی ملی و سوسیالیسم باشند مصالحه و تنش‌زدایی (دتانت) نخواهند کرد. هیچ گونه تسکینی برای میلیون‌ها کودکی که از دست امپریالیست‌ها گرسنگی می‌کشند وجود نخواهد داشت. هیچ گونه

التیامی برای میلیون‌ها کارگر و دهقانی که تا حد مرگ استثمار می‌شوند یافته نخواهد شد. هیچ گونه بهبودی برای تخریب عظیم اقتصادیِ ناشی از عملکرد قانون ارزش سرمایه‌داری حاصل نخواهد شد.

٥ـ تغییر جایگاهِ قدرت نظامی ایالات متحده

۱ـ قدرت نظامی، هم از نظر تاکتیکی و هم استراتژیکی، همچنان مهم‌ترین ابزار دیپلماسی و سیاست‌گذاریِ خارجیِ ایالات متحده باقی مانده است.

۱-۱) واشنگتن تنها حکومت امپریالیستی است که امروزه این مطلب در موردش مصداق پیدا می‌کند و این واقعیت همچنان باعث سلطه‌ی برترش در نظام امپریالیستی می‌باشد، سلطه‌ای که فراتر از توانمندی اقتصادی و سیاسیِ سرمایه‌یِ مالی‌اش است.

۱-۲) واشنگتن در دهه‌ی ۱۹۸۰ "نایب‌های" بورژوایش را از نظر نظامی و مالی ارتقا داده است تا ژاندارم‌های جهان شوند (از اسرائیل که شریک کوچک امپریالیست اوست گرفته تا پاکستان و السالوادور و دیگران).

۱-۳) واشنگتن، به رغم فشارهای اقتصادی و سیاسی روزافزون، شبکه‌ی گسترده‌ای از پایگاه‌های نظامی‌اش را در سراسر جهان همچنان حفظ کرده است (از ایسلند تا آلمان در اروپا، هاوایی، فیلیپین، پاناما، پورتوریکو، ژاپن، کره جنوبی و غیره) و در اقیانوس‌های جهان نیز حضور ناوگان‌های استراتژیکِ خود را حفظ کرده است.

۱-۴) واشنگتن در دنیای نیمه‌مستعمره جنبش‌های دست راستی را علیه آن دسته از رژیم‌هایی که مورد پسندش نیستند مسلح کرده است (از جمله کنتراها در نیکاراگوئه، جبهه‌ی پول‌پوت در کامبوج، یونیتا در آنگولا و دست‌راستی‌های افغانستان).

۱-۵) واشنگتن در سال ۱۹۸۶ وحشیانه به لیبی حمله‌ی هوایی کرد و از ۱۹۸۰ تا ۱۹۸۸ در جنگ ایران-عراق، تسلیحات ناوگان جنگی خود را علیه ایران بکار برد.(۲۸)

۱-۶) واشنگتن از جنگنده‌های اف-۴ از پایگاه کلارک در فیلیپین برای پشتیبانی از حکومت کورازون آکینو[1] علیه مخالفانش در نیروهای مسلح، که در دسامبر ۱۹۸۹ قصد کودتا داشتند، استفاده کرد.

۱-۷) واشنگتن در جنگ لندن علیه آرژانتین در ۱۹۸۲ با ارسال کمک‌های پشتیبانی و تأمین تجهیزات و اطلاعات از لندن حمایت کرد. لندن در این جنگ مانع از آن شد که آرژانتین مجدداً بر جزایر مالویناس حاکم شود. این جزایر هم‌اکنون مستعمره‌ی تاج و تخت بریتانیا باقی مانده است.

۱-۸) واشنگتن هلی‌کوپترهای جنگی با هدایت خلبانان ایالات متحده در اختیار پرو گذاشته است تا تحت لوای "جنگ علیه مواد مخدر" با چریک‌های مخالف حکومت بجنگند و اعلان داشته است که با حکومت پرو توافق کرده تا با صرف ۳۵ میلیون دلار یک پایگاه کلاه سبزها برای عملیات ضدچریکی ایجاد و آن را به بیست فروند جت جنگنده مجهز کند.

۱-۹) واشنگتن در سال ۱۹۸۳ به گرانادا و در ۱۹۸۹ به پاناما مستقیماً حمله‌ی نظامی کرد.

۱-۱۰) گرچه واشنگتن از میزان مانورهای جنگیِ مجهز به سلاح هسته‌ای علیه کشورهای عضو پیمان ورشو کاسته است، اما در ابعاد وسیعی به مانورهای هوایی و دریایی که هدفش کوبا است ادامه می‌دهد. ایالات متحده خاک کوبا را در گوانتانامو اشغال کرده است و رژیم دست نشانده‌اش در سئول علیه جمهوری دموکراتیک خلق کره مانور نظامی

1- Corazon Aquino

می‌دهد.

۲ـ از آن زمان که ایالات متحده در اواسط دهه‌ی ۱۹۷۰ در ویتنام شکست خورد، از نظر سیاسی مخالف بوده است که تعداد قابل‌توجهی از نیروهای نظامی‌اش در جنگ طولانی شرکت کنند.

۲-۱) تصمیم حکومت ایالات متحده برای حمله به گرانادا و پاناما بر این مبنا ارزیابی شده بود که نیروهای ایالات متحده می‌توانند مطمئن باشند که مقاومتی صورت نخواهد گرفت و پیروزیشان ظرف چند روز، نه چند ماه، قابل تضمین است و تعداد تلفات نیز ناچیز خواهد بود.

۲-۱-۱) در هردو مورد، پیروزی در سینی نقره به امپریالیسم ایالات متحده پیشکش شده بود. بهای سیاسی‌ای که حاکمان ایالات متحده مجبور به پرداخت بودند آنچنان ناچیز بود که تجاوز هرگز باعث بروز مخالفت وسیع و مداومی نشد، حتی در ایالات متحده، آمریکای لاتین و حوزه‌ی دریای کارائیب.

۲-۱-۲) در گرانادا کودتای ضدانقلابیِ جناحِ استالینیست به رهبری برنارد کورد[1]، که به قتل موریس بیشاپ[2] و چند تن از انقلابیون دیگر ختم شد، حکومت انقلابی کارگران و دهقانان را منهدم کرد و تیشه به ریشه‌ی مقاومت مردمی علیه تجاوز ایالات متحده زد.

۲-۱-۳) در پاناما، تسلیم شدن ژنرال مانوئل نوریه‌گا[3] مانع از آن شد که جنبشِ مقاومت در مقابل تجاوز ایالات متحده طاقت بیاورد. این بیانی از میزان فساد و منش رژیم بورژوازیِ حاکم بر پاناما بود.

۲-۱-۴) هم در گرانادا و هم در پاناما تعداد زیادی از شهروندان غیرنظامیِ بومی در اثر تصمیمات تاکتیکیِ واشنگتن، مبتنی بر به

1- Bernard Coard　　2- Maurice Bishop

3- General Manuel Noriega

حداقل رساندن تلفات سربازان ایالات متحده، با قساوت و بی‌رحمی کشته شدند.(۳۰)

۲-۲) پدیده‌ی "جنگِ خفیف"[1] یک "استراتژی" نظامی نوین و مؤثر ایالات متحده و انعکاسی از افزایش قدرت آن نیست.

۲-۲-۱) برعکس، پدیده‌ی "جنگِ خفیف" بیانی است از محدودیت سیاسی واشنگتن در استفاده از قدرت نظامی‌اش و نشانی از تضعیف نسبی امپریالیسم ایالات متحده است.

۲-۲-۲) با توجه به فشارهای در حال انباشتِ ناشی از مبارزاتِ کارگران و دهقانان و طغیان‌های ضدامپریالیستی در سراسر جهانِ نیمه‌مستعمره، واشنگتن در مقطعی از زمان نتیجه خواهد گرفت که هیچ گزینه‌ای برایش باقی نمانده است، مگر درگیر کردنِ انبوه پیاده نظامِ ایالات متحده در جنگ (واشنگتن در این راستا در پاناما ریسک حساب شده‌ای کرد).

۲-۲-۳) چنانچه نیروهای پیاده‌نظام ایالات متحده این گونه درگیر شوند، ایالات متحده دچار بحرانی خواهد شد که عمق آن افزایش و ابعادش در مقایسه با جنگ ویتنام به مراتب سریع‌تر گسترش خواهد یافت. مخالفت با چنین جنگ زمینيِ درازمدتی در خارج از ایالات متحده با سرعت بیشتری گسترش خواهد یافت و انفجارآمیزتر خواهد بود و طبقه‌ی کارگر و اتحادیه‌های کارگری از همان آغاز وارد جریانات خواهند شد.

۳ـ در نیکاراگوئه، ارتشی که جبهه‌ی آزادی‌بخش ساندنیست آن را رهبری می‌کرد در نیمه‌ی دوم ۱۹۸۷ به موفقیت نظامی علیه نیروهای [ضدانقلابی] کنترا[2] دست یافت. "جنگِ خفیف" ایالات متحده شکست خورد.

1- Low Intensity Warfare

2- Contras

۳-۱) اما، رهبریِ مسلط بر جبهه‌ی آزادیبخش ساندنیست ثابت کرد توانمندی لازم را ندارد که بتواند بر مبنای پیروزی بدست آمده حرکت کند و یک مشی کمونیستی برای مبارزان آبدیده‌ی برخاسته از صفوف کارگران و دهقانان بپروراند و انقلاب را به پیش براند.

۳-۱-۱) در انقلاب نیکاراگوئه، تثبیتِ پیروزی‌های نظامیِ کارگران و دهقانان که می‌توانست از طریق گسترش اصلاحات ارضی و تقویت کنترل کارگران بر کارخانه‌ها و پیشروی و گسترش مبارزات طبقه‌ی کارگر در منطقه‌ی ساحل آتلانتیک و کل نیکاراگوئه صورت پذیرد، تحقق پیدا نکرد. به جای چنین اقداماتی، رهبریِ جبهه‌ی آزادیبخش ساندنیست سازش طبقاتی را عمیق‌تر و نگاهش را به سوی سرمایه‌داران و زمین‌دارانِ "میهن‌پرست" معطوف و منافع زحمتکشانِ استثمار شده را فدای حفظ اتحادش با آن طبقات کرد.

۳-۱-۲) رهبران جبهه‌ی آزادیبخش ساندنیست، مشیِ ساختنِ حزب وسیع کمونیست مبتنی بر کارگران پیشرو و دهقانان و سربازان را رد کرد. این رهبری، با اتخاذ چنین شیوه‌ی رفتار، انرژی و توانمندی آن نیرویی که می‌توانست در نیکاراگوئه انقلاب را به پیش براند و دولت کارگری را بر مبنای اتحاد مستحکم کارگران-دهقانان مستقر کند هدر داد.(۳۱)

۳-۲) هرگز ظرفیت زحمتکشانِ نیکاراگوئه از نظر توانمندیشان در مقاومت و پس زدن آنچه باعث تخریب انقلاب می‌شد به بوته‌ی عمل گذاشته نشد. زیرا، آنان سازماندهی نشده بودند، بسیج نشده بودند و در آن لحظه‌ی حساسی که قادر بودند اوضاع را دگرگون سازند رهبری نشدند.

۳-۲-۱) پیش از آنکه عقب‌نشینیِ انقلاب از طریق شکست جبهه‌ی آزادیبخش ساندنیست در ۲۵ فوریه ۱۹۹۰ در انتخابات پارلمانی

نمایان شود و به استقرار حکومت ائـتلافیِ بـورژوایـی در نـیکاراگـوئه بینجامد، حکومت کارگران و دهقانان پلاسیده و پوسیده بود.

۳-۲-۲) رهبری مسلط بـر جـبهه‌ی آزادیـبخش سـاندنیست در ایـن مراحلِ اولیه‌ی استقرار حکومت جـدید نـقش بـی‌نظیر و جـدیدی دارد بازی می‌کند که هیچ نیروی دیگری نمی‌توانست از عهده‌ی آن بـرآیـد. در این راستا رهبری ساندنیست‌ها مسئولیت آرایش و کنترل نـیروهای مسلح را بر عهده گرفته است.

۳-۲-۳) اما، دست‌آوردهای مهمی از انقلاب نـیکاراگـوئه هـنوز هـم پابرجاست. سـرنوشتِ دفـاع از بـخشی از دست‌آوردهـای خـاص در مبارزه تعیین خـواهـد شـد. رهـبریِ نـوینی از کـارگران و دهـقانان در رویارویی‌هایی که در پیش است پا به صحنه خواهند گـذاشت و در پـی یافتن تاکتیک‌هایی خواهند بود که آنان را در پیشبرد منافعِ طـبقاتیشان یاری کند.

۴ـ در افغانستان، به رغم کمک‌های قابل توجهِ ایالات متحده به ضـدانـقلابیون در دهه‌ی گذشته، تلاش برای سرنگونی حکومت به شکست انجامیده است.

۴-۱) هنگامی کـه شـوروی نـیروهای نـظامی خـود را در سـال ۱۹۸۹ از افغانستان بیرون کشید، موقعیت دفاعیِ حکومت در مقابل ارتش‌های دست راستیِ مورد حمایت ایالات متحده تضعیف نشد، بلکه باعث شـد نـیروهای ارتجاعی نتوانند به سهولت مردم را بـر حـول مـحورِ "وحـدت مـلی" عـلیه اشغالگریِ شوروی بسیج کنند.

۴-۲) در نتیجه، در مقایسه با زمانی که افغانستان در اشغال شـوروی بسـر می‌برد، سرنگونیِ حکومت دورتر شده است و نه نزدیک‌تر.(۳۳)

۵ـ تاکتیکِ ایالات متحده مبتنی بر "جنگ خفیف" در جنوب آفریقا در غـالب کمک به نیروهای ضدانقلابیِ یونیتا باعث شـده است کـه پـانزده سـال تـلاش

واشنگتن برای سرنگونیِ حکومت آنگولا با شکست مواجه شود. در این مدت، حکومت آنگولا را داوطلبان نیروهای نظامیِ انقلابیِ کوبا حمایت کرده‌اند.

۵-۱) از آنجایی که ایالات متحده نمی‌توانست نیروهای خودش را اعزام کند، تلاش کرد با اتکا به توانمندیِ قدرت امپریالیستیِ شریک کوچک خود، آفریقای جنوبی، این کمبود را جبران کند. ولی آفریقای جنوبی در کوئیتو کواناوال[1] با شکست مواجه شد. ترکیبی از نیروهای نظامیِ آنگولا، داوطلبان کوبایی و رزمندگانِ سواپو (سازمان خلق جنوب غربی نامیبیا) این شکست را بر امپریالیست‌ها تحمیل کردند. این پیروزی به همراه مقاومت مردم آفریقای جنوبی، که در حال تعمیق است، رابطه‌ی نیروها را در سراسر جنوب آفریقا برهم زده است.(۳۴)

۵-۱-۱) به بیش از ده سال تهاجم آفریقای جنوبی به آنگولا خاتمه داده شد و موقعیت نظامی و سیاسی ضدانقلابیون یونیتا بیش از پیش تضعیف شده است.

۵-۱-۲) راه برای نامیبیا باز شد تا به حاکمیت استعماریِ آفریقای جنوبی خاتمه دهد و پیروز شود.

۵-۱-۳) نتایج و عواقب این تغییرات در خود آفریقای جنوبی باعث شد که دبلیو دی کلارک در فوریه ۱۹۹۰ کنگره ملی آفریقا را قانونی اعلام کند، نلسون ماندلا و سایر رهبرانِ پیشکسوت آن را از زندان آزاد کند و به بسیاری از رهبران تبعیدیِ جنبش ضدآپارتاید اجازه‌ی بازگشت بدهد.

۵-۲) اکنون مرحله‌ی جدیدی از نبرد برای ایجاد آفریقای جنوبیِ دموکراتیک و عاری از تبعیض نژادی آغاز گشته است. بصیرت سیاسی، منش و رهبریِ نلسون ماندلا در کسب این پیشرفت تاریخی تعیین‌کننده

1- Cuito Cuanavale

بوده است.

۵-۲-۱) فضای جدیدی برای فعالیت زحمتکشان در حال باز شدن است. حرکت سیاسی واقعی، که زحمتکشان را در بر بگیرد، در ابعادِ ده‌ها میلیونی شروع شده است.

۵-۲-۱-۱) عظیم‌ترین بسیج‌ها در تاریخ نظام آپارتاید به سراسر آفریقای جنوبی بسط یافته و نه‌تنها پرجمعیت‌ترین شهرها را در بر گرفته، بلکه به نواحی روستاییِ "سرزمین مادری" (محل اسکان قانونیِ اکثریت آفریقای جنوبی [تحت آپارتاید]) نیز کشانده شده است.

۵-۲-۱-۲) اعتصابات و سایر فعالیت‌های طبقه‌ی کارگر به گونه‌ی انفجارآمیزی در ساختاری فراتر از مرزهای ساختاری اتحادیه‌ها و رهبریشان ظاهر می‌شود.

۵-۲-۲) کنگره ملی آفریقا در حرکتی مبتنی بر منشور آزادی و متمرکز شده برای انتخابات مجلس مؤسسان بر پایه شعار "یک انسان یک رای" و تحت رهبریِ نلسون ماندلا در ماه‌های نخستینِ ۱۹۹۰ سعی کرد تا از فضای تسخیر شده در آفریقای جنوبی استفاده کند و آن را گسترش دهد تا بسیج انقلابیِ توده‌های مردم را به سمتِ هدفِ ویران‌سازیِ آپارتاید هدایت کند.

۵-۲-۲-۱) کنگره ملی آفریقا مبارزه برای کسب رهبری جبهه‌ی سیاسی گسترده‌ای را آغاز کرده است که نه‌تنها به نام کنگره ملی آفریقا، بلکه به نام اکثریت قاطع مردم آفریقای جنوبی سخن می‌گوید. کنگره ملی آفریقا بدون ذره‌ای سازش برنامه‌ی ساختن جنبشی فرانژادی را پیش برده است و در این مسیر سعی دارد خود را تقویت و به گونه‌ای تجدید سازمان کند که اطمینان یابد وظایف

تاریخی خود را انجام خواهد داد.

۵-۲-۲-۲) کنگره ملی آفریقا به روش بی‌سابقه‌ای دستان خود را به سوی "سرزمین‌های مادری" دراز کرده است تا از طریق بسیج آنان نظام [تبعیض نژادی] بانتوستان[1] را از سر راه بردارد و با این کار بر بخشی از نفاق ایجاد شده به دست آپارتاید فایق آید. این کار راه را برای پیوستنِ زحمتکشان روستایی به صفوف مبارزه‌ی انقلابی و به درون کنگره ملی آفریقا بیش از هر زمان دیگری هموار ساخته است و بدین ترتیب یکی از بزرگ‌ترین ضعف‌هایی که سالیان سال مورد سوءاستفاده‌ی آپارتاید قرار گرفته را به چالش کشیده است.

۵-۲-۲-۳) کنگره ملی آفریقا به ابتکاراتی دست زده است تا به خشونت و برادرکشی در منطقه‌ی ناتال[2] خاتمه دهد و ستمدیدگان را علیه آپارتاید متحد سازد. جنبش سازش‌کارانه‌ی اینکاتا را که رییس مونگوسوتو بوتِلِزی[3] در رأس آن قرار دارد از نظر سیاسی پس زده است. در عین حال، حساب خود را از کسانی که پرچم کنگره ملی آفریقا را برای اهداف قلدرمآبانه و فرقه گرایانه بدست می‌گیرند و به جای تلاش برای ترعیب سیاسیِ اکثریت به چنین روش‌هایی متوسل می‌شوند جدا کرده است.

۵-۲-۲-۴) کنگره ملی آفریقا از همه‌ی حکومت‌های جهان خواست تا بر موضع تحریم رژیم آپارتاید محکم بایستند و حکومت پریتوریا[4] را به عنوان یک یاغی بین‌المللی در انزوا نگه‌دارند.

۵-۲-۲-۵) کنگره ملی آفریقا از اهرم مبارزات اوج‌یابنده استفاده کرد تا رژیم دی کلارک را به پای میز مذاکره بکشاند و هیأتی فراتر

1- Bantustan
2- Natal
3- Chief Mongosuthu Buthelezi
4- Pretoria

از کنگره ملی آفریقا تشکیل داد تا مذاکرات را به پیش ببرد و بدینوسیله توسعه‌ی فضای سیاسی (از جمله آزادی همه‌ی زندانیان سیاسی و خاتمه‌ی اعلام وضعیت اضطراری) را متحقق سازد و بدین ترتیب زمان و فضای لازم را برای تأمین نیروها و ایجاد رهبری لازم برای پیشبرد مبارزه در راه ایجاد جمهوریِ متحد و فرانژادیِ دموکراتیک فراهم سازد.

۵-۲-۳) این عقیده که نظام آپارتاید جنایتی علیه کل بشریت است، به عقیده‌ای تبدیل شد که کارگران، کشاورزان و مردمان آزاد-اندیش سراسر جهان آن را با آغوش باز پذیرفتند. آن عقیده اینک به یک نیروی مادی در سیاست جهان تبدیل شده است.

۵-۲-۳-۱) مراحل بعدی مبارزات در آفریقای جنوبی باعث شد وجود دسته‌بندی‌ها میان طبقات حاکمه‌ی امپریالیست و در درون آن‌ها بر سر چگونگیِ برخورد با رژیم آپارتاید تشدید شود و شرایطی را پیش آورد که فرصت‌های تازه‌ای را برای بسیج افکار عمومی جهان و اقدامات عملی در دفاع از مبارزات انقلابیِ دموکراتیک به رهبری کنگره ملی آفریقا فراهم آید.

۵-۲-۳-۲) کسب پیروزی در به زیر کشیدن آپارتاید به سان نواختن ناقوسی خواهد ماند که جان تازه‌ای به بخش اعظم جنبش کارگریِ جهان خواهد بخشید و این مطلب کشورهای امپریالیستی را نیز شامل خواهد شد.(۳۵)

۶ـ هیچ گونه آینده‌ای برای ثباتی که امپریالیست‌ها به خاورمیانه تحمیل کنند وجود نخواهد داشت. جنگ داخلیِ خانمانسوز همچنان در لبنان ادامه دارد و جنبش "انتفاضه" فلسطینیان با دو سال و نیم قدمت در غزه و ساحل غربی بار دیگر غیر قابل اجتناب بودنِ مبارزه برای تشکیل یک فلسطین دموکراتیک و

فرامذهبی را تأیید کرده است.

۶-۱) قدرت مبارزات فلسطینیان، در رویارویی با سرکوب اسرائیل و توسعه‌طلبی‌اش، افکار عمومی جهانیان را متحوّل کرده است.

۶-۱-۱) امروزه، اکثریت مردم جهان، از جمله در کشورهای امپریالیستی، در خصوص به رسمیت شناختنِ سازمان آزادیبخش فلسطین و حق مردم فلسطین برای تشکیل یک دولت مستقل نظرِ مساعد دارند.

۶-۱-۲) در عین حال، حکومت‌های امپریالیستی و تعداد روز افزونی از رژیم‌های حاکم بر دولت‌های ناقص‌الخلقه کارگری تلاش دارند تا حفظ دولت مستعمره‌نشین اسرائیل را در چارچوب مرزهای ماقبل ۱۹۶۷ تضمین کنند.(۳۶)

۶-۲) اتکای سرمایه‌داری اسرائیل به نیروی کار فلسطینیان موجب تقویت پایه‌های کارگری و کشاورزیِ جنبش برای تعیین سرنوشت ملی می‌شود. بحران سرمایه‌داریِ جهانی، که در حال عمیق‌تر شدن است، نبردهای روزافزونی را علیه طبقه‌ی استثمارگر اسرائیل جرقه خواهد زد. نبردهایی که هم کارگران و کشاورزان فلسطینی در آن سهیم خواهند بود وهم کارگران و کشاورزانِ کلیمی و از این طریق شکاف موجود در صفوفشان پر خواهد شد و چشم‌انداز پیدایشِ یک رهبریِ انقلابیِ دموکراتیک، با هدایت طبقه‌ی کارگر، برای پیشبرد مبارزه واقعیت خواهد یافت.

۷ـ در دهه‌ی ۱۹۹۰ محور تخاصماتِ هاوانا ـ واشنگتن در مرکز سیاست جهانی قرار خواهد گرفت. این تخاصم، صریح‌ترین بیانِ تخاصمات بین‌المللیِ موجود میان امپریالیسم و دیکتاتوری پرولتاریا است.

۷-۱) طلایه‌دارانِ کمونیستِ کوبا نه‌تنها مصممانه مدافع انقلاب خود هستند، بلکه در تداوم مشی انترناسیونالیسم خود برای دفاع از مبارزه

جهانی در راه آزادی ملی و سوسیالیسم راسخ‌اند.

۷-۲) امپریالیسم ایالات متحده به دنبال راه‌هایی خواهد گشت تا همچنان فشار خود بر کوبا را حفظ کند و بر شدت آن بیفزاید. اما، پیروزیِ نظامی امپریالیسم ایالات متحده بر کوبا، به دلیل خطِ مشیِ سیاسی رهبری انقلابی آن و بسیج مردم مسلّح این کشور، به هیچ وجه میسر نیست.

۷-۲-۱) دفاع از انقلاب کوبا از طریق این اقدامات تقویت شده است: تشکیل میلیشیای مسلّح ایالتی از ۱۹۸۰ به بعد، تحقق استراتژیِ دفاعی به نام "جنگِ کلّ مردم"، بسیج‌های مکرّر ضدامپریالیستیِ توده‌های مردم (با شروع "رژه مردمان جنگجو" در سال ۱۹۸۰)، کسبِ پیروزی در آفریقا بر رژیم آپارتاید و نیروهای یونیتا که مورد حمایت ایالات متحده است، و آغاز و تعمیقِ فرآیند تصحیح.(۳۷)

۷-۲-۲) برخلاف گرانادا، در کوبا به هیچ وجه به انقلاب خیانت نخواهد شد. برخلاف پاناما، در کوبا حکومت و ساختار رهبری نظامی آن بزدلانه عمل نخواهد کرد. برخلاف نیکاراگوئه، در کوبا منافع کارگران و کشاورزان تحت‌الشعاع اتحاد با سرمایه‌داران و زمینداران و اتکا به بورژوا پارلمانتاریسم قرار نخواهد گرفت. نیروهای مسلح و اهرم‌های وزارت کشور علیه مردم بکار گرفته نخواهد شد؛ آنچه که در اروپای شرقی اتفاق افتاد و اکنون در شوروی در جریان است.

۷-۲-۳) تنها راه "فتح" کوبا به دست ایالات متحده، اشغال خاک کوبا و آغاز جنگی فرسایشی با هزینه‌های مالی و جانیِ غیرقابل تصور است. آن نوع پیروزی را واشنگتن فقط می‌تواند به قیمتی طاقت‌فرسا بدست آورد.

۷-۳) امپریالیسم ایالات متحده مدت سی و یکسال است که با روش "جنگ خفیف" به مقابله با کوبا برخاسته است. این بدان خاطر است که

واشنگتن قادر نیست قدرت نظامی‌اش را مستقیماً علیه انقلاب کوبا بکار گیرد. آنچه تکلیف دخالت مستقیم را تعیین کرد، شکست رخنه و تهاجم ۱۹۶۱-۱۹۶۲ به داخل خاک کوبا تحت سازماندهی ایالات متحده بود و نه به اصطلاح قرار گرفتن کوبا در چتر حمایت شوروی، امری که هرگز تحقق نیافت.

۷-۴) برای اعمال فشار بی‌امان بر کوبا، واشنگتن به تحریم اقتصادی، اشغال پایگاه دریاییِ گوانتانامو[1]، تحریک دایمی، توطئه برای قتل سران حکومت، تشویق و ترغیب ضدانقلابیون برای اقدام به ترور، و تلاش برای انزوای کوبا در قاره‌ی آمریکا و سراسر جهان متوسل شده است.

۷-۵) شکست واشنگتن در "جنگ خفیف" علیه کوبا بیش از هر چیز مرهون توانمندیِ حزب کمونیست کوبا، توانمندی‌اش در بسیج و رهبریِ کارگران و کشاورزان برای دفاع از منافع خود، عزت‌نفس و اعتماد به نفس رهبری و تشخیص اشتباهات خود و تصحیح آن است.

۷-۵-۱) در این زمینه، پیشرفت ممدِ فرآیند تصحیح و تعمیق آن نقش تعیین‌کننده‌ای خواهد داشت.

۷-۵-۲) برخی اتفاقات اخیر بیانگر مشکلات موجود بر سر راه واشنگتن در صورت حمله‌ای مؤثر به کوبا و در مواجهه با رهبریِ کمونیست آن است:

۷-۵-۲-۱) شهامت سیاسی و شجاعت خدمه‌ی غیرمسلحِ کشتی باربری هرمان[2]، به عنوان گروه کوچکی از کوباییان، که امپریالیسم ایالات متحده برای تهاجم نظامی به گونه‌ای اتفاقی آنان را انتخاب کرده بود.(۳۸)

1- Guantánamo Naval Base

2- *Hermann* commercial freighter

۷-۵-۲-۲) شکست مفتضحانه‌ی تلویزیون مارتی[1]، که کوبا نه‌تنها موفق شده است از جهت تکنولوژیکی سد راهش شود، بلکه، و مهم‌تر از آن، در جلب نظر افکار عمومیِ جهان و حتی در خودِ ایالات متحده علیه آن موفق شده است.

۷-۵-۲-۳) تهاجم سیاسی واشنگتن همچنان در تبلیغات علیه دولت کوبا بر حول محورِ "حقوق بشر" خواهد چرخید.

و-امپریالیسم در موقعیت تضعیف‌شده‌ای وارد دهه‌ی ۱۹۹۰ می‌شود

۱-به رغم تعدد ضربات وارده در دهه‌ی ۱۹۸۰ بر طبقه‌ی کارگر و کشاورزان در کشورهای امپریالیستی و شکست‌های وارده بر زحمتکشان در جهان نیمه‌مستعمره (مالویناس، گرانادا، بورکینافاسو(۳۹)، پاناما، نیکاراگوئه، و تضعیف موقعیت شورشیانِ السالوادر که ناشی از این شکست‌هاست)، بزرگ‌ترین ضربه‌ها بر خود امپریالیسم وارد آمده است.

۱-۱) طبقات حاکمه‌ی امپریالیست نتوانستند گرایش نزولیِ نرخ سود را معکوس کنند و یا ظرفیت طبقه‌ی کارگر و جنبش کارگری را برای مقاومت در مقابل حمله‌ی سرمایه‌داران به حقوق، سطح زندگی و شرایط کار، در هم بکوبند.

۱-۲) امپریالیسم ایالات متحده جنگ سرد را باخت. تلاشش برای ایجاد شرایط مناسب برای تثبیت روابط مالکیت سرمایه‌داری در تک تکِ دولت‌های کارگری با شکست مواجه شده است و اکنون با بازیگر جدید و فعال‌تری در صحنه‌ی مبارزات طبقاتی بین‌المللی مواجه خواهد شد: طبقات کارگرِ اروپای شرقی و مرکزی و اتحاد شوروی.

۱-۳) کشورهای ستمدیده‌ی آفریقا، قاره‌ی آمریکا و آسیا گریبانگیر

1- TV Martí

بحران‌های تشدیدشونده و برگشت‌ناپذیرِ اقتصادی و اجتماعی شده‌اند که شرایط را برای رشد مبارزات انقلابیِ کارگران و دهقانان مهیا می‌سازد. کوبا و مبارزات آفریقای جنوبی همانند مشعلی هستند که راه جلو را روشن می‌کنند. راهی که نه حذف شده و نه حذف‌شدنی است.

۱-۴) ظرفیت واشنگتن در پیشبرد منافع امپریالیستی‌اش از طریق زد و بند با حکومت شوروی در اجلاس‌های سران فروکش کرده است. در عین حال، حکومت ایالات متحده همچنان برای کاربرد قدرت عظیم نظامیِ خود در جنگی مستمر با موانع سیاسیِ بزرگی در داخل و خارج از مرزهای خود مواجه است.

۲ـ تشدید رقابت‌های میان‌ـامپریالیستی و تعمیق بی‌ثباتی و ضربه‌پذیریِ نظام جهانی امپریالیسم با چشم‌اندازِ بحران اقتصادی و اجتماعی جهانی در دهه‌ی ۱۹۹۰ همگرا شده است.

یادداشت‌های فصل دوم

۱ـ ده سال بعد، نرخ سود در ایالات متحده و انگلستان و اغلب دیگر کشورهای امپریالیستی نسبت به دهه‌ی ۱۹۸۰ به شدت سقوط کرده بود، در حالی که نرخ بهره وام مسکن اغلب دو رقمی بود. حالت انقباض سرمایه‌داریِ جهانی، که در دهه‌ی ۱۹۹۰ پدیدار شد، در میان اقشار متوسط ایجاد ناامنی کرده بود. همگام با سقوط درآمدِ واقعی خانواده ـ به غیر از درآمدِ مرفه‌ترین آنان ـ میزان ورشکستگیِ شرکت‌های کوچک به بالاترین حد تاریخیِ خود رسید و سرمایه‌ی بزرگ نیز بسیاری از مشاغل سرپرستیِ سطح پایین و متوسط و مدیریتی را تعدیل کرد و از بین برد.

۲ـ آن قطعنامه در مجله‌ی شماره ۱۰ نیو اینترنشنال چاپ شده است.

۳ـ خزانه‌داریِ ایالات متحده از اواخر سالهای ۱۹۸۰ تا دسامبر ۱۹۹۵ بیش از ۲۰۰ میلیارد دلار پرداخت کرد تا بدهیِ سپرده‌های ورشکسته و نهادهای وام دهنده را جبران کند و طلب سپرده گذاران را بپردازد. برآوردها نشان می‌دهد که تقریباً ۲۰۰ میلیارد دلار دیگر نیز به صاحبان ثروتمند اوراق قرضه‌ی دولتی سی‌ساله، که به منظور تأمین بودجه‌ی آن ورشکستگی‌ها صادر شده بود، پرداخت خواهد شد.

۴ـ طبق یکی از گزارش‌های ۱۹۹۸ بانک جهانی، تقریباً یک سوم جمعیت جهانِ سوم به علاوه‌ی اروپای شرقی و اتحاد جماهیر سوسیالیستی شوروی در فقر بسر می‌برند و میزان آن "به سرعت در اروپا و آسیای مرکزی در حال افزایش است و در آمریکای لاتین و صحرای آفریقا همچنان سیر صعودی دارد." بانک جهانی اعلام می‌دارد که فقر تنها در آسیای شرقی سیر نزولی داشته است ولی پیشگویی می‌کند "بحران مالی در شرق آسیا باعث تغییر جهت در سیر نزولی فقر خواهد شد." در واقع، این خطر وجود دارد که اقتصاد آسیا به یک بحران اقتصادی و با نتایج فجیعی بینجامد. برای مثال، پس از فوران بحران

در اواسط ۱۹۹۷ و طی یکسال پس از آن در اندونزی (چهارمین کشور پرجمعیت جهان) در صد جمعیتی که زیر کمربند فقر زندگی می‌کنند از ۱۱/۳ درصد به ۴۰ درصد جهش کرد.

۵ـ طبق گزارش بانک جهانی در اواخر ۱۹۹۶ میزان بدهیِ جهان سوم بالغ بر ۲۲۵۰ میلیارد دلار بود و در مقایسه با ۱۳۵۰ میلیارد دلار در اواخر دهه‌ی ۱۹۸۰ افزایش چشمگیری داشت. بین سال‌های ۱۹۸۰ تا ۱۹۹۶ جمع بدهیِ آمریکای لاتین بیش از ۱۵۵ درصد افزایش یافت و به ۶۵۷ میلیارد دلار رسید. در دهه‌ی ۱۹۹۰ بانک‌های امپریالیستی حکومت‌های آسیایی را برای دریافت وام‌های کوتاه مدت تحت فشار قرار دادند که نتیجتاً اخذ وام شتاب پیدا کرد و بدانجا ختم شد که در اواسط سال ۱۹۹۷ "بحران آسیایی" خود را عیان ساخت. تا اواخر ۱۹۹۷ میزان بدهی خارجی کره جنوبی بالغ بر ۱۵۰ میلیارد، بدهی اندونزی ۱۴۰ میلیارد دلار، تایلند ۹۵ میلیارد دلار و فیلیپین بالغ بر ۴۰ میلیارد دلار شد.

"میزان وام‌های بدِ ژاپن" که در ژوییه ۱۹۹۸ بالغ بر ۱۰۰۰ میلیارد دلار بود "شاید مهم‌ترین آمار و ارقام بحران مالی آسیا را تشکیل می‌دهد." این مطالب را دیوید سانجر[1] در ۳۰ام ژوییه ۱۹۹۸ در روزنامه‌ی نیویورک تایمز اذعان داشت. او ادامه می‌دهد: "از زمان شیوع بحران، بانک‌های ژاپن آنچنان عاجز شده‌اند که اعطای وام‌هایشان در ژاپن و سایر نقاط آسیا اساساً متوقف شده است.... این به اُفت اعتبارات دامن زده و رکود را تشدید کرده است ـ در بعضی کشورها بحران را تشدید کرده است ـ رکودی که وسعت دامنه‌اش از کره جنوبی تا اندونزی بسط یافته است."

۶ـ در دوره‌ای متعاقب جنگ خلیج فارس که اندک رونقی در اقتصاد ایجاد شد، بدهی شرکت‌ها در ایالات متحده کاهش یافت، اما در اواخر دهه‌ی ۱۹۹۰ بدهی‌ها مجدداً رو به افزایش نهاد. خرید و فروش اوراق قرضه از نوعی که هم سود بالایی دارد و هم ریسک آن بالاست و به اصطلاح به اوراق قرضه‌ی جانک معروف است در نیمه‌ی اول سال ۱۹۹۸ به حد رکوردشکنِ ۱۰۰

1- David Sanger

میلیارد دلار رسید. این تقریباً پنج برابرِ مقدار عرضه شده در بین سال‌های ۱۹۸۶ تا ۱۹۸۹ بود، زمانی که میشل میلکن[1]، پیشگام اوراق قرضه‌ی جانک در وال استریت خرواری اوراق قرضه پوچ و بی‌ارزش به مشتریان پولدارش جا انداخت و بدانجهت به زندان افتاد. سرجمع سرمایه‌های اعلام شده‌ی شرکت‌هایی که سرمایه‌ی مالی آن‌ها از راه قرض تأمین شده بود و در یکدیگر ادغام می‌شدند در اوایل دهه‌ی ۱۹۹۰ مانند بدهی شرکت‌ها کاهش یافت ولی پس از آن افزایش پیدا کرد و در نیمه‌ی اول ۱۹۹۸ به اوج جدیدی رسید و از نظر مالی بالغ بر ۹۷۳ میلیارد دلار شد که بیش از مقدار مشابه در مجموع سال ۱۹۹۷ بود.

۷ـ به رغم آنچه در مطبوعات متعلق به پولدارانِ بزرگ تحت عنوان "رونق سرمایه‌گذاری" مطرح شد، این روندِ کاهش سرمایه‌گذاری صنعتی همچنان در دهه‌ی ۱۹۹۰ ادامه یافت. کل سهام کارخانه‌های صنعتی و ابزارآلات آن‌ها از ۱۹۸۰ تاکنون نرخ رشدی در حدود ۲ درصد داشته است، در مقایسه با نرخ رشد سالیانه‌ی ۳/۹ درصد در سه دهه‌ی قبل از آن. سرمایه‌گذاری به عنوان بخشی از درآمد ملی نیز از ۱۹۸۰ در کشورهای امپریالیستی اُفت کرده است.

"هیچ گونه شکی در اینکه شرکت‌های آمریکایی چه مسیری را در دهه‌ی ۱۹۸۰ برگزیده‌اند وجود ندارد: کاهش نیروی انسانی (تعدیل) بر بازسازی پیروز شده است." این مطلب را استفان روچ[2]، سراقتصاددانِ دفتر سرمایه‌گذاری وال استریت موسوم به مورگان استنلی در نوامبر ۱۹۹۶ اعلام داشت. او ادامه می‌دهد: "تعدیل یعنی پیشبرد کارها با امکانات کمتر و افزایش راندمان از طریق هَرَس نیروی کار و سرمایه ... از نظر تاریخی، دوران افزایش شتاب تولید با افزایش استخدام توأم بوده است." استفان روچ گزارش می‌کند که از ۱۹۹۴ تا ۱۹۹۷ در حدود ۵۷ درصد رشد سرمایه‌گذاری در زمینه‌ی سخت‌افزار کامپیوتر انجام شد. اما، قسمت اعظم این گونه سرمایه‌گذاری‌ها صرف جایگزینی تجهیزات فرسوده می‌شود و نه توسعه‌ی ظرفیت.

۸ـ اقتصاد سرمایه‌داریِ ایالات متحده از ژوییه ۱۹۹۰ تا مارس ۱۹۹۱ وارد

1- Michael Milken 2- Stephen Roach

یک دوره‌ی رکود شد. در مدت پنج سال پس از آن، توسعه در حدی بود که از زمان جنگ جهانی دوم تاکنون کندترین رشد را در یک سیکل تجاری داشت. میانگین دستمزد واقعیِ کارگران در آن پنج سال اُفت کرد و این اولین بار در تاریخ ایالات متحده بود که دستمزدها در یک دوره‌ی رونق اقتصادی کاهش می‌یافت. تنها در ۱۹۹۷ بود که دستمزدهای واقعی رشد ناچیزی را آغاز کردند، گرچه به مراتب کمتر از سطح ربع قرن پیش، یعنی ۱۹۷۳، باقی مانده‌اند.

۹ـ در بین سال‌های ۱۹۹۲ و ۱۹۹۸ سود سرمایه‌داران به عنوان بخشی از درآمد ملی ایالات متحده افزایش یافت، گرچه در صد آن هنوز خیلی پایین‌تر از دورانِ پس از جنگ جهانی دوم بود. این تکان به سمت بالا اساساً در اثر افزایش بیش از پیشِ ساعات کار در هفته و کاهش هزینه‌ها به دست کارفرمایان حاصل شده بود و نه بر اساس توسعه‌ی ظرفیت تولید یا افزایش سریع در میزان درآمدهای ناشی از فروش. یک مقاله در روزنامه‌ی وال استریت ژورنال که در ۱۳ام آوریل ۱۹۹۸ با تیتر درشت در صفحه‌ی اول منعکس شده بود چنین عنوان می‌کرد: "دهه‌ی ۱۹۹۰ به وضوح دوران آهستگی رشد فروش بوده است. محیط نامساعد برای فروش، موجب اقداماتی شده که نتیجه‌اش سودهای سرشار دهه‌ی ۱۹۹۰ می‌باشد. جیمز پالسن[1] رییس واحد مدیریت سرمایه‌گذاری شرکت نوروِست در مینیاپولیس می‌گوید هیأت اجراییه و مدیریتِ دهه‌ی ۱۹۹۰ به یک 'سرمایه‌دارِ انقباض‌گرا' تبدیل شد که دستمزدها را کاهش داد، بر تعداد کامپیوترها افزود، موجودی انبار را به حداقل رساند، ساختن کارخانه‌ها را متوقف و قشر میانیِ مدیریت را حذف کرد."

۱۰ـ دیوار برلن، بر اثر بسیج رو به رشد توده‌های مردم در سراسر جمهوری دموکراتیک آلمان، در ۹ام نوامبر ۱۹۸۹ فرو ریخت. در اوت ۱۹۹۰ پارلمان آلمان شرقی به اتحاد دو آلمان، در چارچوب قانون اساسی جمهوری دموکراتیک آلمان، رأی داد. اما وحدت رسمی دو آلمان، که در ۳ام اکتبر

1- James Paulsen

۱۹۹۰ صورت گرفت، نشانی از "افزایش نسبی توانِ سرمایه مالی آلمان در چارچوب نظام امپریالیستی" نبود. در حقیقت، یگانه تغییر و مهم‌ترین تغییر اساسی‌ای که در سیاست جهان از زمان نوشتن این سند در سال ۱۹۹۰ تاکنون رخ داده است، کاهش نسبی توان بورژوازی آلمان در اروپای سرمایه‌داری هم از نظر اقتصادی و هم سیاسی بوده است، به خصوص در مقایسه با رقیب امپریالیستش فرانسه. گرچه قطعنامه‌ی ۱۹۹۰ به درستی به تضادهای اقتصادی و اجتماعیِ حادی که امپریالیسم آلمان در هنگام بلعیدن و جذب دولت کارگریِ شرق با آن‌ها مواجه خواهد شد انگشت می‌گذارد، اما در اخذ تنها نتیجه‌ی همسو با آن قصور می‌کند: پیش‌بینی نتایج سریع و تضعیف‌کننده‌ی تلاش حاکمان سرمایه‌دار آلمان برای اتحاد میان دو دولت که روابط اجتماعیِ حاکم بر آن‌ها با یکدیگر آشتی‌ناپذیرند.

۱۱ـ آلمان غربی از آن تاریخ تاکنون سالیانه در حدود ۱۰۰ میلیارد دلار به آلمان شرقی انتقال داده است که تقریباً ۵ درصد رشد ناخالص ملی آلمان غربی و ۴۰ درصد رشد ناخالص ملی جمهوری سابق دموکراتیک آلمان را شامل می‌شود. قسمت عمده‌ی این بودجه صرف کمک هزینه به بیکاران و سایر کمک‌های اجتماعی شده و صرف سرمایه‌گذاری نشده است. حکومت آلمان بسیاری از صنایع موجود در قسمت شرق را تعطیل کرده است. در نتیجه نرخ رسمی بیکاریِ اعلام شده به بالای ۲۰ درصد رسید (و اگر مشاغل ایجاد شده در اثر طرح‌های دولتی با درآمدهای خیلی پایین را به حساب اشتغال نگذاریم، نرخ بیکاری به مراتب بیش از این‌ها خواهد بود). نرخ بیکاری در آلمان غربی در ۱۹۹۷–۱۹۹۸ به بالاترین حد خود از ۱۹۳۰ به بعد رسید و این انعکاسی بود از تنش وارده بر سرمایه آلمان و فشارهای انقباضانه که کل اروپا را در بر گرفته است.

سرمایه‌ی آلمان همچنین از رقبای امپریالیست‌اش به مراتب در مقابل بحرانِ در حال تعمیق در روسیه ضربه‌پذیرتر است. بانک‌های آلمان در اواسط سال ۱۹۹۸ بیش از ۳۰/۵ میلیارد دلار از حکومت و سایر نهادهای روسیه طلب داشتند که بیش از چهار برابر میزان وام‌های پرداخت‌نشده‌ی روسیه به بانک‌های ایالات متحده است و بیش از ۴۰ درصدِ کل قروض روسیه به

بانک‌های خارجی را شامل می‌شود. بیش از ۱۴ درصد سرمایه‌ی بانک‌های آلمانی در معرض اعطای وام به روسیه قرار دارند.

۱۲ـ اُفت آلمان از ۱۹۹۰ در مقایسه با فرانسه و انگلستان موجب آن شده است که برنامه‌ی سرمایه‌ی آلمان برای آنکه تا اواخر دهه‌ی ۱۹۹۰ بتواند قدرت مارک را به گونه‌ای بکار گیرد تا به عنوان یک ارز قدرتمند بر اروپا سلطه بیابد و به طور همزمان مهر سلطه‌ی آلمان را بر سیاست خارجی و نظامی اروپا بکوبد با شکست مواجه شود. واحد پول اروپا، "یورو"، به گونه‌ای برنامه‌ریزی شده بود که از اول ژانویه ۱۹۹۹ به عنوان ارز غالب برای خرید و فروش سهام، اوراق قرضه و نقل و انتقالات بانکی در یازده کشور اروپایی به کار گرفته شود. حال آنکه یورو ارزی ضعیف‌تر و بی‌ثبات‌تر از مارک خواهد بود و خودِ مارک نیز نسبت به سال ۱۹۹۰ بسیار ضعیف شده است. "یورو" قرار است تا سال ۲۰۰۲ جایگزین مارک، فرانک فرانسه و سایر ارزهای در گردش بشود. حاکمان انگلستان و دانمارک و سوئد تاکنون بر حفظ پول رایج خود مصمم بوده‌اند.

۱۳ـ با توجه به ضعیف شدن نسبی آلمان از ۱۹۹۰ تاکنون و نزدیک‌تر شدنِ زمان استقرار یورو به جای مارک، حاکمان انگلستان فشار آورده‌اند تا "روابط ویژه‌ای" را با واشنگتن برقرار کنند و با شور و شوق جدیدی تلاش می‌کنند تا موقعیت خود را با حمایت واشنگتن در مقابل قدرت‌های رقیب خود در قاره‌ی اروپا تقویت بخشند. به خصوص حکومت جان میجر از حزب توری که به عنوان مستحکم‌ترین متحد نظامی و سیاسی واشنگتن در جنگ خلیج فارس در ۱۹۹۰–۱۹۹۱ عمل کرد و حکومت آنتونی بلر از حزب کارگر که به عنوان قابل‌اطمینان‌ترین حامی کاخ سفید در جنگ علیه عراق در اواخر ۱۹۹۷ و اوایل ۱۹۹۸ عمل کرد.

۱۴ـ حاکمان امپریالیست ایالات متحده و کانادا به همراه بورژوازی مکزیک در اول ژانویه ۱۹۹۴ پیمان تجارت آزاد آمریکای شمالی (نفتا)[1] را منعقد کردند. متعاقب آن پیمان تجاری دیگری میان واشنگتن و کانادا در ژانویه

1- North American Free Trade Agreement (NAFTA)

۱۹۹۸ منعقد شد. برای مطالعه‌ی مبحث نفتا، به خصوص از دیدگاه استثمار فوق‌العاده‌ی دهقانان و کارگران کشور شبه‌مستعمره‌ی مکزیک مراجعه کنید به کتاب: گام‌های امپریالیسم به سوی فاشیسم و جنگ، به قلم جک بارنز، ترجمه‌ی شهره ایزدی، انتشارات طلایه پرسو، ۱۳۷۷ (ص ۸۴).

۱۵ـ سرمایه‌داریِ ژاپن طی دهه‌ی ۱۹۹۰ در یک بحران انقباضی بسر می‌برد. شاخص بازار سهام توکیو از ۴۰٫۰۰۰ در اواخر ۱۹۸۹ به ۱۴٫۰۰۰ در اوت و سپتامبر ۱۹۹۸ سقوط کرد. در سال ۱۹۸۹ سهام ژاپنی بر پایه‌ی دلار، ارزشی معادل ۴۵ درصد ارزش سهام در بازار جهانی داشت، در اواسط ۱۹۹۸ این رقم به حدود ۱۰ درصد سقوط کرد. ارزش زمین در توکیو در اواسط ۱۹۹۷ حدوداً به یک پنجم ارزش آن در آغاز دهه‌ی ۱۹۹۰ سقوط کرد. نرخ بیکاری در ژاپن به بالاترین حد دوران پس از جنگ جهانی دوم تاکنون رسیده است.

۱۶ـ هفت کشوری که از ۱۹۹۶ بالاترین بودجه‌ی نظامی را در جهان داشته‌اند عبارتند از: ایالات متحده (۲۶۵ میلیارد دلار)، روسیه (۴۸ میلیارد دلار)، ژاپن (۴۵ میلیارد دلار)، فرانسه (۳۸ میلیارد دلار)، انگلستان (۳۳ میلیارد دلار)، آلمان (۳۲ میلیارد دلار) و چین (۳۲ میلیارد دلار).

۱۷ـ نرخ بیکاری در اتحادیه اروپا از اوایل ۱۹۹۳ تا آوریل ۱۹۹۸ همواره بالاتر از ۱۰ درصد بوده است.

۱۸ـ بیکاری در سوئد از ۳ درصد در اوایل ۱۹۹۰ به ۱۴ درصد در اوایل ۱۹۹۴ جهش کرد و همچنان در سطح بالایی که در تاریخ بی‌سابقه بوده است باقی ماند و در اوایل ۱۹۹۸ به ۸ درصد رسید. هم سوسیال دموکرات‌ها و هم کابینه‌ی محافظه‌کاران کمک هزینه‌های بیکاری، حقوق بازنشستگی و سایر دست‌آوردهای طبقه‌ی کارگر را تحت حمله قرار دادند. از نظر طبقاتی نیز سوئد قطبی شده است و حملات دست‌راستی‌ها به حقوق مهاجرین و حقوق مدنی شهروندان رو به افزایش است.

۱۹ـ ده‌ها هزار تن از جوانان و زحمتکشان کِبِکُوا در سال ۱۹۹۵ در گردهم‌آیی‌هایی شرکت کردند و به خیابان‌ها ریختند تا در رفراندم حق حاکمیت کِبِک از رأی "آری" پشتیبانی کنند. یکی از شعارهایی که بیانگر نظرات طرفداری از استقلال در میان تظاهرکنندگان بود این بود: "ما یک کشور

می‌خواهیم". رأی "آری" ۴۹ درصد آراء را بدست آورد که ۶۰ درصد از آن را ملت ستمدیده‌ی کِبِکُوا به صندوق ریختند. پانزده سال قبل از آن در رفراندم مشابهی ۴۲ درصد به "آری" رأی دادند که تنها ۴۶ درصد آن آراء از آنِ کِبِکُوایی‌ها بود.

۲۰ـ سیر صعودی در منحنی تناوبی تجارتِ زلانـدِنو کـه در ۱۹۹۲ آغاز و در ۱۹۹۸ از سرعت آن کاسته شد، روند تهاجم علیه طبقه‌ی کارگر را معکوس نکرد. حاکمان سرمایه‌دارِ زلاندِنو مذاکره‌ی دسته جمعی کارگران برای عقد قرارداد و سایر حقوق اتحادیه‌ای را تحت حمله قرار دادند، مزایای دوران بیکاریِ کارگران و خدمات بهداشتی و خدمات آموزشی را کاهش و دستمزدها را تقلیل دادند و بر ساعات کار افزودند. بیکاری که طبق آمار رسمی دولت در دهه‌ی ۱۹۷۰ عمدتاً صفر اعلام شده بود تا اواخر ۱۹۹۱ به ۱۱ درصد رسید و در تمام دوران رونق اقتصادی نیز بیکاری بالای ۶ درصد باقی ماند. تحقیقاتی که در ۱۹۹۶ انجام شد برملا کرد که یک پنجم جمعیت زلاندِنو زیر کمربند رسمی فقر برای خانواده‌های سه نفری زندگی می‌کنند و فقر در مجموع برای قوم موری دو و نیم برابر و برای مهاجرانِ ساکن جزایر اقیانوس آرام سه و نیم برابر حد متوسط کل جمعیت است.

۲۱ـ رجوع کنید به کتاب: گام‌های امپریالیسم به سوی فاشیسم و جنگ، به قلم جک بارنز، ترجمه‌ی شهره ایزدی، انتشارات طلایه پرسو، تهران، ۱۳۷۷.

همچنین مراجعه کنید به کتاب:

Capitalism's World Disorder: Working-Class Politics in the 21st Century, By Jack Barnes (Pathfinder, 1998).

۲۲ـ رجوع کنید به مقاله:

"1945: When U.S. Troops Said No!" By Mary-Alice Waters, *New International* no. 7.

۲۳ـ بر خلاف عوام فریبیِ جان اف کندی، به عنوان کاندید ریاست جمهوری ایالات متحده در ۱۹۶۰ در رقابت با نیکسون، که در تبلیغات انتخاباتی مدعی "عقب ماندن ایالات متحده در رقابت موشکی" و پیشی گرفتن اتحاد شوروی از واشنگتن بود، واقعیت کاملاً برعکس بود. در سال ۱۹۶۲ ایالات متحده

بیش از ۵۰۰۰ کلاهک هسته‌ای و بالغ بر ۵۰۰ موشک قاره‌پیما داشت، در حالیکه شوروی چیزی کمتر از ۳۰۰ کلاهک هسته‌ای و در حدود ۳۰ الی ۴۰ موشک داشت. حکومت شوروی در سال ۱۹۷۱ اعلام کرد که از نظر تعداد موشک به برابری با واشنگتن دست یافته است، گرچه از نظر تعداد کلاهک‌های هسته‌ای همچنان از ایالات متحده عقب‌تر بود. در حال حاضر واشنگتن بیش از ۷۱۰۰ کلاهک هسته‌ای دارد که بر روی موشک‌های بالستیک قاره‌پیما، اژدرهای زیردریایی و بمب‌افکن‌ها نصب شده‌اند و روسیه نیز به تعدادی در حدود ۶۲۰۰ کلاهک هسته‌ای مجهز است.

۲۴ـ رجوع کنید به کتاب:

The Revolution Betrayed: What Is the Soviet Union and Where Is It Going? by Leon Trotsky, (Pathfinder, 1972), pp 227.

۲۵ـ حاکمان ایالات متحده در دهه‌ی ۱۹۹۰ شروع کردند به بازسازیِ سازمان ناتو بر روی تل خاکستر اجساد مردم یوگسلاوی و همزمان شروع کردند به تنگ‌تر کردن حلقه‌ی محاصره‌ی دولت کارگری روسیه و سایر جمهوری‌های عضو شوروی سابق و تقویت موضع برتر ایالات متحده در مقایسه با سایر قدرت‌های سرمایه‌داریِ عضو ناتو. در اوایل دهه‌ی ۱۹۹۰ حکومت ایالات متحده ابتکار عمل‌های پاریس و بن و لندن را که قصد داشتند در یوگسلاویِ جنگ‌رده به عنوان یک قدرتِ میانجی عمل کنند، یکی پس از دیگری سابوتاژ کرد. هر یک از آن قدرت‌های اروپایی سعی داشتند مزایای نظامی و اقتصادی بیشتری را در مقابل واشنگتن و علیه یکدیگر به چنگ آورند. همگام با شکست تلاش اروپاییان تحت لوای سازمان ملل برای اشغال بوسنی، و همزمان با درگل فرورفتن تلاش‌های دیپلماتیک، ایالات متحده موفق شد حملات هوایی و دریایی و زمینیِ ناتو را که خود ابتکار عمل آن را در دست داشت علیه نیروهای صِرب پیش ببرد و بیش از ۳۰۰۰ حمله از این نوع را بین فوریه ۱۹۹۴ و سپتامبر ۱۹۹۵ سازماندهی کند. در اواخر سال ۱۹۹۵ در آستانه‌ی بمباران‌های بدون وقفه، حاکمان ایالات متحده نمایندگان صرب‌ها و کرووات‌ها و نیروهای بوسنیایی را به پایگاه هواییِ رایت‌ـپیترسون در شهر دیتون در اوهایو گرد هم جمع کرد و در آن مذاکرات به واشنگتن مسئولیت داده

شد تا در حدود ۶۰,۰۰۰ نیروی زمینی سازمان ناتو را، که ۲۰,۰۰۰ نفرشان نیروهای ایالات متحده بودند، در بوسنی مستقر سازد. نیروهای اشغالگری که ایالات متحده سازمان داده بود از ابتدا قرار بود در اواخر ۱۹۹۶ منطقه را ترک کنند، حال آنکه در اوت ۱۹۹۸ هنوز در بوسنی باقی مانده بودند و هیچ تاریخ مشخصی هم برای خروجشان تعیین نشده است.

در همان اجلاس ژانویه ۱۹۹۴ که دولت ایالات متحده تأییدیه‌ی حمله‌ی هوایی به یوگسلاوی را بدست آورد، ویلیام کلینتون، رئیس جمهور ایالات متحده، پیشنهاد کرد که سیطره‌ی سازمان ناتو به سمت شرق و تا نزدیکی مرزهای دولت کارگریِ روسیه گسترش یابد. در اجلاس ناتو در ژوئیه ۱۹۹۷، سال ۱۹۹۹ تاریخ پذیرش لهستان و جمهوری چک و مجارستان به عنوان "موج اول" اعضای جدید ناتو اعلام شد.

۲۶ـ پس از یک کودتای نافرجام در اوت ۱۹۹۱ علیه میخاییل گورباچف، رییس جمهور وقت، اتحاد شوروی رسماً در دسامبر ۱۹۹۱ منحل اعلام شد. بلافاصله پس از کودتای نافرجام، گورباچف از سمت دبیر کل حزب کمونیست استعفا داد و انحلال کمیته‌ی مرکزی این حزب را سازماندهی کرد. او کمتر از یک‌ساعت قبل از انحلال اتحاد شوروی در ۲۵ دسامبر از سمت ریاست جمهوری نیز استعفا داد. بوریس یلتسین پس از او رییس دولت شد. حکومت روسیه (همین طور سایر اعضای سابق اتحاد جماهیر شوروی سوسیالیستی) را اساساً دولتمردانی راهبری می‌کنند که از رژیم سابق [ماقبل فروپاشی] در رأس امور قرار داشته‌اند. اما، مسکو دیگر همانند گذشته برای کسب حقانیت خود مدعی آن نیست که تداوم‌بخش انقلاب بلشویکیِ اکتبر ۱۹۱۷ می‌باشد. کاست‌های اجتماعیِ[1] شکل گرفته و منجمد شده در بطن رژیم‌های استالینیست، که با سرشک منافع مادی و برخورداری از حق امتیاز در مصرف مازاد اجتماعی به یکدیگر وصل شده بودند، آنقدر تکه تکه شده‌اند که دیگر قابل شمارش نیستند و هر کدام در پی کسب منافع و بهبود اوضاع خویش هستند.

1- Social Casts

۲۷ـ در ژانویه ۱۹۹۰ حکومت شوروی اعلام کرد که پس از آن روابط تجاری با کوبا (همین طور با سایر دولت‌های کارگری) را بر مبنای ارز بین‌المللی و قیمت رایج در بازار جهانی انجام خواهد داد. از اوایل دهه‌ی ۱۹۶۰ اتحاد جماهیر سوسیالیستی شوروی شکر، مرکبات و سایر مواد صادراتی کوبا را به قیمتی بالاتر از قیمت بازار جهانی می‌خرید و به کوبا موادی از قبیل نفت، کالاهای صنعتی و گندم و سایر محصولات کشاورزی را به قیمتی پایین‌تر از قیمت بازار سرمایه‌داری می‌فروخت. در پایان سال ۱۹۹۰ پیمان اقتصادی پنج ساله‌ی کوبا با شوروی بسرآمد و در طی سال بعد قیمت‌های ترجیهی که مدت مدیدی مبنای داد و ستد بین دو کشور بود به تدریج حذف شد. حتی پس از فروپاشی اتحاد شوروی در اواخر ۱۹۹۱ تجارت میان کوبا و رژیم جدیدِ حاکم بر روسیه ادامه یافت، اما تغییر ناگهانی و غیر مطلوبِ ناشی از شرایط جدید تجاری، واردات مواد نفتی و سایر محصولات روسی را در ابعادی مشابهِ سال‌های پیشین غیرممکن ساخت.

از آنجایی که ۸۵ درصد تجارت کوبا با اتحاد شوروی و دولت‌های کارگریِ اروپای شرقی انجام می‌شد، این تغییر ناگهانی در شرایط تجاری ـ همراه با اثرات ناشی از تعمیق شرایط تضییقی سرمایه‌داریِ جهانی و تشدید تحریم تجاری ایالات متحده علیه کوبا ـ در مجموع به پیدایش شرایط دشوار اقتصادی در دهه‌ی ۱۹۹۰ منجر شد که کوباییان آن را دوران ویژه نام نهاده‌اند. اما به واسطه‌ی تلاش‌های زحمتکشان کوبایی تا سال ۱۹۹۶ سیر نزولی تولیدات صنعتی و کشاورزی خاتمه یافته بود و کمبود مواد غذایی و سایر نیازهای اساسی گرچه هنوز حاد بود، اما از شدتش کاسته شده بود.

۲۸ـ در ۱۵ آوریل ۱۹۸۶ نیروی هوایی ایالات متحده شهرهای طرابلس و بنغازی را در لیبی بمباران و ده‌ها نفر را کشته و یا زخمی کردند. چند بمب محل سکونت معمر قذافی، رهبر لیبی، را هدف قرار دادند که در نتیجه دخترش کشته شد و سایر اعضای خانواده‌اش زخمی شدند. حکومت تاچر به کابینه‌ی ریگان در این زمینه کمک کرد و اجازه داد هیجده بمب‌افکن از پایگاه‌های انگلستان به پرواز در آیند.

حکومت عراق در سپتامبر ۱۹۸۰ جنگی را آغاز کرد که به جنگ هشت

ساله علیه ایران تبدیل شد و امیدوار بود که از این طریق بتواند مانع از تأثیر انقلاب ۱۹۷۹ [۲۲ بهمن ۱۳۵۷] ایران بر زحمتکشان منطقه شود و بتواند چاه‌های نفت ایران را تسخیر و کنترل اسکله‌های صادراتی آن را در دست بگیرد. صدها هزار نفر از زحمتکشان از هر دو طرف جان خود را در این جنگ از دست دادند. واشنگتن، لندن و پاریس، که پشت یک حریم بسیار نازکی از بی‌طرفی پنهان شده بودند، در طی جنگ به عراق تسلیحات رساندند تا شاید بتوانند از این طریق انقلاب ایران را تضعیف کنند و در صورت امکان آن را درهم بشکنند. ایالات متحده ناوگانی مجهز به بیش از بیست کشتیِ جنگی را در سال ۱۹۸۷ به خلیج فارس فرستاد. نیروهای ایالات متحده در سپتامبر ۱۹۸۷ به کشتی ایرانی ایران اَجر حمله کردند و پنج ملوان آن را کشتند و در ژوییه‌ی ۱۹۸۸ یکی از ناوهای ایالات متحده در خلیج فارس یک هواپیمای مسافربری ایرانی را سرنگون کرد و تمامی مسافران و خدمه آن را که بالغ بر ۲۹۰ می‌شدند کشت.

هاوارد تایچر[۱]، مشاور امنیتی سابق کاخ سفید، در ژانویه ۱۹۹۵ در اقرارنامه‌ای که در تأیید صحبتش سوگند خورده بود چنین شهادت داد: "رییس جمهور ریگان تصمیم گرفت ایالات متحده نمی‌تواند بپذیرد که عراق جنگ را به ایران ببازد" و ادامه داد: "ویلیام کیسی[۲]، رییس سازمان سیا، شخصاً تلاش‌های ما را هدایت می‌کرد تا اطمینان حاصل کند که عراق تجهیزات نظامی و امکانات ترابری و مهمات لازم را داشته باشد تا جنگ را به ایران نبازد."

۲۹ـ مجلس سنای فیلیپین که برای تمدید اجاره‌ی پایگاه هوایی کلارک و پایگاه دریایی خلیج سوبیک[۳] با مخالفت وسیع مردم مواجه شده بود در سال ۱۹۹۱ توافق موجود میان واشنگتن و حکومت آکینو[۴] را به هم زد و با تمدید ده ساله‌ی این قرارداد مخالفت کرد. حکومت ایالات متحده در نوامبر ۱۹۹۱ نیروهای خود را از پایگاه هوایی کلارک و در نوامبر ۱۹۹۲ از پایگاه دریایی خلیج سوبیک بیرون کشید.

1- Howard Teicher 2- William Casey

3- Clark Air Base, Subic Bay Naval Base 4- Aquino

۳۰ـ رجوع کنید به:

1) "The Second Assasination of Maurice Bishop", By Steve Clark, *New International* no. 6.

2) *Panama: The Truth About the U.S. Invasion*, By Cindy Jaquith, Don Rojas, Nils Castro, and Fidel Castro, (Pathfinder, 1990).

۳۱ـ رجوع کنید به:

"The Rise and Fall of the Nicaraguan Revolution", *New International* no. 9.

۳۲ـ هومبرتو اورتگا[1]، فرمانده جبهه‌ی آزادیبخش ساندنیست، تا فوریه ۱۹۹۵ در سِمتِ رییس ستاد ارتش نیکاراگوئه باقی ماند.

۳۳ـ حکومت جدید افغانستان، که در آوریل ۱۹۷۸ در پی یک شورش انقلابی به قدرت رسید، تحت فشار مردم برخی اقدامات محبوب در میان مردم را انجام داد. اما، روش‌های خشنِ نهادهای دولتی و جنگ‌های هلاکت‌بار درون حزب دموکراتیک خلق افغانستان[2] که یک حزب استالینیست بود به دخالت نظامی شوروی در دسامبر ۱۹۷۸ به نفع یکی از جناح‌های درگیر منجر شد. بلافاصله پس از آنکه دخالت شوروی حق حاکمیت مردم افغانستان را زیر پا گذاشت، نیروهای دست راستی که واشنگتن آن‌ها را آموزش داده و مسلح کرده بود به سرعت شروع به رشد کردند. روحیه سربازان شوروی، که در جنگی بدون پشتوانه‌ی مردم شوروی درگیرشده بودند، تضعیف شد و در نتیجه حکومت شوروی مجبور شد آخرین بخش نیروهای خود را در فوریه ۱۹۸۹ از خاک افغانستان بیرون بکشد. رژیمِ بی‌آبرویی که مسکو پشت سر خود بر جا گذاشته بود در آوریل ۱۹۹۲ در مقابل یک ائتلاف دست راستی سقوط کرد.

۳۴ـ نبرد کوئیتو کواناوال در اوایل ۱۹۸۸ صورت گرفت. نیروهای کوبایی برای اولین بار در سال ۱۹۷۵ به درخواست حکومت جدید و مستقل آنگولا عازم آن کشور شدند تا کمک کنند که تهاجم آفریقای جنوبی پس زده شود. رژیم

1- Humberto Ortega

2- People's Democratic Party of Afghanistan (PDPA)

آپارتاید، که با نیروهای دست راستیِ آنگولاییِ یونیتا- مسلح شده به دست سازمان سیا- تبانی داشت در سال‌های ۱۹۷۵-۱۹۷۶ عقب رانده شدند. اما، مکرراً در طی سیزده سال پس از آن دست به تهاجم می‌زدند. در این مدت بیش از ۳۰۰,۰۰۰ داوطلب کوبایی در آنگولا جنگیدند و بیش از ۲۰۰۰ نفر از آنان جان خود را از دست دادند.

رژیم برتری‌طلب سفیدپوست آفریقای جنوبی به دنبال پیروزی کوئیتو کواناوال مجبور شد نیروهایش را از آنگولا بیرون بکشد و با حکومت‌های کوبا و آنگولا به مذاکره بنشیند، در نتیجه آفریقای جنوبی استقلال نامیبیا را در اوایل ۱۹۹۰ به رسمیت شناخت. سازمان سواپو[1] در انتخابات نامیبیا که برای تعیین حکومت جدید برگزار شده بود با اکثریت قاطع آراء پیروز شد. آخرین بخش از نیروهای کوبایی در ماه مه ۱۹۹۱ آنگولا را ترک کردند. نلسون ماندلا، رهبر کنگره‌ی ملی آفریقا، در ۱۹۹۱ گفت که نقش کوبا در شکست ارتش آپارتاید "نقطه‌ی عطف مبارزه برای آزادی قاره‌ی آفریقا و کشور ما از مصیبت آپارتاید بود." رجوع کنید به کتاب:

ما بردگان تا به کجا آمده‌ایم!، نلسون ماندلا و فیدل کاسترو، ترجمه‌ی مسعود صابری، انتشارات طلایه پرسو، تهران، ۱۳۷۸، ص ۲۳.

۳۵- رژیم آپارتاید، که با بسیج توده‌های مردم توسط کنگره ملی آفریقا و اعتصاباتی که این سازمان متشکل می‌کرد مواجه شده بود، مجبور به مذاکره شد و بالاخره برای نخستین بار به حق مردم مبتنی بر اینکه در انتخابات هر نفر یک رأی داشته باشد تن در داد و انتخابات در آوریل ۱۹۹۴ برگذار شد. کنگره ملی آفریقا در آن انتخابات با اکثریت قاطع آراء پیروز و نلسون ماندلا به ریاست جمهوری انتخاب شد. برای مطالعه‌ی بیشتر مراجعه کنید به کتب:

1) "The Coming Revolution in South Africa", By Jack Barns, *New International* no. 5.

2) *Nelson Mandela Speaks: Forging a Democratic, Nonracial South Africa* (Pathfinder ,1993).

1- The South-West Africa People's Organisation of Nambia (SWAPO)

۳۶ـ متعاقب قیام فلسطینیان (انتفاضه) در سال‌های ۱۹۸۷ تا ۱۹۹۲ در مناطق اشغالیِ ساحل غربی و نوار غزه، سازمان آزادیبخش فلسطین (ساف) در اواخر ۱۹۹۳ و نیمه‌ی اول ۱۹۹۴ پیمان‌هایی را با تل آویو امضا کرد. بر طبق پیمان معروف به اُسلو[1]، خودگردانی محدودی در برخی نواحی ساحل غربی و غزه به فلسطینیان واگذار شد. این در حالی است که حکومت اسرائیل همچنان بر حاکمیت خود بر این مناطق ادامه می‌دهد و مرزها را کنترل می‌کند و هرگاه مسأله‌ای در ارتباط با زمین و آب مطرح شود حق وتو دارد. در ژانویه‌ی ۱۹۹۶ در مناطق حکومت خودگردان، که اداره‌ی امورِ دو سوم از غزه و یک سوم ساحل غربی را بر عهده دارد، انتخابات ریاست جمهوری و مجلس قانون‌گذاری برگزار و یاسر عرفات به ریاست حکومت خودگردان انتخاب شد.

کارگران و جوانان فلسطینی همچنان به تشکل و مقاومت خود ادامه داده‌اند و دست از اعتراض به اشغال سرزمین‌هایشان برنداشته‌اند و علیه استعمارگری از طریق اسکان[2] که در مناطق اشغالی همچنان ادامه می‌یابد و در مقابل یورش‌های ارتش و پلیس اسرائیل ایستاده‌اند. در اوایل ۱۹۹۷ به دلیل اینکه حکومت اسرائیل ساختن منطقه‌ی جدیدی را جهت اسکان در اورشلیمِ شرقیِ اشغال شده آغاز کرد، مذاکرات حکومت اسرائیل با رهبری ساف قطع شد.

۳۷ـ فرآیند تصحیح در کوبا بین سال‌های ۱۹۸۶ و اوایل دهه‌ی ۱۹۹۰ شکل گرفت و بیانگر چرخشی بود برای فاصله گرفتن از مشی اتکا بر نظام برگرفته از مدیریت اقتصادی و برنامه ریزی از نوع حاکم بر اتحاد شوروی و اروپای شرقی. در دهه‌ی ۱۹۷۰ و اوایل دهه‌ی ۱۹۸۰ سیاست‌های نسخه‌برداری شده از آن کشورها هر چه بیشتر بر کوبا غالب می‌شد. فرآیند تصحیح در اوج حرکت خود جنبه‌ی یک جنبش اجتماعی پیدا کرد که آگاه‌ترین و منضبط‌ترین اقشار زحمتکشان آن را رهبری می‌کردند. برای مطالعه‌ی بیشتر مراجعه کنید به بخش "حزب کمونیست کوبا" در آغاز فصل ۴ همین کتاب، و همچنین:

1) *New International* no. 6, "Cuba's Rectification Process: Two Speeches by Fidel Castro".

1- Oslo

2- Settler Colonization

2) *New International* no. 8, "Che Guevara, Cuba, and the Road to Socialism".

3) *Che Guevara and the Fight for Socialism Today*, by Mary-Alice Waters, (Pathfinder, 1992).

۳۸ـ در ۳۱ام ژانویه ۱۹۹۰ و تنها چند روز پس از اشغال پاناما، گارد ساحلیِ ایالات متحده به کشتی تجاری کوبایی هرمان حمله کرد. این کشتی که از پاناما ترخیص شده بود و محموله‌ی آن کُرُم[1] به مقصد مکزیک بود، هنگامی که تحت حمله قرار گرفت در حال عبور از آب‌های بین‌المللی در خلیج مکزیک بود. به این کشتی دستور توقف داده شده بود تا نیروهای ایالات متحده تحت لوای جستجو برای کشف مواد مخدر وارد عرشه‌ی آن شوند. هنگامی که خدمه‌ی کشتی آن دستور را صراحتاً رد کردند و به راه خود ادامه دادند، نیروهای ایالات متحده به روی کشتی آتش گشودند و در مدتی کمتر از ۴۵ دقیقه ۵۰۰ بار آن را به رگبار بستند. خدمه‌ی کشتی مسلح نبودند. اما، با ساطور، پیچ گوشتی، چاقوی آشپزخانه و تبر بر روی کشتی حاضر شدند تا اگر گارد ساحلی به تهدیدهایش عمل کرد و خواست وارد کشتی شود از کشتی دفاع کنند. نیروهای ایالات متحده هنگامی که صبح روز بعد کشتیِ هرمان وارد آب‌های مکزیک شد، حمله را متوقف کردند. در همان روز ۱۰۰,۰۰۰ کوبایی در هاوانا در مقابل دفتر حافظ منافع ایالات متحده تظاهرات و از خدمه‌ی کشتی به عنوان قهرمانان ملی استقبال کردند.

۳۹ـ در اکتبر ۱۹۸۷ حکومت انقلابیِ مردمی در کشور بورکینافاسو واقع در غرب آفریقا از طریق کودتا سرنگون شد. توماس سانکارا[2] رهبر مرکزیِ حکومت انقلابی که چهار سال پیش از آن به قدرت رسیده بود به قتل رسید. برای مطالعه‌ی بیشتر رجوع کنید به کتاب:

Thomas Sankara Speaks: The Burkina Faso Revolution (1983-87) (Pathfinder, 1988).

1- Chrome

2- Thomas Sankara

عکس از سرجی کارپوخین[1] از ای پی - واید ورلد فوتوز[2]

معدنچیان روسی در اعتصاب سال ۱۹۹۶ محل کار خود را در اعتراض برای دریافت دستمزد پرداخت نشده‌ی خود ترک می‌کنند. "استقرار مجدد سرمایه‌داری در این کشورها بدون آنکه طبقه‌ی کارگر در نبردهای خونینِ ضدانقلابی شکست بخورد غیرممکن خواهد بود."

1- Sergei Karpukhin 2- Sergei Karpukhin/AP-wide World Photos

عکس از جورج سارباچ[1] از ای پی – واید ورلد فوتوز

اعضای اتحادیه شاغل در شرکت‌های برمر ولکان[2] در شهر برِمن[3] در آلمان غربی (عکس بالا) و شهر استراسووند در آلمان شرقی در سال ۱۹۹۶ کارخانه‌های کشتی‌سازی را اشغال کردند تا مانع از تعطیل شدن تأسیسات و اخراج کارگران شوند. "اقدام در جهت جفت و جور کردن دو آلمان (یکی امپریالیستی و دیگری کارگری)، در یک اقتصاد واحد، باعث شده است که بورژوازی آلمان بیش از پیش رو در روی طبقه‌ی کارگر شرق و غرب اروپا قرار گیرد و در عین حال این اقدام وحدت عمل طبقه‌ی کارگر را در دو آلمان تسهیل کرده است."

1- Joerg Sarbach 2- Bremer Vulkan 3- Bremen

فصل سوم

سرمایه‌داری جهانی در اروپای شرقی و اتحاد شوروی شکست تاریخی خورده است

الف-ساختن سوسیالیسم یک وظیفه‌ی سیاسی انقلابی طبقه‌ی کارگر است

۱ـ سازماندهی آگاهانه‌ی تولید و توزیعِ کالا و خدمات است که تحولِ زحمتکشان را به بشر نوین میسر می‌سازد؛ به مردان و زنان سوسیالیست، در حالی که آن‌ها برای تحول روابط اجتماعی و شرایط زندگی و کار، خود را سازمان می‌دهند.

۲ـ در حالی که طبقه‌ی کارگر در تلاش است تا از طریق افزایش متوالی بهره‌وریِ نیروی کار بر کاستی‌ها فایق آید، وظایفی را در این مرحله از حرکت تاریخی‌اش بر دوش می‌کشند که بدین شرح است:

۲-۱) لازم است حیطه‌ی عملکرد قواعد بورژواییِ توزیع کالاها به تدریج محدودتر شود. این یکی از میراث‌های نحوه‌ی تولید سرمایه‌داری است که در شروع دوره‌ی تاریخی انتقال به سوسیالیسم به حیات خود ادامه می‌دهد. لازم است از همان ابتدای کار در جهت محدودتر کردن نابرابری‌های اقتصادی و اجتماعی تدریجاً قدم برداشته شود؛

۲-۲) در فعالیت‌های تولیدی لازم است به تدریج وزنه‌ی کار در ازای دستمزد ـ یکی از میراث روابط اجتماعیِ سرمایه‌داری که در آغاز دوره‌ی انتقالی دست نخورده باقی می‌ماند ـ به سمت کار داوطلبانه متمایل شود که در جهت پیشرفت اجتماعی در خدمت جامعه قرار می‌گیرد و به تدریج زیربنای کار تحت نظام سوسیالیسم را تشکیل می‌دهد؛

۲-۳) ارتقای سطح تحصیل و فن‌آوری زحمتکشان و محول کردن بخشی از وظایف اداریِ تولید و توزیع، که طبقه‌ی کارگر برای انجام آن توانمندی لازم را بدست آورده است، به خودِ طبقه‌ی کارگر و جایگزینی آن در مقابل تخصیص این گونه کارها به یک قشر متخصص از کارمندان اداری (وظایفی از قبیل سازماندهیِ فرآیند کار، نظارت بر رعایت انضباط کاری در محیط کار، کنترل کیفیت، حسابداری مالی، انبارگردانی و کنترل ترازنامه‌های قطعات در انبار و غیره)، محدودتر کردن تقسیم کار اجتماعی از راه حصول اطمینان از اینکه وظایف علمیِ ضروری برای تولید به مرور زمان به دست خود کارگران انجام شود، کاهش تدریجیِ تفاوت موجود میان دستمزدها؛

۲-۴) تقویت اتحاد کارگران-دهقانان و کاهش تمایز اجتماعی میان شهر و روستا، ترغیب تعاونی‌های تشکیل شده از نیروی کار داوطلبانه‌ی زحمتکشانِ شهر و روستا برای مشارکت در امور تولید و آماده‌سازیِ غذا و البسه و حفاظت از محیط زیست؛

۲-۵) کاهش مستمر میراث نابرابری‌های تثبیت‌شده‌ی دوران سرمایه‌داری که باعث ستمدیدگی زنان و تبعیض نژادی و ستم ملی می‌شوند؛ از جمله: اقدامات عاجل برای پایان بخشیدن به تبعیضات قانونی و تبعیضاتی که قانونی نیستند ولی در عمل وجود دارند، از جمله در استخدام، تحصیل، تأمین مسکن و سایر زمینه‌های زندگیِ اجتماعی و سیاسی؛

۲-۶) افزایش کنترل آگاهانه و سازمان یافته‌ی سیاسیِ زحمتکشان بر امور برنامه‌ریزی و مدیریت و با علم به اینکه اتکای کورکورانه به مکانیسم‌ها و قوانین به پرستش کالا به مثابه بت و گرایش به ایدئولوژی بورژوایی می‌انجامد و به جای پیشروی به سوی سوسیالیسم در جهت مخالف آن حرکت می‌کند؛ و

۲-۷) سرمشق قراردادن انترناسیونالیسمِ پرولتری به عنوان بنیادی‌ترین راهنما در فعالیت سیاسی و در تعیین اولویت‌ها. هدایت دولت کارگری به مثابه جزیی از مجموعه‌ی دولت‌های شورایی در حال تکوین و آگاهی به اینکه چنین مشی نه‌تنها برای دستیابی به سوسیالیسم ضروری است، بلکه برای مقابله با بوروکراتیزه شدن و ممانعت از فساد درونیِ تک تک دولت‌های کارگری حیاتی است.

۳ـ لازمه‌ی آنکه کارگران و دهقانان بتوانند پایه‌های دولت کارگری را استحکام بخشند و بدان طریق به سوی سوسیالیسم پیشروی کنند انترناسیونالیسم پرولتری است.

۳-۱) ساختن سوسیالیسم تحقق پیدا نمی‌کند، مگر به عنوان جزیی از مبارزه برای کسب پیروزی‌های انقلابی جدید در سراسر جهان و به عنوان جزیی از مبارزه برای گسترش انقلاب سوسیالیستی و عقب راندنِ نظام جهانیِ سلطه و استثمارِ امپریالیست.

۳-۲) گزینه‌ی متقابل یعنی "سوسیالیسم در یک کشور" که ابتدا جناح استالینیست در اتحاد شوروی آن را مطرح کرد، نگرشی ارتجاعی و یکی از انواع گوناگون سوسیالیسم "ملی" است که در گذشته و حال جوهر سازش طبقاتی را تشکیل داده است.

۳-۳) لازمه‌ی پیشبرد مشیِ انترناسیونالیستیِ پرولتری، همبستگی فعال با همه‌ی نبردها علیه ستم ملی، علیه استیلای امپریالیستی و استثمار سرمایه‌داری است؛ و نیز تلاش برای کمک به اینکه انقلابیون اقصی نقاط جهان در مسیر مبارزات خود به نگرش کمونیستی دست یابند.

۴ـ شرط لازمِ پیشروی به سوی سوسیالیسم، ایجاد رهبریِ منسجمِ کمونیستیِ طبقه‌ی کارگر است.

۴-۱) ساختن سوسیالیسم به مراتب دشوارتر از تحقق وظیفه‌ی تسخیر

انقلابی قدرت از چنگ بورژوازی است و آگاهی بیشتر و انضباط پرولتریِ عظیم‌تری را می‌طلبد.

۴-۲) حزب کمونیست و رهبری آن باید بافت کارگری خود را پیوسته تجدید حیات کنند و تعمیق بخشند و حزب را با برداشتن قدم‌های آگاهانه پرولتری کنند. باید همواره اقشار وسیع‌تر و نسل‌های جدیدی از کارگران و دهقانان را در صفوف خود وارد کنند؛ همین طور حزب کمونیست و رهبری آن از طریق اقداماتی ویژه ملیت‌های ستمدیده، زنان، و مبارزانی را که در مأموریت‌های انترناسیونالیستی تجربه آموخته‌اند در صفوف خود جای دهند. تمامی اعضای حزب باید در پیشبرد کار داوطلبانه‌ی اجتماعی درگیر باشند.

۵ـ در یک دولت کارگری، استقرار مالکیت ملی، از طریق مصادره‌ی بورژوازی، الزاماً و به طور اتوماتیک به برقراری سوسیالیسم نمی‌انجامد.

۵-۱) علاوه بر آن، مصادره‌ی مالکیت سرمایه‌داری در صنعت، نظام بانکی، تجارت کلان و نیز کنترل تجارت خارجی و حاکمیت اقتصادِ بابرنامه همگی شرایط لازم اما کافی برای ساختن سوسیالیسم توسط زحمتکشان نیستند.

۵-۱-۱) این دست‌آوردهای انقلابیِ کارگران و کشاورزان سلطه‌ی نوعی از قانون ارزش را بر تولید و توزیع، که در نظام سرمایه‌داری شیوه‌ی غالب می‌شود، می‌شکنند: استقرار قیمت‌های تولید بر مبنای رقابت سرمایه‌های کلان، که در نهایت نرخ سود صنعتیِ حد متوسط را تعیین می‌کنند.

۵-۱-۱-۱) قیمت‌های تولید، توزیع اجتماعی نیروی کار، مواد اولیه و کالاهای تولیدی را تنظیم می‌کنند.

۵-۱-۱-۲) از این طریق است که تجدید حیات روابط اجتماعی

بورژوایی و توزیع درآمد تضمین می‌شود.

۵-۱-۲) ثروت، تحت نظام سرمایه‌داری، به صورت تجمع کالاها خود را عرضه می‌کند و مهم نیست که از کجا سرچشمه گرفته است و یا اینکه چه تأثیری در رفع نیازها و یا اِغنای خواسته‌های اکثریت بشریت، کارگران و دهقانان خواهد داشت. ارزش آن کالاها از طریق مبادله، در بازار ثبت می‌شود.

۵-۱-۳) مالکیت خصوصی بر ابزار تولید و مبادله همچون سدی در مقابل برنامه‌ریزیِ آگاهانه و پاسخ به اولویت‌های اجتماعی و اقتصادی زحمتکشان قد علم می‌کند.

۵-۲) ساختن سوسیالیسم یک فعالیت مهندسی برای اداره‌ی مالکیت دولتی و برنامه‌ریزی نیست و میزان تعهد مأمورین اداری و میزان نگرش سوسیالیستی آنان نیز تأثیری در این امر نخواهد داشت.

۵-۲-۱) برای آنکه کارگران مکانیسم تولید در جامعه را در دست خود بگیرند و بر پایه‌ی آن شروع به سازماندهی کنند و کار اجتماعی را متحول سازند و خود طی این فرآیند متحول شوند، استقرار مالکیت دولتی یک ضرورت است. اما، استقرار مالکیت دولتی الزاماً چنین مسیر پیشروی‌ای را تضمین نمی‌کند.

۵-۲-۲) پیشروی به سوی سوسیالیسم بستگی دارد به خط‌ومشی سیاسی کمونیستیِ طبقه‌ی کارگر و متحدینش، متحدینی که مبرا از استثمار دیگران هستند، خط‌ومشی‌ای که فیدل کاسترو و ارنستو چه گوارا آن را ترویج کرده‌اند، کارل مارکس و فردریک انگلس در آغاز آن را تشریح کردند و حزب بلشویک تحت رهبریِ ولادیمیر ایلیچ لنین در سال‌های نخستین تولد جمهوری شوروی و چهار کنگره‌ی آغازین بین‌الملل کمونیست آن را پی‌گرفتند و سپس آپوزیسیون کمونیست

تحت رهبریِ لئون تروتسکی تداوم‌بخش آن بود.

۵-۳) دولت کارگری نوعی از سوسیالیسم نیست، بلکه صرفاً یک جامعه‌ی بینابینی است.

۵-۳-۱) استقرار دولت کارگری بابِ گذار از سرمایه‌داری به سوسیالیسم را به عنوان جزئی از مبارزه‌ی جهانی علیه استثمار و ستم امپریالیستی و سرمایه‌داری می‌گشاید.

۵-۳-۲) یک دولت کارگری می‌تواند به سوی سوسیالیسم پیش برود و یا به عقب برگردد و بنیان اجتماعیِ ضدانقلاب سرمایه‌داری را پایه‌ریزی کند. توانمندیِ چنین دولتی برای پیشروی به سمت سوسیالیسم بستگی دارد به توانمندی رهبری کمونیست جنبش طبقه‌ی کارگر، به عمق سیاسی شدن بخش روزافزونی از طلایه‌داران طبقه‌ی کارگر که گذار به سوی سوسیالیسم را رهبری می‌کنند، و همچنین به پیشروی‌های انقلاب جهانی.

۵-۳-۳) مبارزه‌ی طبقاتی در دوران گذارِ دولت کارگری از سرمایه‌داری به سوسیالیسم محدود می‌شود، اما تا زمانی که قانون ارزش هنوز پابرجاست و بازار جهانی به حیات خود ادامه می‌دهد، مبارزه‌ی طبقاتی همچنان ادامه خواهد داشت. در چنین شرایطی، تبعیض به اشکال گوناگون علیه طبقه‌ی کارگر سر برمی‌آورد و می‌باید علیه آن آگاهانه مبارزه شود.

۵-۴) هر گونه رهیافتِ دیگری به سوی ساختن سوسیالیسم به هیچ چیز نمی‌انجامد، مگر رشد فربه‌وارِ اقشار ممتازِ خرده‌بورژوا و تثبیت نسبتاً سریع موقعیت آنان و تبدیل شدن به یک کاست انگل‌گونه‌ی ضدانقلابی.

۶ـ مالکیت دولتی، انحصار تجارت خارجی، اقتصاد بابرنامه، که همگی حاصل مصادره‌ی بورژوازی هستند، پایه‌های دولت کارگری یا دیکتاتوری پرولتاریا

را تشکیل می‌دهند. طبقه‌ی کارگر می‌تواند بر مبنای این پایه‌ها توسعه‌ی سریع‌تر اقتصادی و اجتماعی را سازمان دهد و روابط تولیدی جدیدی را پایه‌گذاری کند.

۶-۱) در پی انقلاب اکتبر روسیه در سال ۱۹۱۷ اتکا به این پایه‌ها به منظور پیشروی به سوی سوسیالیسم دو اقدام زیر را لازم آورد:

۶-۱-۱) استحکام و گسترش دامنه‌ی اتحاد کارگران-دهقانان؛ و

۶-۱-۲) ساختن و پرولتری کردن یک حزب کمونیست توده‌ای.

۶-۲) این دو دست‌آورد در اواخر دهه‌ی ۱۹۲۰ و اوایل دهه‌ی ۱۹۳۰ از طریق یک ضدانقلاب سیاسی علیه طبقه کارگر نابود شدند. آن ضدانقلاب سیاسی توسط قشر اجتماعی خرده‌بورژوا که توسط دستگاه اداری استالینست متشکل شده بود به پیروزی رسید.

۶-۳) با این حال، پایه‌های مالکیت دولتیِ دیکتاتوری پرولتاریا جان سالم به در برد و مانع از پیامدهایی به شرح ذیل شد:

۶-۳-۱) تحول و تبدیل صلح‌آمیز دولت کارگری شوروی به سرمایه‌داری و یا جذب آن توسط سرمایه مالی به نظام جهانی امپریالیست؛ و

۶-۳-۲) همزیستی مسالمت‌آمیز میان امپریالیسم و دولت کارگری، به رغم مشی سازش طبقاتیِ قشر بوروکراتیک.

۷-بوروکراسی پف کرده و گندیده شده به مرور زمان به یک قشر خرده‌بورژوای خویش‌گستر تبدیل می‌شود. این قشر قادر به حفظ موقعیت اجتماعی و مزایایش می‌شود، نه به آن دلیل که وجودش یک ضرورت تاریخی دارد، چون بوروکراسی یک طبقه‌ی جدید نیست، بلکه بدین خاطر است که می‌تواند به دستگاه عظیمِ خفقان‌زا و بخصوص به پلیس مخفی رژیم بناپارتیستی تکیه کند.

۷-۱) منشأ و ضرورت دستگاه اداری متخصص، که بوروکراسی از درون آن سر برآورد، بی‌تجربگی طبقه‌ی کارگر شوروی در راهبری اقتصاد و اداره‌ی دولت بود.

۷-۲) منشأ دستگاه سرکوبگرِ پلیسی، که بخشی از دستگاه اداری است، کمبودهای گسترده‌ای بود که انقلاب پیروزمند بلشویکی با آن مواجه شد و در اثر قحطی و ویرانگریِ ناشی از سال‌ها جنگ و تجاوز نظامی امپریالیستی به شدت حاد و منجر شد به تلاش و تقلّاها برای تأمین نیازهای اولیه‌ی زندگی.(۲)

۷-۲-۱) همگام با ایجاد انتظامات برای کنترل صفوف توزیع کالاهای مصرفی، بوروکراسی بر امر توزیع کالاها به گونه‌ای نظارت می‌کند که مطمئن شود خودش در میزان دریافت کالاهای مصرفی هیچ گونه کمبودی نداشته باشد. مجموع این دو به تشکیل یک دستگاه پلیسی منجر می‌شود که اهرم اصلی حاکمیت بوروکراسی است.

۷-۲-۱-۱) در مقابل فشارهای متخاصم از طرف حاکمان امپریالیست، این دستگاه در نقش مدافع "کشور" به فرصت مناسب‌تری برای چپاول بیشتر دست یافت.

۷-۲-۱-۲) بدین معنی که دستگاه حکومت ظاهراً بی‌طرفانه بالاسر جامعه‌ای اتمیزه و منقسم به دو بخش مستقرشده بود: یکی توده‌های زحمتکش (که منافعشان در گرو مالکیت دولتی بود) و دیگری کاست خرده‌بورژوای بحران‌زده، شامل صاحب‌منصبان اداری و مقامات و رؤسای حرفه‌های گوناگون و آغشته به ارزش‌ها و دیدگاه‌های بورژوائی. در این راستا رژیم بناپارتیستی ضامنی شد برای مصرفِ انگل‌وار و تأمین‌کننده‌ی پاداش‌ها و حافظ مزایای کاست بوروکراتیک.

۷-۲-۱-۳) وجود رژیم بناپارتیستی از جهت دیگری نیز لازم می‌آید و آن حکمیت میان جناح‌های بی‌ثبات و در حال تلاشی‌ای است که بی‌وقفه در حال نزاع با یکدیگرند.

۷-۲-۲) قدرت و امتیازاتِ کاست با توسل به روش‌های پلیسی تأمین و حفظ می‌شود و رژیم بناپارتیستی به مقتضای نیازش آن را تا سطح کشتار عمومی نظام‌یافته گسترش می‌دهد. توسل به چنین روش‌هایی آنچنان حقوق زحمتکشان و متحدینشان را پایمال و فضای سیاسی را تنگ و آنچنان شرایطی را ایجاد کرد که حتی از سطح حقوقی که کارگران و کشاورزان در بسیاری از کشورهای بورژوایی از طریق مبارزه بدست آورده‌اند نیز نازل‌تر بود.

۷-۲-۳) این سیر تکاملی قشر بوروکراتیک به شکل روزافزونی با ضرورت حیاتی ادغام تولیدگران [کارگران و دهقانان] در امر هدایت اقتصادِ بابرنامه در تضاد می‌افتد.

۷-۳) تنها نوع حکومتی که یک قشر بوروکراتیک می‌تواند از طریق آن حکومت کند رژیم بناپارتیستی است.

۸ـ قشر صاحب امتیاز (کاست) از نظر سرشت اجتماعی‌اش خرده‌بورژوا و از نظر رفتار و آرزوهایش بورژوا است.

۸-۱) کاست در شوروی بخشی از طبقه‌ی کارگر، که به امتیازاتی دست یافته است، نیست (گرچه یک قشر از طبقه‌ی کارگر را نیز به سوی خود جلب می‌کند) بلکه لایه‌ی اجتماعی با منافعی بیگانه با منافع کارگران و دهقانان است.

۸-۲) این کاستِ خرده‌بورژوا (و نه خرده‌مالکان که دیگران را استثمار نمی‌کنند) یک تسمه‌ی انتقالی است حامل فشارهای امپریالیستی و ارزش‌های بورژوایی به درون دولت کارگری: تحقیرِ کارگران، نژادپرستی،

شوونیسم ملی، یهودستیزی، نگرشی ارتجاعی نسبت به زنان و خانواده، هراسناک از آزمایشات کنترل نشده علمی و ترس از جدلِ اندیشه‌ها در عرصه‌ی بین‌المللی، دست‌کم ظاهرپرست و دست بالا تروریست بوروکراتیک در رابطه با هنر و هر گونه خلاقیت هنری است، ضدانترناسیونالیست و حتی یک تسمه‌ی انتقالی بر ضدِ کمونیسم نیز هست.

۸-۳) رشد چنین قشر خرده‌بورژوایی به شکاف طبقاتی دامن می‌زند و باعث تعمیق طبقه بندیِ اجتماعی در دولت کارگری می‌شود.

۸-۳-۱) قشر صاحب امتیاز خرده‌بورژوا (کاست) یک لایه‌ی عظیم اجتماعی است (شمارش اعضای آن در اتحاد شوروی به ده‌ها میلیون نفر می‌رسد) که بخش مهمی از درآمد ملی را مصرف می‌کند.

۸-۳-۲) اعضای کاست سرمایه‌دار نیستند، بدین معنی که مالک ابزار تولید نیستند تا پول خود را اندوخته و آن را به سرمایه تبدیل کنند.

۸-۳-۳) گرچه کاست نمی‌تواند مالکیت را منتقل کند و به ارث بگذارد، اما قسمت اصلی آن را یک قشر موروثی تشکیل می‌دهد: نومن‌کلاتور یا فهرست نخبگان، شامل کسانی است که حقوق انحصاری و سطح زندگی ممتاز خود را به پسران و دختران خود منتقل می‌کنند.

۸-۴) وضعیت اجتماعیِ کارگران و دهقانان و وضعیت اجتماعی قشر صاحب امتیاز مرتب از یکدیگر فاصله می‌گیرند، از جمله در موارد ذیل:

۸-۴-۱) غذا، مسکن، ایاب و ذهاب، امکانات درمان، رفاه اطفال، تحصیل، دسترسی به آموزش عالی، امکانات آسایش و تفریح؛

۸-۴-۲) در صد مرگ و میر نوزادان و مادران و طول عمر؛

۸-۴-۳) تبعیض و تفاوت در دسترسی زنان به راه‌های پیشگیری مؤثر و انسانی از بارداری به منظور محافظت از حریم شخصی زنان در ارتباطات جنسی (به طور مثال در اتحاد شوروی تنها روش قابل

دسترس برای میلیون‌ها زن شاغل برای کنترل بارداری فقط سقط جنین‌های پی در پی است، در کشورهای دیگر، از جمله در رومانی، تحت عناوینی نظیر تغییرات در "سیاست‌های کنترل جمعیت"، که کاست آن را برنامه‌ریزی می‌کند، حقوق زنان پایمال می‌شود)؛

۸-۴-۴) کارگران و دهقانان بیش از اعضای کاست در معرض خطرات ناشی از تخریب محیط زیست قرار می‌گیرند؛

۸-۵) حادترین درجه‌ی تفکیک اجتماعی و اقتصادی در اتحاد جماهیر سوسیالیستی شوروی را می‌توان در تفاوت میان جمهوری‌های اروپایی، بخصوص روسیه، و جمهوری‌های خلق‌های ستمدیده، بخصوص جمهوری‌های آسیای مرکزی (قزاقستان، ازبکستان و تاجیکستان) و ماورای قفقاز (آذربایجان، ارمنستان و گرجستان) یافت.

ب-مبارزه برای حق تعیین سرنوشت: تنها راه به سوی جهانی بدون مرز

۱-انقلاب سوسیالیستی با استقرار و تثبیت رژیم کارگران و دهقانان، پایان قرن‌ها ستم ملی و چند دسته‌گی و دشمنی را آغاز می‌کند.

۱-۱) مبارزه علیه ستم ملی همیشه گره خورده است با اصلاحات ارضی رادیکال برای رهایی زحمتکشان روستا از:

۱-۱-۱) استثمار پیش-سرمایه‌داری، که برای رهایی از آن لازم است طبقات زمیندار مصادره شوند و هر گونه اجاره بهای فئودالی و شبه‌فئودالی، از جمله بیگاری، ملغی شود؛ و

۱-۱-۲) استثمار سرمایه‌داری تحت نظام اجاره و رهن، که لازم است از طریق ملی کردن زمین، تضمین به دهقانان برای کشت زمین و حصول اطمینان از داشتن ابزار کار(از قبیل تخصیص اعتبار با بهره‌ی پایین، بذر، کود، ابزار و تجهیزات لازم برای تولید در چارچوب

تعاونی‌ها و ایجاد بازار فروش).

۱-۲) تنها راه پیشروی به سوی سوسیالیسم، تضمین حق تعیین سرنوشت برای تمامی ملل و ملیت‌های ستمدیده و همچنین تشکیل داوطلبانه‌ی فدراسیون جمهوری‌های کارگران و دهقانان است.

۱-۲-۱) انقلاب سوسیالیستی ناقوسِ "شکوفایی ملی" را برای ملل و ملیت‌های ستمدیده به صدا در می‌آورد.

۱-۲-۲) این همان خط‌ومشیِ رهبری بلشویک تحت هدایت لنین بود که پس از انقلاب اکتبر ۱۹۱۷ بدان عمل می‌شد.

۱-۲-۲-۱) همگام با پیروزیِ انقلاب اکتبر در روسیه و بروز قیام‌های انقلابی در اقصی نقاط امپراطوریِ تزار، رهبری کمونیست تشکیل فدراسیون داوطلبانه‌ی جمهوری‌های مختلف را بر مبنای قدرت شوراها آغاز کرد، چه در جاهایی که دیکتاتوری پرولتاریا برقرار شده بود (نظیر روسیه و اوکراین) و چه آنجا که استقرار آن هنوز میسر نبود، اما حکومت‌های انقلابیِ کارگران و دهقانان به قدرت رسیده بودند (نظیر اکثریت جمهوری‌های آسیای مرکزی و ماورای قفقاز).

۱-۲-۲-۲) لنین تأکید داشت که یک اتحاد جماهیر سوسیالیستی شوروی تشکیل شود، نه یک ملّیت جدید تحت عنوان "شوروی" که به نام میهن‌پرستی پوششی بشود برای توسعه‌ی شوونیسم روسیه‌ی کبیر و ترویج ناسیونالیسم بورژوایی. نه تشکیل "دولت تک‌ملتیِ سوسیالیست" که به اقلیت‌های ملی ستم روا دارد، نه یک فدراسیونی که مساوات را صرفاً از نظر رسمی برقرار سازد، بلکه فدراسیونی که هنگام برنامه‌ریزی برای توسعه‌ی اقتصادی و فرهنگی، حق تقدم را به ملیت‌های ستمدیده بدهد تا بدینوسیله فاصله‌ی تاریخی ایجاد

شده در زمینه‌های اجتماعی و اقتصادی میان ملل ستمدیده و ملت سابقاً ستمگرِ روس کاهش یابد.

۱-۲-۲-۳) حق تعیین سرنوشت، همانند سایر حقوق دموکراتیک، در زمان تهاجم ضدانقلابی و یورش امپریالیستی، تحت‌الشعاعِ دفاع از دولت کارگری قرار می‌گیرد. اما، نفی حقوق ملی نه‌تنها دفاع از دولت کارگری را تقویت نمی‌کند، بلکه تضعیف می‌کند. سیاست جمهوری شوروی در مورد حق تعیین سرنوشت و برنامه‌ی اصلاحات انقلابی ارضی آن در بسیج دهقانان و ملّیت‌های تحت ستم تزاریسم نقش کلیدی داشت و جلب حمایت انبوه آنان را در دفاع از مبارزات کارگران در جنگ داخلی علیه نیروهای مشترک نظامی امپریالیسم، زمینداران و سرمایه‌داران بومی میسر ساخت.

۱-۲-۲-۴) دفاع از دولت کارگری خود تحت‌الشعاعِ اقدامات رهبری انقلابی دولت در راه پیشبرد مبارزه‌ی جهانی برای رهایی ملی و سوسیالیسم قرار می‌گیرد (نظیر انتقال نیروهای ضربت و تجهیزات کوبایی به آنگولا برای کسب پیروزی در کوئتو کواناوال [علیه تهاجم امپریالیسم آفریقای جنوبی]، و همچنین تدارک برای کمک به جبهه‌ی آزادی‌بخش فارابوندو مارتی [السالوادور] و پاناما [برای مقابله با حمله‌ی آمریکا]).

۱-۲-۳) بین‌الملل کمونیست خط‌ومشیِ بلشویک‌ها را در حق تعیین سرنوشت پذیرفت و آن را مبنای سیاست کمونیستی برای مسأله‌ی ملی قرار داد.(۳)

۲ـ سیاست بلشویک‌ها در مورد حق تعیین سرنوشت و عضویت داوطلبانه در فدراسیون شوروی در اوایل دهه‌ی ۱۹۲۰ در پی عملکرد خط‌ومشیِ سیاسیِ قشر بوروکراتیک به رهبری استالین به مرور وارونه شد. در سال ۱۹۲۲ لنین

یک نبرد سیاسی را علیه این ضدانقلاب سیاسی آغاز کرد. اما، در پی مرگ لنین، سیاست‌های ارتجاعی استالین چیره شد.(۴)

۲-۱) به دنبال تثبیت ضدانقلابِ در اوایل سالهای ۱۹۳۰ خط‌ومشی استالین تشدید و نهادینه شد. در حقیقت "اتحاد جماهیر سوسیالیستی شوروی" دوباره به زندانخانه‌ی ملت‌ها، میراث تزاریسم و امپریالیسم، تبدیل شد.

۲-۱-۱) زان پس، اتحاد جماهیر سوسیالیستی شوروی دیگر یک فدراسیون داوطلبانه نبود، بلکه یک اَبَر دولت "شوروی" بود.

۲-۱-۲) احیا و سلطه‌ی ناسیونالیسمِ روسیه‌ی کبیر در درون این دولت "شوروی" باعث محو انترناسیونالیسم پرولتری شد.

۲-۲) متعاقب جنگ جهانی دوم، رژیم‌هایی که بر دولت‌های کارگریِ تازه استقرار یافته‌ی اروپای شرقی و مرکزی تحمیل شدند، عاملین کاست مستقر در اتحاد شوروی برای سرکوب این کشورها شدند. حمله شوروی به مجارستان در سال ۱۹۵۶ و به چکسلواکی در سال ۱۹۶۸ نقض شنیع حاکمیت ملی بود و همه‌ی دولت‌های کارگری مربوطه را تضعیف کرد.

۲-۳) اشغال افغانستان توسط ارتش شوروی در اواخر ۱۹۷۹ نقض حاکمیت ملی بود و باعث تضعیف مبارزه علیه نیروهای ضدانقلاب، که مورد پشتیبانیِ امپریالیست‌ها بودند، شد.

۲-۴) سیاست‌های مسکو، از دوران زمامداری استالین گرفته تا زمان گورباچف، نه‌تنها ستم ملی را از میان نبرده و نفاق ملی را کاهش نداده است، بلکه ستم ملی را تشدید و نفاق بین ملیت‌ها را حادتر کرده است. هر یکسالی که، با کاربرد جبرِ جنایت‌بار، بر سرکوب آرمان‌های ملی اضافه شده، به همان نسبت بر نیروی انفجاریِ قیام‌های غیر قابل اجتناب برای حق تعیین سرنوشت و کسب استقلال افزوده است.

۲-۵) از زمانی که استالینیسم اتحاد شوروی را به کشوری تبدیل کرد که کاملاً عکس یک فدراسیون داوطلبانه‌ی جمهوری‌های کارگران و دهقانان بود، از هم پاشیدن و فروپاشی شوروی از درون، امری غیر قابل اجتناب شد. بدین ترتیب، فروپاشی آن به یکی از پیش‌شرط‌های لازم برای پیشروی مبارزه‌ی جهانی برای کسب آزادی ملی و استقرار سوسیالیسم تبدیل شد.(۵)

۲-۶) ستمگریِ بوروکراسیِ شوروی علیه دولت‌های کارگریِ اروپای شرقی و مرکزی، از جمله با توسل به اختناق پلیسی و دخالت نیروی نظامی، در سال ۱۹۸۹ شروع کرد به متلاشی شدن. این نیز به یک پیش‌شرط برای پیشرویِ جدید انقلاب جهانی تبدیل شده است.

۳ـ کمونیست‌ها و سایر انقلابیون، بدون قید و شرط، از حق تعیین سرنوشت ملی حمایت می‌کنند.

۳-۱) مبارزات وسیع مردمی برای احقاق حقوق ملی در جمهوری‌های ستمدیده‌ی اتحاد جماهیر سوسیالیستی شوروی، به رغم اینکه چه نوعی از رهبری در آغاز حرکت آن را هدایت کند، انعکاسِ ضدانقلابِ تحریک شده از جانب امپریالیست‌ها نیست، بلکه منعکس‌کننده‌ی آمال و منافع کارگران است.

۳-۲) با توجه به گسستِ تداوم کمونیستی در اتحاد شوروی و دولت‌های کارگری اروپا [که نتیجه‌ی استیلای طولانی استالینیسم است]، مبارزات ملی در آنجا با یک رهبری انقلابیِ پرولتری آغاز نمی‌شود، بلکه امروزه تحت رهبری‌های خرده‌بورژوا صورت می‌گیرد.

۳-۳) فقط از طریق مبارزه و پیروزی در تعیین حق سرنوشت است که فضای لازم برای شکل‌گیریِ یک رهبریِ کمونیستیِ زحمتکشان در میان ملل ستمدیده نضج خواهد گرفت، راهِ پیدایش اتحاد داوطلبانه

جمهوری‌های شوروی بار دیگر گشوده خواهد شد و با مبارزات ضدامپریالیستی و ضدسرمایه‌داری جهانی پیوند خواهد خورد.

۴ـ در میان جنبش‌های انقلابی معاصر، کنگره ملی آفریقا مسیری انقلابی را برای رهایی ملی برگزیده است.

۴-۱) هدف کنگره ملی آفریقا، آنگونه که در منشور آزادی تعریف و علناً با اقدامات تاریخ‌سازِ نلسون ماندلا به پیش برده شده است، این نیست که آپارتاید برداشته شود و به جایش یک ملتی که دارای اکثریت است حاکم شود (یعنی کنگره ملی آفریقا از هدفِ "حاکمیت اکثریت سیاهپوست" حمایت نمی‌کند). به جای آن، کنگره ملی آفریقا برای تحقق یک جمهوریِ دموکراتیک و فرانژادی از طریق برقراری آزادی ملی، تعیین سرنوشت و شکل دادن به یک ملت آفریقای جنوبی مبارزه می‌کند.

۴-۲) این خط‌ومشیِ کنگره ملی آفریقا نه‌تنها منجر به دوری از استالینیسم، بلکه حتی باعث دوری از قیودِ ملی‌گراییِ خرده‌بورژوا می‌شود. ملی‌گراییِ خرده‌بورژوا خود زایده‌ی واکنش در مقابلِ بیراه‌برانِ استالینیست، کارگرگرا و لیبرال در جنبش‌های ضدآپارتاید و جنبش کارگری است. سیاست دموکراتیکِ انقلابیِ کنگره ملی آفریقا نه‌تنها در مقابل خط‌ومشیِ سازش‌طلبانه‌ی ناسیونالیستِ اینکاتا، به رهبری مونگو سوتو بوتلزی، قرار می‌گیرد، بلکه با چشم‌انداز کوته‌بینانه‌ی خرده‌بورژوای کنگره‌ی پان-آفریکن و گروه‌هایی نظیر سازمان خلق آزانیایی نیز تفاوت اساسی دارد.

۵ـ به رغم خط‌ومشی ارتجاعی و فاجعه‌آمیزی که در ابتدا جبهه آزادی‌بخش ساندنیست در منطقه‌ی سواحل اقیانوس اطلس در نیکاراگوئه پیش گرفته بود، فرآیند خودمختاری که در دسامبر ۱۹۸۴ پایه‌گذاری شد، بیانگر یک قدم مهم اولیه به سوی مبارزه علیه تبعیض نژادی و رفع ستم ملی از مردم بومی و

سیاهپوست‌ها در نیکاراگوئه بود.

۵-۱) بر آن پایه، ملت نیکاراگوئه برای نخستین بار شروع به شکل گرفتن کرد، آنهم داوطلبانه و با احترام به حقوق ملی و بدین ترتیب شرایطی فراهم شد تا اتحاد کارگر-دهقان میسر شده و دامنه‌ی آن به سراسر نیکاراگوئه از سواحل اقیانوس اطلس تا سواحل آن در اقیانوس آرام گسترده شود.

۵-۲) فرآیند خودمختاری، که ظرفیت بالقوه‌ی خوبی برای پیشبرد و استحکام انقلاب داشت، هنگامی رو به تضعیف گذاشت که رهبری جبهه آزادیبخش ساندنیست شروع کرد به اعمال سیاست‌های اقتصادی و اجتماعی‌ای که نتیجتاً شالوده‌ی حکومت کارگران و دهقانان در سواحل اقیانوس آرام و مابقیِ نیکاراگوئه را سست و فرسوده کرد.(۶)

۶- "کارگران و خلق‌های ستمدیده‌ی جهان متحد شوید!" شعاری بود که لنین به عنوان جمع‌بندی سیاست کمونیستیِ بین‌المللی برای حمایت بدون قید و شرط از مبارزات ملی آزادیبخش علیه ستم‌گری امپریالیسم عنوان کرد.

۶-۱) رژیم‌های حاکم بر اتحاد شوروی، اروپای شرقی و چین این سیاست همبستگیِ سیاسی و کمک‌های مادی به مبارزه برای رهاییِ ملی را وارونه کرده و این مبارزات را تحت‌الشعاع دیپلماسی رژیمشان در راستای تأمین منافع قشر بوروکراتیک صاحب امتیاز (کاست) و جستجوی بی‌پایانشان برای یافتن راه‌های ایجاد روابط باثبات با امپریالیسم قرار داده‌اند.

۶-۲) کاست‌های پیش‌گفته، برخلاف طبقات حاکمه‌ی امپریالیست، کشورهای جهان سوم را مستقیماً از طریق صدور سرمایه استثمار نمی‌کنند. اما، از طریق تجارت نابرابر که در آن قیمت‌ها بر مبنای بازار جهانی تعیین می‌شود با استثمار امپریالیستی در تبانی هستند.

۶-۳) حزب کمونیست کوبا اولین حزب کمونیست، راهبر کمونیست

توده‌ی مردم و در رأس یک دولت کارگری است که از زمان حزب بلشویک‌ها تاکنون در رابطه با مبارزات رهایی‌بخش ملی از یوغ استثمار و ستمِ امپریالیستی سیاست انترناسیونالیستِ پرولتری را دنبال کرده است.

۶-۳-۱) کمونیست‌های کوبایی از خط‌ومشی‌ای پیروی می‌کنند که چه گوارا به وضوح آن را به نیابت از طرف حکومت انقلابی مطرح می‌کرد و در سخنرانی خود در فوریه ۱۹۶۵ در کنفرانس آفرو-آمریکایی در الجزایر مطرح کرد. به موجب این خط‌ومشی، کمونیست‌های کوبایی سیاستی آگاهانه را به دولت‌های کارگریِ صنعتی توصیه می‌کنند تا بدین ترتیب فاصله‌ی اقتصادی و اجتماعیِ موجود میان آنان و دولت‌های کارگریِ کمتر توسعه یافته کاهش یابد؛ همچنین فاصله‌ی موجود با حکومت‌های کارگران و دهقانان و نیز رژیم‌های جهان سومیِ نشأت گرفته از مبارزات انقلابیِ توده‌های مردم.(۷)

۶-۳-۱-۱) کمونیست‌های کوبایی خواستار آنند که داد و ستد با چنین حکومت‌هایی بر مبنای قیمت‌های تولید که در بازار جهانی منعکس می‌شوند نباشد؛ زیرا آن قیمت‌ها انتقال‌دهنده‌ی استثمارگونه‌ی زمان صرف شده‌ی نیروی کار از ملت‌های ستمدیده به کشورهای امپریالیستی هستند. به جای آن، چنین داد و ستدهایی باید با در نظر گرفتن سطوح مختلف باروری نیروی کار در میان این ملت‌ها پایه‌گذاری شود تا رشد آنان در جهت تعدیل روابط متقابل صورت پذیرد.

۶-۳-۱-۲) آن‌ها پیشنهاد می‌کنند که آندسته از دولت‌های کارگری که اقتصادشان پیشرفته‌تر است مستقیماً کمک کنند تا موجبات رشد و پرورش صنعتی، اقتصادی و اجتماعیِ کشورهایی شوند که میراث چپاول امپریالیستی گریبانگیرشان شده است.

۶-۳-۲) حکومت و حزب کمونیست کوبا این سیاست را در مبارزه برای ایجاد داد و ستد ترجیهی برای مغولستان، ویتنام و کوبا در چارچوب سازمان تجاری کومکون[1] بکار برده‌اند.(۸)

۶-۳-۲-۱) حکومت و حزب کوبا خواستار آن بوده‌اند که کومکون سیاست‌های مشابهی را نسبت به گرانادا، نیکاراگوئه، آنگولا و سایر حکومت‌های نشأت گرفته از انقلاب‌های مردمی یا سایر حکومت‌هایی که زیر آتش امپریالیسم هستند، اعمال کند.

۶-۳-۲-۲) خود کوبا، تا جایی که منابع محدودش اجازه دهد، با اعزام داوطلبان انترناسیونالیست به این گونه کشورها و ارائه‌ی کمک بدون مضایقه به توسعه‌ی اجتماعی و اقتصادی آنان کمک می‌کند.

۶-۳-۲-۳) کمونیست‌های کوبایی، به منظور پیشبرد این سیاست، آن را با فراخوان عمل مشترک گره زده‌اند تا امپریالیست‌ها به خواسته‌ی حذف بدهی‌های جهان سوم تن بدهند. آنان همچنین طالب آنند که نظمی نوین در اقتصاد جهانی و روابط تجاری و تهاتری ایجاد شود تا زین پس مانع از انتقال ثمره‌ی کارِ زحمتکشان ملل ستمدیده به کشورهای پیشرفته‌ی صنعتی شود. آنان همچنین خواستار توسعه‌ی عدالت اجتماعی و اقتصادی در خودِ کشورهای جهان سوم هستند.

ج-توجیهات ایدئولوژیک استالینیستی

۱ـکاست قادر نیست امتیازات وسیع خود و نابرابری‌های روزافزون اجتماعی و یا خلع ید سیاسیِ طبقه‌ی کارگر و خفقانی که به این طبقه تحمیل کرده را به صورت شفافی توجیه کند. بنابراین، کاست از همان زمان استالین مجبور بوده

1- Council for Mutual Economic Assistance (Comecon or CMEA)

است برای تداوم سلطه‌اش و حفظ امتیازات خود و ادامه‌ی خفقان حاکم، برخی توجیهات ایدئولوژیک را سرهم بندی کند.

۱-۱) این توجیهات یک تئوری نیست، حتی ایدئولوژی یک طبقه‌ی حاکمه‌ی پایدار تاریخی هم نیست. بلکه، صرفاً پیچیدن یک سری مطالب در هاله‌ای از ابهام است که اَعمال مسبوق را توجیه و کاست از آن به عنوان مستمسکی برای پیشبرد خط‌ومشی ضدکارگری خود استفاده کند.

۱-۲) این توجیهات خود یک نوعی از رویزیونیسم [تجدیدنظرطلبی] است که در دهه‌ی ۱۹۳۰ کمونیست‌ها نام "موج دوم منشویسم" را بر آن نهادند.(۹)

۲ـ کاست حاکم بر شوروی برای آنکه تلاشیِ دموکراسی شورایی را موجه جلوه دهد، در حالی که واژه‌ی "شوراها" را حفظ کرده، درون آن را عاری از ماهیت انقلابی و طبقاتی ساخته است. بنابراین، شوراها اصالت خود را از دست داده و از یک نهاد حاکمیت سیاسی طبقه‌ی کارگر و متحدین زحمتکشش به ابزاری برای ریشه دوانیدن قدرت و امتیازات قشر بوروکراتِ صاحب امتیاز تبدیل گشته‌اند.

۲-۱) این هدف مرکزی قانون اساسی مصوب ۱۹۳۶ اتحاد شوروی بود، همچنین هدف تمام الحاقیه‌هایی که پس از آن اضافه شده‌اند. بدین طریق رسماً اعلام شد که سوسیالیسم در کشور استقرار یافته است و لذا در شوروی نه طبقه‌ای باقی مانده، نه اختلافات طبقاتی مفهومی دارد و نه مبارزه‌ی طبقاتی وجود خارجی خواهد داشت.

۲-۲) واقعیت خلاف این است. گرچه در اتحاد شوروی بورژوازی مصادره شده، اما، اختلاف و تخاصمات طبقاتی و اجتماعی همچنان پابرجاست:

۲-۲-۱) پیدایش قشر نخبگان در درون دولت و دستگاه حزب که موقعیت اجتماعیِ ممتازشان موروثی است و از نسلی به نسلی دیگر

منتقل می‌شود؛

۲-۲-۲) همچنان به شاخ و برگ اقشار خرده‌بورژوای صاحب‌منصب و نخبگان، که موقعیت ممتازی دارند، افزوده می‌شود؛

۲-۲-۳) تفاوت فاحش میان شهر و روستا و میان جمهوری روسیه و سایر جمهوری‌ها؛

۲-۲-۴) وجود ملل و ملیت‌های ستمگر و ستمدیده در شوروی.

۲-۲-۵) نابرابری اجتماعی و اقتصادیِ موجود میان زن و مرد که اِعمال سیاست‌هایی نظیر تداوم غیرضروریِ مسئولیت‌ها و کارهای زن در خانه همچنان به آن دامن می‌زند؛ و

۲-۲-۶) وجود لایه‌های کارگران و دهقانان مرفه و فقیر در سرتاسر کشور.

۲-۳) قانون اساسی شوروی با وانمود کردن به اینکه این قانون اساسی متعلق به یک جامعه‌ی بی‌طبقه است، محتوای نهادهای دموکراسی شورایی را تهی و خُدعه‌ی دموکراسی پارلمانیِ بورژوایی را تحت عنوان حاکمیت "همه‌ی مردم" جایگزین آن کرده است.

۲-۳-۱) این پوششی است که کاست در لوای آن حاکمیت بناپارتیستیِ خود را محکم‌تر می‌کند.

۲-۳-۲) کاست از اواخر دهه‌ی ۱۹۲۰ با تکیه بر پلیس مخفی و دستگاه حزب کمونیست انحطاط یافته حکومت کرده است و هرجا ضروری تشخیص داده به همان ترور و خفقان جنایتکارانه‌ی وسیعی متوسل شده که تا آن موقع در تاریخ بشر ناشناخته بود.

۲-۳-۳) از آنجایی که رژیم استالینیست در طول سالیان سال تضعیف شده، گورباچف روش‌های تازه‌ای را دارد بکار می‌گیرد تا حکومت بناپارتیستی را بر شالوده‌ی جدیدی استوار کند:

۲-۳-۳-۱) تثبیت موقعیت خود بـه عـنوان رییس جـمهور اتـحاد جماهیر سوسیالیستی شوروی به انضمام تفویض قدرت و اخـتیارات اجرایی بی‌سابقه، قدرتی که نهادینه شده است؛

۲-۳-۳-۲) تـنزل دادنِ مـوقعیت دسـتگاه حـزبی و نـیز جـایگاه "دبیرکل" حزب؛ و

۲-۳-۳-۳) حذف بسیاری از قـدرت‌های دفـتر سـیاسیِ حـزب و تـفویض آن بـه اعـضای کـابینه‌ای کـه وی آن را دسـتچین کـرده است.(۱۰)

۳ـ استالینیست‌ها به غـلط مـدعی‌انـد کـه "نـظام تک حـزبی" و مـنع تشکـیل گرایشات و جناح‌های سیاسیِ درون حزبی جزو اصول سـازماندهی لـنینیستی است.

۳-۱) این ادعا بـا تـاریخ مکـتوب نـخستین سـال‌های حـیات جـمهوری شوروی، زمانی که بلشویک‌ها رهبری را در دست داشتند، همخوانی ندارد. بلکه، توجیهاتی است که پس از پیروزی جناح استالین ساخته و پـرداخـته شده است.

۳-۱-۱) برای توجیه غدغن کردن دایمی تشکـیل هـر گـونه جـناح یـا گرایش سیاسی در درون حزب، به تـصمیماتی اسـتناد مـی‌شود کـه در کنگره‌ی دهم حزب کمونیست شوروی در سال ۱۹۲۰ اتخاذ شده بـود. اما، بلشویک‌ها آن اقدام را، در پایان جنگ داخلی، مشخصاً بـه عـنوان اقدامی موقت و مختص شرایط فـوق‌العـاده‌ی آن زمـان اتـخاذ کـردند. زمانی که هم اتحاد کارگرـدهقان و هم رهبری حزب کمونیست طبقه‌ی کارگر تهدید شده بود و در برخی نـقاطِ جـمهوری شـوروی قـیام‌های علنی داشت صورت می‌گرفت.

۳-۱-۱-۱) هدف از آن اقدام، پایان دادن به جناح‌بندی‌هایی بود که

در اثر فشارهای پیش‌گفته در حال تلاشی حزب بود.

۳-۱-۱-۲) در زمان لنین ممنوعیت موقت تشکیل جناح‌ها در درون حزب به‌هیچ‌وجه مانع از تبادل نظرهای شفاهی و کتبی داخلی و بحث‌های سازمان یافته در داخل رهبری و در میان اعضای حزب کمونیست شوروی نمی‌شد و چنین فعالیت‌هایی را متوقف نمی‌کرد.

۳-۱-۲) بلشویک‌ها در سال ۱۹۲۱ تنها حزب باقی مانده در شوراهای نمایندگان کارگران، دهقانان و سربازان بودند که علناً به سوی ضدانقلاب نرفته و به این جهت غیرقانونی نشده بودند. اما، در هر صورت، نه لنین هرگز "نظام تک حزبی" را به عنوان یکی از اصول حاکمیت پرولتری مطرح کرد، نه حزب کمونیست شوروی و نه کمینترن در تحت رهبری لنین آن را مطرح کردند.

۳-۲) استالینیست‌ها، منفعت‌طلبانه و از طریق "تعمیم‌های" ریاکارانه‌ی تاریخِ جمهوری شوروی در زمان لنین، اصول مرکزیت انقلابی را وارونه کرده‌اند.

۳-۲-۱) هر گونه گرایش فکری تشکل یافته در داخل حزب، یا هر فراخوانی برای آغاز یک بحث و هر گونه تلاشی برای رفع ابهام، برچسب‌هایی نظیر "جناح‌گرایی"، "تفرقه‌انگیزی" و یا "همسویی با دشمن" می‌خورد و سپس ممنوع اعلام می‌شود.

۳-۲-۲) هر گونه حزبی که در شوروی بخواهد تأسیس شود، به استثنای حزب کمونیست، طبق تعریف، ضدانقلابی خوانده می‌شود و قانون اساسی کشور نیز انحصار حزب کمونیست استالینیزه شده را به رسمیت شناخته است.

۳-۲-۳) استالینیست‌ها مدعی‌اند که طبقات در شوروی محو شده‌اند، سوسیالیسم برقرار شده و مبارزه‌ی طبقاتی، به استثنای توطئه‌های

براندازی امپریالیستی، پایان یافته است. بنابراین:

۳-۲-۳-۱) به مخالفان انقلابی و کمونیستِ رژیم حاکم برچسب‌هایی نظیر "تروتسکیست‌های خرابکار"، "ستون پنجمی"، "جاسوسان امپریالیسم" و یا هر سه برچسب با هم زده می‌شود و سپس اذیت می‌شوند، سر از زندان در می‌آورند و به قتل می‌رسند؛

۳-۲-۳-۲) هر گونه مبارزه‌ی زحمتکشان علیه پیامدهای غیر قابل تحمل عملکرد رژیم حاکم بر شوروی به عنوان انعکاسی از ضدانقلابِ امپریالیستی تلقی می‌شود؛

۳-۲-۳-۳) بر طبق مفاد حقوق جزایی در شوروی هر گونه "تهمت زدن به دولت شوروی" همطراز یک جنایت محسوب می‌شود؛(۱۱)

۳-۲-۳-۴) سانسور و تحریف تاریخ در تمامی زمینه‌های اجتماعی، سیاسی و حیات فرهنگیِ اتحاد شوروی نهادینه شده است؛

۳-۲-۳-۵) کارگران و دهقانان شوروی از صحنه‌ی سیاست بیرون رانده شده‌اند و هر گونه تلاش آنان برای در دست گرفتن ابتکار عمل و هر گونه بحثی برای گشودن راهی به جلو و یا هر گونه اقدامی برای تصحیح اشتباهات با خصومت و سرکوب دستگاه حکومتی مواجه می‌شود. طبقه‌ی کارگر نتیجتاً بیش از زمان تزار غیرسیاسی، از نظر اجتماعی پراکنده و اَتمیزه شده است.

۳-۲-۴) برخلاف توجیهاتِ کاست، سیاست‌های آن قشر به‌هیچ‌وجه به تقویتِ دفاع از دولت‌های کارگری در مقابل امپریالیسم کمکی نمی‌کند.

۳-۲-۴-۱) سیاست‌های آن قشر باعث نابودیِ همبستگی طبقاتی و اعتماد بنفس زحمتکشان می‌شود، ترس می‌آفریند و از این طریق

دفاع از دست‌آوردهای انقلاب اکتبر را تضعیف می‌کند.

۳-۲-۴-۲) تنها هدفی که این سیاست‌ها دنبال می‌کنند، حفظ دستگاه‌های دولت و حزب مانند ابزاری برای پیشبرد منافع کاست است.

۴ـ استالینیست‌ها، برای توجیه "علمیِ" افزایش نابرابری‌های اجتماعی، ضوابط توزیع درآمد بورژوایی را به عنوان "ضوابط توزیع سوسیالیستی" که باید آن‌ها را حفظ کرد جا می‌زنند.

۴-۱) آن‌ها ادعا می‌کنند که جامعه‌ای "بدون طبقه" ساخته‌اند و در عین حال اعلام می‌دارند که نه‌تنها این جامعه هنوز به قانون ارزش متکی است، بلکه این قانون در تحت نظام سوسیالیسم بسط پیدا می‌کند.

۴-۲) این "کشف" جدید درباره‌ی قانون ارزش را در جزوه‌ای از استالین به نام "مسایل اقتصادی سوسیالیسم در اتحاد جماهیر سوسیالیستی شوروی"، که استالین در سال ۱۹۵۲ منتشر کرد، فرمول‌بندی شده و از آن پس به عنوان مبنای دستورالعمل‌های اقتصادی در پردازش "نظریات انتقال به سوسیالیسم" مورد استفاده قرار دادند.

۴-۳) چه گوارا در مبارزه‌ای مشترک با فیدل کاسترو برای بکارگیریِ یک خط‌ومشی کمونیستی، در سال‌های نخستین انقلاب کوبا، علیه این تحریف مارکسیسم به جدل پرداخت و این تشبّث که ساختن سوسیالیسم را به عهده‌ی تعدادی مدیر و صاحب‌منصب حکومت و بر مبنای تکیه بر برخی مکانیسم‌ها و قوانین کور واگذار می‌کند رد کرد. چه گوارا در تقابل با این تشبّث نظریه، مارکسیستی ساختن سوسیالیسم را به عنوان وظیفه‌ی سیاسی و انقلابی طبقه‌ی کارگر و مبتنی بر رشد آگاهی این طبقه و عمل سیاسی این طبقه مطرح کرد.(۱۲)

۵ـ این همه ترفند پراگماتیک برای توجیه ایدئولوژیک هر آنچه کاست در

عمل انجام داده است، جملگی بیانگر این است که طی دهها سال تحت نام کمونیسم و مارکسیسم در عمل کمونیسم و مارکسیسم را به فساد کشانده‌اند.

۵-۱) ایدئولوژی استالینیستی مبارزان انقلابی را گیج می‌کند و به آنان آموزش غلط می‌دهد.

۵-۱-۱) کاست قدرت دولتی، منابع وسیع و دستگاه سرکوب خود را بکار گرفته است تا تحریفاتِ تاریخ و تئوریِ خودپرداخته را به عنوان احکام "مارکسیسم-لنینیسمِ اصیل" جا بیندازد.

۵-۱-۲) تولید و توزیع کتب درسی، جزوات دستورالعمل‌ها، مجلات، تشکیل مدارس آموزش کادر، نهادهای تحقیقاتی و غیره را در انحصار خود درآورده است. این‌ها منابع اصلی "آموزش مارکسیستی" بوده‌اند. آنهم نه فقط در اتحاد شوروی، بلکه در اروپای شرقی، چین، احزاب طرفدار مسکو در سراسر جهان، همچنین در کوبا، گرانادا و در بسیاری از سازمان‌های آزادی‌بخش ملی در سراسر جهانِ مستعمرات و نیمه‌مستعمرات.

۵-۲) اتلاق واژگان "سوسیالیسم واقعاً موجود"، توسط کاست، به واقعیت اجتماعِ ایجاد شده تحت حاکمیت غلط بوروکراسی بیانی از فساد احزاب استالینیست و سایر "دوستان اتحاد شوروی" است و نشانی از اینکه آنان شیفته‌ی قدرت و امتیازات ناشی از ارتباط با بوروکراسی هستند، نه اصول انترناسیونالیسم و کمونیسم.

۵-۳) نتیجتاً، در افکار میلیون‌ها تن از زحمتکشانی که شهروند دولت‌های کارگری هستند و سایر زحمتکشان جهان، کمونیسم به گونه‌ای مطرح شده است که به مفهوم تعمیم خطِ حرکت کارگران به سوی آزادی نیست، بلکه توجیه ایدئولوژیک سیاست‌های تنفربرانگیز و توجیه امتیازات یک کاست ستمگر است. آنان همه چیز را به ضدش تبدیل کرده‌اند.

۵-۳-۱) واقعیت "انترناسیونالیسم پرولتری" مخدوش شده است و تنها هدفی که بنام آن آرمان دنبال می‌شود تأمین منافع بوروکراتیک حکومت شوروی به بهترین وجه است، خواه از طریق اشغال نظامی سایر دولت‌های کارگری و یا از راه خیانت به مبارزات جهانی برای رهایی ملی و سوسیالیسم، که در نتیجه باعث تضعیف دفاع از دولت کارگری نیز می‌شود.

۵-۳-۲) مفهوم "کار داوطلبانه" را تحریف کرده‌اند، و آن را از کاری که آزادانه برای تحقق نیازهای اجتماعی به جامعه ارزانی می‌شود به اضافه‌کاری اجباری و بدون دستمزد تبدیل کرده‌اند تا از قِبَلِ آن بتوانند آخوری را که بوروکراسی از آن فربه می‌شود بیشتر پر کنند.

۵-۳-۳) "مرکزیت انقلابی" که همچون یک سلاح باید در دست کادرهای متّکی به نفس، با ذهنی نقّاد، فرهیخته و منضبطِ احزاب پرولتری قرار داشته باشد، به ابزاری برای یکدست کردن بوروکراتیک کادرها تبدیل شده است تا اینکه بتوانند فرمانبرداری از خط‌ومشی صاحب‌منصبانِ ضدانقلابیِ احزاب خرده‌بورژوا را به کادرها تحمیل کنند.

۵-۳-۴) از انگاره‌ی مارکس، انگلس و لنین بت‌ها ساخته‌اند و به شکل مجسمه، تندیس و دکوراسیون درآورده‌اند (کاست در مورد لنین حتی از این هم فراتر رفته و او را در شکل یک مومیایی به نمایش گذاشته است) تا اینکه قدرتی را که تسخیر کرده است مشروع، شکوهمند و سحرآمیز جلوه دهد. نوشته‌های آنان با "خواندن" جزواتی صورت می‌گیرد که شکل دستورالعمل دارند و هرگز کل مطلب و بدون "تفسیر" مطالعه نمی‌شود. در نتیجه، همه‌ی این‌ها موجب آن می‌شود که کارگران به مرور زمان در ستمی که به زحمتکشان وارد می‌شود

بنیانگذاران و زعمای مارکسیسم را نیز شریک جرم بوروکراسی شوروی بدانند.

۵-۳-۴-۱) آنچه به کمونیسم ضربه زده، این گونه بت‌هایی است که کاست ساخته، نه ویران‌سازی سمبل‌های منفورِ استبداد که زحمتکشان اروپای شرقی در حال انجام آن هستند.

۵-۳-۴-۲) کارگران و کشاورزان در کشورهای کارگری راه خود را به سوی مارکس، انگلس و لنین پیدا خواهند کرد، البته نه از طریق خواندن دستورالعمل‌های استالینیستی، یا برآوردهای "نقادانه‌ی" گورباچفی از تاریخ، بلکه از طریق مبارزات انقلابی در کشور خود و سرتاسر جهان و از درون آن مبارزات یک رهبری کمونیست پا به عرصه‌ی وجود می‌گذارد و در مبارزه طبقاتی امتحان خود را می‌دهد.

۵-۴) هنگامی که گورباچف و سایرین به عنوان رهبران "احزاب کمونیست" علناً از مارکس، انگلس، لنین و کمونیسم فاصله می‌گیرند و هنگامی که علناً مبارزه‌ی طبقاتی را رد می‌کنند و نفی می‌کنند که مبارزه‌ی طبقاتی لوکوموتیو توسعه‌ی تاریخ و دیکتاتوری پرولتاریا غایت آن است، این خود برای انقلاب جهانی یک پدیده‌ی مثبت است:

۵-۴-۱) این پدیده راه را برای مبارزان طلایه‌دار و انقلابیون هموار می‌کند تا موانع و اغتشاشات فکری پدید آمده در اثر ده‌ها سال حکومت ناصالح را از سر راه خود کنار بزنند و راهی به سوی پیوستن به تداوم کمونیسم بیابند.

۵-۴-۲) این پدیده شرایط لازم را برای باز شدن فضا برای بحث و تبادل نظر فراهم می‌آورد تا از این راه به ده‌ها سال پخش اکاذیب، تحریف حقایق و سردرگمی خاتمه داده شود.

۶ـ در پشت توجیهات ایدئولوژیک برای استتار حقیقت، واقعیت مخوف دستگاه جنایی جهانی کاست نهفته است.

۶-۱) از جمله آن‌هایی که قلدری و گانگستریسم استالینیستی مورد حمله قرار داده است میلیون‌ها کارگر و دهقان و صدها هزار انقلابی بودند که در اتحاد شوروی به قتل رسیدند، همین طور هسته‌های کمونیستی مانند حزب کارگران سوسیالیست در ایالات متحده و دیگران در سایر کشورها که مشترکاً مبارزه را در جهت پیشبرد منافع طبقه‌ی کارگرِ سرتاسر جهان ادامه دادند (تعدادی از آنان، از جمله تروتسکی، ترور شدند)، همین طور تعداد کثیری کارگر و دهقانِ انقلابی‌ـاندیش که در جنگ داخلی اسپانیا به دست استالینیست‌ها ترور شدند، چون مخالف خیانت مسکو و حامیانش به انقلاب اسپانیا بودند و قربانیان بسیار دیگری.

۶-۲) این روش‌های جنایت‌بار تا امروز هم ادامه دارد (برای مثال می‌توان اشاره کرد به کشتار میلیون‌ها نفر در کامبوج به دست پُل‌پُت[۱]، قتل موریس بیشاپ و سایر انقلابیون در گرانادا به دست برنارد کورد[۲]، قتل فرمانده آنا ماریا[۳] به دست حامیانِ سالوادور کایه‌تانو کارپیو[۴] در جنبش آزادیبخش فارابوندو مارتی در السالوادور، روش‌های بکار گرفته شده توسط سازمان راه درخشان[۵] در پرو).

۶-۳) جنبش استالینیستی امروزه کمتر قادر است که از عواقب اِعمال چنین روش‌هایی در امان بماند.

۶-۳-۱) اکنون رابطه‌ی نیروهای طبقاتی تغییر کرده است، به گونه‌ای که کاربرد چنین روش‌هایی را در ابعاد قابل مقایسه با دهه‌های ۱۹۳۰

1- Pol Pot
2- Bernard Coard
3- Commander Ana María
4- Salvador Cayetano Carpio
5- Sendero Luminoso

و ۱۹۴۰ غیرممکن می‌سازد.

۶-۳-۲) اما، یک چیز هنوز تغییری نکرده است: ماهیت استالینیسم و منش آنان که روش‌های استالینیستی را بکار می‌گیرند، که اگر در وضعیت پشت به دیوار و بدون راه فرار قرار گیرند همان روش‌ها را تا آنجا که از دستشان برآید در پیش خواهند گرفت.

د ـ تحت برنامه‌ریزی و مدیریتِ بوروکراتیکِ کاست، دولت‌های کارگری ناگزیر به نظامی بدتر از سرمایه‌داری انحطاط می‌یابند

۱ـ تحت یک دولت منحط و یا ناقص‌الخلقه‌ی کارگری، به رغم صنعتی شدن و مدنیت یافتنِ سریع اولیه (هر چه کشور روستایی‌تر باشد، این دوره طولانی‌تر می‌شود)، نرخ رشد باروری کار به یک نقطه‌ی اوج می‌رسد و سپس در یک حرکت نزولی به سوی رکود اقتصادی و بحران غیرقابل برگشتی گرایش پیدا می‌کند.

۱-۱) مطلب پیش‌گفته یکی از قوانین توسعه‌ی این کشورهاست که هم در تجربه‌ی اتحاد شوروی ثابت شده است و هم در اروپای شرقی.(۱۴)

۱-۲) نه‌تنها این رژیم‌ها از نظر باروری کار تولیدی و سطح زندگی مردم هرگز به پای کشورهای پیشرفته‌ی صنعتیِ سرمایه‌داری، یعنی کشورهای امپریالیستی، نخواهند رسید، بلکه نسبت به آن‌ها همواره بیش از پیش عقب‌تر خواهند افتاد.

۲ـ حتی تحت سلطه‌ی استالینیسم نیز این دولت‌های کارگری توان آن را داشتند که ده‌ها سال رشد صنعتی داشته باشند و روند شهرنشین شدن را در کشورهایی پیش ببرند که از نظر اقتصادی نسبتاً عقب مانده بودند.

۲-۱) این رشد عمدتاً ماحصل ملی‌سازی، برنامه‌ریزی متمرکز و انحصار تجارت خارجی، نشأت گرفته از مصادره‌ی بورژوازی است، تا بدین

ترتیب آنچه مارکس آن را "انباشت اولیه‌ی سرمایه" می‌نامید و، از نظر تاریخی، بورژوازی آن را فراهم می‌کرده است در دوره‌ی کوتاه‌تری حاصل شود:

۲-۱-۱) انتقال نیروی کار از روستا به شهر برای اشتغال در کارخانه‌ها و طرح‌های ساختمان‌سازی؛

۲-۱-۲) پایین نگهداشتن سطح زندگی دهقانان و به حداقل رساندنِ مدرن‌سازیِ کشاورزی به منظور تأمین سرمایه‌ی مورد نیاز برای صنعتی‌سازی (در آلمان و چکسلواکی، کاست آغاز کار را بر مبنای صنعتی توسعه یافته که میراث سرمایه‌داری بود پایه‌گذاری کرد)؛

۲-۱-۳) پایه‌ریزیِ یک زیربنای اولیه برای تولید الکتریسیته و برق‌رسانی، حمل و نقل و ارتباطات؛ و

۲-۱-۴) رو نهادن به زمین‌های بکر برای کشت، حفر معدن و جنگل‌کاری.

۲-۲) این رژیم‌ها توانستند با توسل به چنین روش‌هایی میزان تولیدات صنعتی را نسبتاً سریع رشد دهند.

۲-۲-۱) بدون افت و خیزهای ناشی از سیکل‌های متناوب تجاری (این نتیجه‌ی درهم شکستنِ سلطه‌ی قیمت‌های تولیدات که از رقابت سرمایه‌های صنعتی ناشی می‌شوند، و در هم شکستن سلطه‌ی قیمت‌های تولید از طریق مصادره‌ی بورژوازی امکان‌پذیر شد). اتحاد شوروی در تمامی دوران رکود بزرگ در دهه‌ی ۱۹۳۰ همچنان به گسترش تولیدات صنعتی خود ادامه داد.

۲-۲-۲) این واقعیت، خود به مستمسک دیگری برای توجیه مشیِ بوروکراسیِ شوروی منجر شد: "استالین یک کشور عقب‌مانده را صنعتی و آن را به دومین قدرت صنعتیِ جهان تبدیل کرد. گرچه این

خط‌ومشی با قدری زیاده‌روی‌های تأسف‌آور توأم بود، اما بدون آن، اتحاد شوروی نمی‌توانست از تهاجم امپریالیسم آلمان در جنگ جهانی دوم جانِ سالم به در ببرد.″

۲-۳) اما، حتی در این دورانِ پیشرفت گسترده نیز برنامه‌ریزی و روش‌های مدیریت بوروکراتیک، همانند یک ترمز، مانعی برسر راه رشد صنعتی بود. این گونه عملکردها نه‌تنها مشوقی برای پیدایش ابتکار عمل در بین کارگران نبودند، بلکه امکان ابتکار عمل را از بین بردند و رشد طرز برخورد کمونیستی به کار انسان را مانع شدند.

۲-۳-۱) وجه مشخصه‌ی این دوران، علاوه بر این‌ها، اشتراکی‌سازیِ اجباری و بی‌رحمانه‌ی دهقانان بود که برای همیشه درهای مدرنیزاسیونِ کشاورزی را در شوروی مهروموم کرد. اشتراکی‌سازی اجباری باعث در هم شکسته شدنِ اتحاد کارگر-دهقان شد. اتحادی که فقط از طریق مشارکت روزافزون، و الزاماً داوطلبانه‌ی، کارگران و همراهی دهقانانِ استثمار شده در تصمیم‌گیری‌های اقتصادی و سیاسی میسر است.

۲-۳-۲) بدون تعمیق آگاهیِ کمونیستی، کنترل و مدیریت روزافزون کارگران در امر تولید، و تقویت اتحاد کارگر-دهقان، هیچ راهی برای تجدید سازمان نیروی کار، مدرنیزه کردن صنعت و کشاورزی و تولید کالاهای مرغوب در دوران گذار از سرمایه‌داری به سوسیالیسم وجود ندارد.

۲-۳-۳) ولی خط‌ومشی کمونیستی پیش‌گفته برای اقشار مدیران و تکنوکرات‌های کاست در حکم نفرین و لعنت است، زیرا انحصار قدرت و تقسیم کار اجتماعی موجود را که پایه‌های امتیازاتشان است به خطر می‌اندازد.

۲-۴) محدودیت‌های برنامه‌ریزیِ بوروکراتیک تا اواخر دهه‌ی ۱۹۳۰ آشکار شده و خود را به صورت کُندیِ آهنگ پیشرفت در اتحاد جماهیر سوسیالیستی شوروی عیان کرده بود. اما، رژیم کاست در اثر پیروزیِ اتحاد شوروی در مقابل تهاجم امپریالیستی در جنگ جهانی دوم، نفس تازه‌ای کشید و ویژگی‌های وظایف بدوی اقتصادی در دوران بازسازی پس از جنگ نیز به کمک بوروکراسی آمد. بحران رژیم استالینیستی یک بار دیگر در زمان خروشچف در اوایل دهه‌ی ۱۹۶۰ سربرون آورد و از آن زمان تاکنون انفجارهای شتاب‌یابنده‌ی آن شدت یافته است. بحران، جبران‌ناپذیر شده است.

۲-۴-۱) اقداماتی نظیر "اصلاحاتِ بازار"[۱] و تجدید سازمان کشاورزی در دوران خروشچف و در اوایل صدارت برژنف گرچه در این یا آن بخش دست‌آوردهایی را موقتاً به همراه داشت، اما نه‌تنها نتوانست روند سراشیبی کلی را مانع شود، بلکه در نهایت باعث افزایش شتابِ بحران شد و نتایج فاجعه‌آمیزی در شرایط زندگی زحمتکشان به‌بار آورد.

۲-۴-۲) شرایط اقتصادی و سیاسی شوروی در اثر سیاست‌های پِرِسترویکای گورباچف[۲] هم‌اکنون وخیم‌تر شده است و کلاً از این هم بدتر خواهد شد، نه بهتر.

۲-۴-۲-۱) پرسترویکا یک طرح یا یک برنامه نیست: برعکس، واکنشی است پراگماتیک از جانب بخشی از کاست در رویارویی با بحرانِ ناشی از حاکمیت بوروکراتیک.

۲-۴-۲-۲) آنچه جلب نظر می‌کند این نیست که پروسترویکا تا چه میزان اقدامی رادیکال است، بلکه این نکته است که عکس‌العمل

1- Market Reforms 2- Perestroika

کارگران تا چه حد حکومت را مقید کرده است. سه سال می‌گذرد و رژیم هیچیک از اقدامات اصلی "طراحان پروسترویکا" را اجرا نکرده است.(۱۵)

۲-۴-۳) "اصلاحاتِ بازار" و طرح‌های شبیه آن در دولت‌های کارگریِ اروپای شرقی و مرکزی نیز همان ماهیت پراگماتیک را در بر دارد و ارزش‌های اجتماعی جا افتاده و توقعات و خواسته‌های طبقه‌ی کارگر و سایر زحمتکشان مانعی است بر سر راه اجرای آن طرح‌ها.

۲-۴-۴) وقوع چنین بحرانی در چین و ویتنام نیز به همین اندازه غیر قابل اجتناب است، اما هم‌اکنون به رغم سطحِ به مراتب پایین‌ترِ توسعه‌ی اقتصادی و استاندارد زندگی در آنجاها آنچنان شدت نیافته است. به دلیل نسبت وزنه‌ی کشاورزی و کثرت اندازه‌ی جمعیت روستانشین در این کشورها، هنوز روش‌هایی که توسعه‌ی اولیه‌ی شهرسازی و صنعتی کردن سایر دولت‌های کارگریِ منحط و ناقص‌الخلقه را ببار آورد، در اینجا هنوز فرسوده نشده و هنوز فضای عملکرد دارد.

۳ـ استالینیسم نوع بد سوسیالیسم یا کمونیسم و یا نوع منحرف سوسیالیسم یا کمونیسم نیست، بلکه نفی ضدانقلابی آن‌هاست. بحرانی که شوروی و دولت‌های کارگری اروپای شرقی را در برگرفته نشان می‌دهد که خطاهای زیر چقدر خطرناکند:

۳-۱) استالینیسم را با کمونیسم اشتباهاً مساوی گرفتن؛

۳-۲) اعتبار ناشی از دست‌آوردهای دیکتاتوری پرولتریا را گذاشتن به حساب کسانی که به آن خیانت کرده‌اند؛ یا

۳-۳) نتایج ناگزیر ده‌ها سال خرابکاری‌های لایه‌های اجتماعی انگل‌گونه و رژیم‌های بناپارتیستی‌شان را با اساس و پایه‌های غیر قابل جایگزین

دولت‌های کارگری مخلوط کردن.

۵ـ رژیم‌های دایماً بحرانی در دولت‌های کارگریِ ناقص‌الخلقه

۱ـ تا اواخر دهه‌ی ۱۹۳۰ روندتکاملی دولت کارگری شوروی تحت سلطه‌ی کاست حاکم و پیرو سیاست‌های استالینیستی در اتحاد شوروی و سراسر جهان به نتایج ذیل منتهی شده بود:

۱-۱) آغاز انفجارآمیز دومین قتل‌عام امپریالیستی را از طریق سازماندهیِ یک سری شکست‌های کارگران و دهقانان تضمین کرده بود، و مشخصاً

۱-۱-۱) خط‌ومشی فرقه‌ای و اوباش‌گونه‌ی کمینترنِ استالینی شده و حزب کمونیست در آلمان و برخوردشان با اعضای حزب سوسیال دموکرات آلمان. خط‌ومشی‌ای که تحت لوای ماوراء چپِ نبرد با "سوسیال فاشیسم" صورت می‌گرفت و در سال ۱۹۳۳، با جلوگیری از هر فرصتی در جهت سازماندهیِ جبهه‌ی واحد طبقه‌ی کارگر برای مقاومت مسلحانه علیه فاشیسم، عملاً راه را برای پیروزی فاشیسم هموار کرد؛

۱-۱-۲) طرفداری فعال کمینترن از تشکیل حکومت سازش طبقاتیِ جبهه‌ی متحد در فرانسه (۱۹۳۶-۱۹۳۸). آن حکومت موج تسخیر کارخانه‌ها به دست کارگران و سایر مبارزات توده‌ای طبقه‌ی کارگر را در آن سال‌ها فرو نشاند و زمینه را برای تشکیل یک حکومت سرمایه‌داریِ بناپارتیستی و سرکوب جنبش کارگری آماده ساخت؛

۱-۱-۳) تفرقه‌اندازی در میان نیروهای طبقه‌ی کارگر انقلابی در جنگ داخلی اسپانیا و کشتار کارگران و جوانانِ ضدفاشیست که راه را برای به قدرت رسیدن فرانکو در اوایل ۱۹۳۹ هموار کرد؛

۱-۱-۴) پیمان اوت ۱۹۳۹ میان استالین و هیتلر که متعاقب آن مسکو

کشتار کمونیست‌ها و کارگران انقلابی-اندیشِ لهستان و آلمان را سازماندهی کرد. این عمل از نظر سیاسی کارگران طلایه‌داری را که امیدشان اتحاد شوروی بود دچار سردرگمی و در نتیجه جاده را برای تهاجم امپریالیسم آلمان به اتحاد جماهیر سوسیالیستی شوروی در ژوئن ۱۹۴۱ هموار کرد؛

۱-۲) بقای دست‌آوردهای انقلاب اکتبر را به زیر سؤال برد:

۱-۲-۱) نتایج خانمان‌برانداز اشتراکی‌سازیِ اجباری؛

۱-۲-۲) وارونه کردن سیاست‌های لنینیستی در خصوص مسأله‌ی ملی؛

۱-۲-۳) اِعمال ترور فزاینده‌ی دولتی علیه کارگران و دهقانان (از جمله میلیون‌ها نفر که مستقیماً به قتل رسیدند)؛

۱-۲-۴) تشکیل دادگاه‌های خونین، که بالاترین رسته‌های افسریِ ارتش شوروی را شامل می‌شده است و آنهم درست در آستانه‌ی تهاجم امپریالیسم آلمان به اتحاد شوروی.

۱-۳) پراکنده ساختن، ایجاد دلسردی، فاسد کردن و کشتار کارگرانِ طلایه‌دار سراسر جهان در ابعاد گسترده به منظور سد کردنِ راه پرورش و رشد احزاب توده‌ای انقلابی تحت رهبری کمونیستی. در نتیجه، در آستانه‌ی جنگ جهانی دوم، به استثنای تعدادی هسته‌های انقلابی پرولتری در برخی کشورها که به مسخ لنینیسم "نه" گفتند و در عین حال از دست آدم‌کش‌های استالین جان سالم به در بردند، در هیچ نقطه‌ی دیگری از جهان حتی یک روند کمونیست یافت نمی‌شد که برازنده‌ی این نام باشد.

۲ـ در پرتو پیچیدگی‌های جدید خط حرکت طبقه‌ی کارگر، ناشی از انحطاط نخستین دولت کارگری و انحطاط بین‌الملل کمونیست، هسته‌های کمونیستی که در خارج از شوروی توانستند زنده بمانند، لزوم تعمیم درس‌های این

پدیده‌های تاریخی جدید را دریافتند، آن‌ها را در راستا و تداوم تئوری‌های مارکسیستی ادغام کردند تا راهنمای فعالیت انقلابی شود:(۱۶)

۲-۱) استالینیسم از بیخ و بن ضدانقلابی است. ذره‌ای محتوای انقلابی و یا پرولتری نمی‌توان در وجود آن یافت.

۲-۲) رژیمی که تحت سلطه‌ی کاست خرده‌بورژوا قرار دارد به طور متضاد عمل می‌کند:

۲-۲-۱) کاست می‌کوشد تا با روش‌های خود و بر مبنای دلایل خودش از دولت کارگری، که منبع تغذیه‌ی امتیازهای مادی این قشر است، دفاع کند.

۲-۲-۲) اما، روش‌های ضدانقلابیِ کاست دولت کارگری را سخت تضعیف و پیدایش رژیمی بحران‌زده را تضمین می‌کند.

۲-۳) ضدانقلاب استالینیستی به دولت کارگری خیانت می‌کند و آن را می‌گنداند، اما نمی‌تواند آن را سرنگون کند.

۲-۳-۱) به منظور گشودن راه برای تحمیل مجددِ روابط سرمایه‌داری باثبات در تولید، امپریالیسم چاره‌ای ندارد مگر اینکه یک ضدانقلاب مسلحانه‌ی پیروزمند انجام دهد تا بتواند پایه‌های مالکیت دولتی را از ریشه و بن سرنگون سازد.

۲-۳-۲) بخش‌هایی از خودِ بوروکراسی در مقابل سرنگونیِ روابط مالکیت ملی شده مقاومت می‌کنند.

۲-۳-۲-۱) گرچه اعضای کاست میمون‌وار از نحوه‌ی زندگی بورژوایی تقلید می‌کنند و ارزش‌های بورژوایی را رواج می‌دهند، اما نمی‌توانند اطمینان حاصل کنند که در صورت جایگزینیِ مالکیت سرمایه‌داری به جای مالکیت دولتی کدامیک از آن‌ها صاحب جدید آن سرمایه‌ها خواهد شد و آیا اصلاً صاحب جدید یکی از آنان

خواهد بود یا نه.

۲-۳-۲-۲) از همه مهم‌تر، آنان مقاومت وسیع کارگران را برای مقابله با نتایجِ استقرار مجدد سرمایه‌داری پیش‌بینی می‌کنند و می‌ترسند.

۲-۳-۳) طبقه‌ی کارگر تنها مدافع قابل اطمینانِ دولت کارگری، دست‌آوردهای انقلاب اکتبر و تنها منشأ احیای آن‌هاست.

۲-۳-۳-۱) برای تحمیل مجدد سلطه‌ی باثبات روابط مالکیت سرمایه‌داری، برچیدن انحصار دولت بر تجارت خارجی و خاتمه‌ی برنامه‌ریزیِ متمرکز، نبردهای عظیمی باید علیه طبقه‌ی کارگر تدارک دیده شود.

۲-۳-۳-۲) این گونه نبردها همگام با حرکت کارگران برای مقاومت در مقابل بیکاریِ روزافزون، تورم شتاب‌یابنده، کاهش حقوق و مزایای اجتماعی و علیه تعمیق نابرابری‌های اجتماعی تدارک دیده خواهد شد. این‌ها عواقب غیر قابل اجتنابِ گسترش اتکای کاست به روش‌های سرمایه‌داری و ادغام روزافزون دولت‌های کارگری در اقتصاد بحران‌زده‌ی جهانی همراه با سیکل‌های متناوب تجاری و بحران‌های آن است.

۲-۳-۳-۳) این عواقب اقتصادی و اجتماعی به مراتب پیش از پیوستن به سرمایه‌داری و قبل از آنکه تکلیف نبرد بر سر استقرار برتریِ قیمت‌های تولید سرمایه‌داری تعیین شود بروز خواهند کرد.

۲-۳-۳-۴) استقرار مجدد سرمایه‌داری در این کشورها بدون آنکه طبقه‌ی کارگر در نبردهای خونینِ ضدانقلابی شکست بخورد غیرممکن خواهد بود.(۱۷)

۲-۴) پیش‌بینی‌های مستتر در این تحلیل علمی از استالینیسم و دینامیسمِ

طبقاتی دولت‌های منحط و ناقص‌الخلقه‌ی کارگری اینک در بوته‌ی آزمایش تاریخ سنگ محک خورده‌اند. اکنون در سال ۱۹۹۰ ما می‌توانیم مجدداً اعلام کنیم که دست‌آوردهای استراتژیک و برنامه‌ایِ ما در اثر تجارب اخیر جنبش جهانی کارگری تأیید و غنی‌تر شده‌اند.

۳ـ انقلاب‌های ضدسرمایه‌داری در دورانِ پس از جنگ جهانی دوم موجب تشکیل دولت‌های کارگری جدیدی شدند.

۳-۱) پیش‌بینی حزب کارگران سوسیالیست [در ایالات متحده] و همفکران بین‌المللی آن در آستانه‌ی جنگ جهانی دوم بدین شرح بود:

۳-۱-۱) دولت کارگری شوروی بدون گسترش انقلاب طی جنگ و پس از آن نخواهد توانست از تهاجم امپریالیسم جان سالم بدر ببرد؛ و

۳-۱-۲) هر گونه گسترش انقلاب و دفاع موفقیت‌آمیز از دولت کارگری شوروی باعث سرنگونی کاست از طریق یک خیزش انقلابی خواهد شد، رهبری کمونیستی را مجدداً در اتحاد شوروی برقرار خواهد کرد و راه را برای احیای بین‌الملل انقلابی خواهد گشود.

۳-۲) بحران انقلابی و گسترش انقلاب سوسیالیستی به دنبال جنگ بوقوع پیوست، اما، به گونه‌ای به مراتب پیچیده‌تر و متضادتر از آنچه کمونیست‌ها انتظار داشتند.

۳-۲-۱) کارگران و دهقانان اتحاد شوروی، به رغم خط‌ومشی ضدانقلابیِ رژیم استالینیست، با موفقیت از دولت کارگری دفاع کردند و تهاجم امپریالیسم آلمان را پس زدند. این موفقیت را کارگران و دهقانان شوروی با پرداختِ قیمتی بسیار گزاف از جان انسان‌ها و منابع مادی بدست آوردند.

۳-۲-۲) واشنگتن، به رغم پیروزی بر رقبای امپریالیست‌اش در جنگ، از بکارگیری سربازان ایالات متحده برای راه انداختن عملیات

نظامی جدید علیه شوروی یا ایجاد سدی در مقابل ضربات انقلابی علیه سرمایه‌داری در اروپای شرقی و چین بازداشته شد. در نیمه‌ی دوم جنگ، نبردهای اتحادیه معدنچیان آمریکا و سایر کارگران علیه قول و قرارهای میهن‌پرستانه که مانع اعتصاب و افزایش دستمزدها می‌شدند دوباره پاگرفت، همین طور مبارزه علیه تبعیض نژادی در صنایع جنگی، به گونه‌ای که:

۳-۲-۲-۱) کهنه‌سربازانِ نبردهای کارگریِ دهه‌ی ۱۹۳۰ را به خود جلب کرد، هم آنان که کنگره سازمان‌های صنعتی را به عنوان یک جنبش اجتماعی بنیان نهاده بودند؛

۳-۲-۲-۲) باعث طغیان امواج اعتصاب‌ها پس از خاتمه‌ی جنگ شد که تا سال‌های ۱۹۴۶ و ۱۹۴۷ ادامه داشتند؛ و

۳-۲-۲-۳) تکان‌هایی را ایجاد کرد که در اواسط دهه‌ی ۱۹۵۰ باعث خیزش مبارزات پرولتری علیه نظام تبعیض نژادیِ جیم کروُ[1] و مبارزه برای کسب حقوق مدنی سیاهپوستان شد.

۳-۲-۳) تا اواخر سال‌های ۱۹۴۰ و اواسط ۱۹۵۰ روابط مالکیت سرمایه‌داری در یوگسلاوی و سایر کشورهای اروپای شرقی و مرکزی، کره شمالی، چین، و سپس در ویتنام شمالی سرنگون شده بود. این تحولات تحت سلطه‌ی استالینیست‌ها صورت گرفت، نه تحت یک رهبریِ انقلابی.

۳-۲-۴) تضعیف امپریالیسم و ناکامی‌اش در سرنگونیِ دولت کارگریِ شوروی باعث شد جنبش‌های آزادیبخش ملی و مبارزات استقلال‌طلبانه در سراسر آسیا، آفریقا و قاره‌ی آمریکا به مرحله‌ی جدیدی سوق داده شوند.

1- Jim Crow

۳-۲-۵) بیراهه‌برانِ استالینیست و سوسیال دموکرات که سلطه‌ی آنان بر جنبش کارگری در دوران پس از جنگ جهانی دوم در اروپا ثمره‌ی شکست‌های تاریخی در دو دهه‌ی پیش از آن بود، سد راه امکان پیروزی سوسیالیسم که در فرانسه، ایتالیا و سایر نقاط اروپای غربیِ امپریالیست در آن زمان وجود داشت شدند. این برای حاکمان سرمایه‌داری فضای لازمی را که برای تنفس نیاز داشتند فراهم آورد تا بتوانند بر شرایطی فایق آیند که می‌توانست به هسته‌های کوچک کمونیستی اجازه دهد تا رشد کنند و به احزاب کارگری توده‌ایِ انقلابی تبدیل شوند.

۳-۳) بحران کاست شوروی و کاست‌های نوظهور اروپای شرقی در اثر این نتایج جنگ به تعویق افتاد. علاوه بر آن، استالینیست‌ها موقتاً بخشی از اعتبار سیاسی خود را از طریق ایستادن در رأس چندین انقلاب کارگری و دهقانی (در یوگسلاوی، آلبانی، چین و ویتنام) و کلیه‌ی دولت‌های کارگریِ نوظهور دوباره بدست آوردند.

۳-۴) ما کمونیست‌ها بر این عقیده‌ی راسخِ سیاسی خود باقی ماندیم که بقا و پایداری دولت کارگری شوروی، گسترش روابط مالکیت پرولتری و پیشروی انقلاب ضداستعماری باعث تضعیف تسلط استالینیسم خواهد شد و چشم‌انداز جدیدی را برای پیدایش رهبری انقلابی فراهم خواهد آورد.

۳-۴-۱) کمونیست‌ها گزینه‌های دیگری از پیشگویی‌ها درباره‌ی اتحاد شوروی را که بر مبنای تحلیل‌های انواع روندهای خرده‌بورژوا در جنبش طبقه‌ی کارگر شکل گرفته بود رد کردند:

۳-۴-۱-۱) رد اینکه بقا و پایداری دولت کارگری شوروی دال بر محق بودن خط‌ومشی استالینیسم است، هر چند که آن خط‌ومشی عمیقاً ناقص و معیوب باشد. به این معنی که اتحاد جماهیر

سوسیالیستی شوروی از نظر اقتصادی و بارآوریِ کار از کشورهای امپریالیستی پیشی خواهد گرفت و پیشروی خود را به سوی سوسیالیسم ادامه خواهد داد. و طی این جریان رژیم بوروکراتیک خود را اصلاح خواهد کرد. یا اینکه:

۳-۴-۱-۲) رد اینکه اتحاد شوروی یک دولت کارگریِ منحط و دارای یک رژیم بناپارتیستی بحران‌زده نیست، بلکه، وجه مشخصه‌ی آن شیوه‌ی تولیدی جدیدی است و طبقه‌ی حاکمه‌ی جدیدی بر آن حکومت می‌کند (حال این ساختار اجتماعیِ جدید را سرمایه‌داری دولتی می‌نامیدند، یا نظام اشتراکیِ بوروکراتیک و یا شکل تاریخی جدیدی از استبداد).

۳-۴-۲) کمونیست‌ها همچنین گزینه‌های پیشگوییِ مرتبط دیگر، از جمله چشم‌انداز تاریخی عالمگیر شدنِ استالینیسم و از آن طریق امکان تجدید حیات رهبری کمونیستی را رد کردند:

۳-۴-۲-۱) رد اینکه پیروزی انقلاب‌های یوگسلاوی و چین تحت رهبری احزاب استالینیست الگوئی برای مابقیِ قرن حاضر می‌شد و اینکه استالینیسم، گرچه ضعف‌ها و انحرافاتی جدی داشت، اما، خط‌ومشی انقلابی‌ای را دنبال می‌کرد، و یا رد اینکه:

۳-۴-۲-۲) باد دوم که بر بادبان استالینیسم بعد از جنگ جهانی دوم وزید آنچنان به وی قدرت می‌بخشید که او می‌توانست سد راه پیدایش رهبری انقلابی و مانع از پیشرفت انقلاب سوسیالیستی و رشد رهبری کمونیستی شود.

۳-۴-۳) این سؤالات در سال‌های ۱۹۵۹-۱۹۶۱ با پیروزی انقلاب کوبا تحت یک رهبری انقلابی پاسخ داده شد. رهبری انقلاب کوبا

حزب مردمی سوسیالیست[1] (حزب کمونیست سابق کوبا) را دور زد و:

۳-۴-۳-۱) دیکتاتوری باتیستا را که ایالات متحده‌ی آمریکا پشتیبانش بود سرنگون ساخت؛

۳-۴-۳-۲) رهبریِ توده‌ها را بدست آورد؛

۳-۴-۳-۳) حکومت کارگران و دهقانان را برقرار کرد؛

۳-۴-۳-۴) انقلاب دموکراتیک و اصلاحات ارضی عمیقی را به سرانجام رساند؛

۳-۴-۳-۵) در آن راستا سرمایه‌داران بانکی و بومی را مصادره و آشکارا و صریح انقلاب سوسیالیستی را در قاره‌ی آمریکا آغاز کرد. و در عین حال تهاجم ضدانقلابی‌ای را که ایالات متحده سازمانده آن بود در خلیج خوک‌ها شکست داد؛

۳-۴-۳-۶) نیروهای مسلح انقلابی کوبا را به وجود آورد؛

۳-۴-۳-۷) خطومشی پرولتری را هم در سیاست‌گذاریِ داخلی‌اش عمق بخشید و هم در سیاست خارجی‌اش؛ و

۳-۴-۳-۸) فعالانه برای ایجاد وحدت انقلابی و قوام بخشیدن به یک حزب کمونیست توده‌ای کارگری قدم برداشت.

۴ـ ضدانقلاب استالینیستی تداوم کمونیستی در دولت‌های کارگریِ منحط و ناقص‌الخلقه را گسست.

۴-۱) سازمان کمونیستی در اتحاد شوروی قبل از شروع جنگ جهانیِ دوم آنچنان ضربات سنگینی را متحمل شده بود که تجدید حیات آن را، حتی با وجود تأثیرات ناشی از پیروزی‌های انقلابی در یوگسلاوی و جاهای دیگر، غیرممکن می‌ساخت.

۴-۲) آگاهیِ کمونیستی در اتحاد شوروی ابتدا در میان نسلی که انقلاب

1- Popular Socialist Party

اکتبر را به پیروزی رسانده بود، زنده ماند، اما، طی ده‌ها سال به تدریج افول کرده بود.

۴-۳) تداوم کمونیستی در دهه‌های اخیر در اتحاد شوروی حتی در سطح فردی هم قطع شده است.

۴-۴) امروز در اتحاد شوروی، اروپای شرقی و چین هیچ کمونیستی، هیچ مارکسیستی و هیچ طلایه‌دار سیاسیِ پرولتری یافت نمی‌شود.

۴-۵) احزاب نوین کمونیستی در این دولت‌های کارگریِ منحط و ناقص‌الخلقه می‌توانند و خواهند توانست قوام یابند، اما، از طریق عمیق‌تر شدنِ تجارب مبارزات طبقاتی و به عنوان بخشی از پیشروی گسترده‌ترِ انقلاب جهانی.

۵ـ با توجه به این واقعیت، انقلاب سیاسی در دستور کار بلافصلِ اتحاد شوروی و سایر دولت‌های کارگریِ منحط و ناقص‌الخلقه قرار ندارد و طی حداقل سه دهه‌ی گذشته نیز این چنین بوده است.

۵-۱) تحت چنین شرایطی به طور غیر قابل اجتناب:

۵-۱-۱) این رژیم‌ها از طریق انقلابی سیاسی با رهبری کمونیستی سرنگون نخواهند شد. بلکه، ابتدا می‌بایستی توسط توده‌های وسیع و در بطن بحرانی عمیق متلاشی شوند. همان گونه که اکنون دارد اتفاق می‌افتد؛ و

۵-۱-۲) در تحت چنین شرایطی امکان پیدایش زندگی سیاسی می‌تواند به وجود آید و از این طریق است که قوام یافتن یک رهبری کمونیستی می‌تواند تحقق یابد.

۵-۲) کوبا تنها دولت کارگری است که امروزه امکان مبارزه با سوءاستفاده‌ها، گرایشات و جنایت‌های بوروکراتیک و با توسل به ابزار انقلابی امکان جلوگیری از تثبیت یک قشر اجتماعیِ صاحب امتیاز در آن

وجود دارد. این یک حقیقت است:

۵-۲-۱) زیرا، در کوبا یک رهبری کمونیست وجود دارد، و

۵-۲-۲) زیرا، این رهبری جزیی از یک قشر وسیع کارگران و دهقانان است که آگاهانه کمونیست و انترناسیونالیستِ پرولتری هستند.

۵-۳) گشایشی که در اثر از هم گسستگیِ رژیم‌های استالینیست پدیدار خواهد شد یک انقلاب سیاسی نخواهد بود. اما، فرصت لازم برای کارگران ایجاد خواهد شد تا فضای سیاسی مناسب برای دفاع از منافع اکثریت عظیم زحمتکشان را بدست آورند.

۵-۳-۱) از هم گسستگی احزاب استالینیست و ضعیف شدن رژیم‌های بوروکراتیک احتمال آن را برای طبقه‌ی کارگر و جنبش کارگری فراهم می‌آورد تا رشد کند، سیاسی شود و ذهن خود را برای تأثیرپذیری از مبارزات انقلابی سرتاسر جهان آماده سازد. در چنین مسیری از مبارزه است که قوام گرفتنِ یک جنبش کمونیستی می‌تواند آغاز شود.

۵-۳-۲) حکومت‌هایی که در اروپای شرقی پا به عرصه‌ی وجود می‌گذارند رژیم‌های خرده‌بورژوایی هستند که جهت‌گیریشان بورژوایی است و از این نظر نسبت به اسلافشان گسست کیفی نکرده‌اند.

۵-۳-۲-۱) آنان نه‌تنها بازماندگانِ خودِ نخبگان هستند، بلکه، لایه‌های جدیدی از تحصیل کردگان و اقشار میانی این کشورها را نیز در خود ادغام کرده‌اند.

۵-۳-۲-۲) کمونیست‌ها در عین حال که آماده‌اند تا همراه این نیروها در عمل برای اضمحلال رژیم‌هایِ پلیسیِ گذشته شرکت کنند، در عین حال مخالف همه‌ی این رژیم‌ها هستند. رژیم‌هایی که از نظر سیاسی ضدِ طبقه‌ی کارگرند، به همان گونه که دستگاه استالینیست قبلی که اینان جای آن را می‌گیرند ضدِ طبقه‌ی کارگر

بود.

۵-۳-۳) انقلابیون پرولتری برنامه‌ای کمونیستی برای دولت‌های کارگری منحط و ناقص‌الخلقه ارائه می‌دهند، به رغم این واقعیت که در این کشورها هیچ گونه سازمان انقلابی پرولتری وجود ندارد.

۵-۳-۳-۱) کمونیست‌ها، در مبارزات دموکراتیک و ضدبوروکراتیک، جانبدار منافع طبقه‌ی کارگرند.

۵-۳-۳-۲) کمونیست‌ها چشم‌انداز احیای انقلابی و سیاسی اقتصاد و سیاست‌های دولت کارگری توسط طبقه‌ی کارگر و متحدین زحمتکشش را پیشنهاد می‌کنند.

۵-۳-۳-۳) آن‌ها به مثال کوبای انقلابی و تجدید حیات رهبری کمونیستی از طریق بسط انقلاب جهانی اشاره می‌کنند.

۵-۳-۳-۴) آنان مبلّغ استقرار مجدد دموکراسیِ شوراییِ اصیل از طریق نهادهای مبارزاتی‌ای هستند که کارگران و کشاورزان زحمتکش آن را در مسیر نبردهای خود قوام داده باشند.

۵-۴) انفجارهای مردمی علیه رژیم‌های منحط و ناقص‌الخلقه هنگامی غیر قابل اجتناب شد که اقشار وسیعی از زحمتکشان، جوانان و اقشار میانی از واقعیت‌های سیاسی ذیل شناخت پیدا کردند و دست به عمل زدند:

۵-۴-۱) امپریالیسم در چند دهه‌ی بعد از جنگ جهانی به اندازه‌ی کافی ضعیف شده بود، بگونه‌ای که تصور نمی‌شد فروپاشیِ حکومت‌های موجود در اتحاد شوروی و اروپای شرقی، این کشورها را با خطر جدی حمله‌ی نظامی مواجه کند. کارگرانِ اروپای شرقی باور ندارند که بسیج‌هایشان علیه این رژیم‌های ستمگر خطر نظامی امپریالیسم را افزایش خواهد داد.

۵-۴-۱-۱) آنان اهمیت پیدایش توازن اتمی میان ایالات متحده و

اتحاد شوروی را در رابطه با مبارزات خود و در رابطه با حق حاکمیت ملی‌شان در یافته‌اند.

۵-۴-۱-۲) آنان حس می‌کنند که مخالفت‌های ضدجنگ در ایالات متحده، بعد از جنگ ویتنام، سدی در مقابل حمله‌ی نظامی مستمر واشنگتن به آن کشورها خواهد بود.

۵-۴-۲) شواهدی بی‌شبهه در دهه‌ی ۱۹۸۰ عیان کردند که اقتصادهای این رژیم‌ها، که به نحو بوروکراتیک برنامه‌ریزی شده‌اند، به‌رغم صنعتی شدن سریع اولیه، در گل و لای رکود اقتصادیِ برگشت‌ناپذیر و بحران اجتماعی فرو رفته‌اند.

۵-۴-۲-۱) این صرفاً به دلیل کمبود کالا و فرآورده‌های مادی و وخیم شدن رفاه اجتماعی نبود.

۵-۴-۲-۲) معضل استالینیسم دیگر قادر نبود کارگران و دهقانان را در محیطی مجبور به تولید کند که نابرابریِ اجتماعی، سوءاستفاده‌های بوروکراتیک و از خود بیگانگی در حال تشدید بود. خلاقیت در کار و ابتکار در عمل که اصلاً مطرح نبود.

۵-۴-۲-۳) وجود فساد، رفتارهای خودسرانه و بی‌صداقتی در روابط اجتماعی ـ خشونت وارده بر فرهنگ بشر در گسترده‌ترین مفهوم آن ـ آنقدر عمیق بود که تداوم حیات را به شکل سابق برای زحمتکشان غیر قابل تحمل می‌ساخت.

۵-۴-۳) رژیم حاکم بر اتحاد شوروی دیگر مایل نبود مانند قبل بهای سیاسی سنگینی، در داخل و خارج، به ازای دخالت‌های نظامی‌اش برای سرکوب قیام‌های مردمی در کشورهای پیمان ورشو را بپردازد. زحمتکشان دولت‌های کارگریِ اروپای شرقی و مرکزی از اتفاقات ذیل درس‌های لازم را گرفته بودند:

۵-۴-۳-۱) قیام کارگران لهستان در دهه‌ی ۱۹۸۰ که در آنجا نه‌تنها نیروهای ارتش شوروی دخالت نکردند (آنگونه که در سال ۱۹۵۶ در مجارستان و در ۱۹۶۸ در چکسلواکی دخالت کرده بودند) بلکه، اعلام حکومت نظامی توسط رژیم لهستان به منظور سرکوب جنبش مقاومت با شکست مواجه شد؛ و

۵-۴-۳-۲) خروج نیروهای شوروی از افغانستان در سال ۱۹۸۹ که پس از اشغال ده ساله‌ی آن کشور به فاجعه‌ی روزافزونی انجامید و در خود اتحاد جماهیرسوسیالیستی شوروی نیز باعث ایجاد ناآرامی شد.

۶ـ اتفاقات ۱۹۸۹-۱۹۹۰ تأییدی بر پیش‌بینی کمونیست‌هاست، مبتنی بر اینکه دولتهای کارگری، حتی آن‌ها که از بدو تولد به دلیل سلطه‌ی استالینیسم ناقص‌الخلقه بوده‌اند، قوی‌تر از کاست‌های بوروکراتیک از آب در خواهند آمد.

۶-۱) کاست خرده‌بورژوا یک طبقه‌ی حاکمه‌ی تاریخی نیست.

۶-۱-۱) کاست هیچ گونه نقش تاریخیِ اقتصادی‌ای در شیوه‌ی تولید ندارد.

۶-۱-۲) این قشر متورم و همچنان رو به گسترش، ابعادی پیدا کرده است که به مراتب فراتر از ابعاد لازم برای بوروکراسی اداریِ مورد نیاز اجتماع برای پیشبرد امر تولید است. این قشر سد راه هر حرکتی است به سوی برقراریِ روابط جدید اجتماعی در تولید و هماهنگ با یک شیوه‌ی تولید نوین که در بنیاد مالکیت ملی شده‌ی دولت‌های کارگری مستتر است.

۶-۱-۳) این قشر، سرطانی است که دولت‌های کارگری و پایه‌های اقتصادی آن‌ها را تضعیف می‌کند.

۶-۲) رژیمِ بناپارتیستی، بر خلاف رژیم‌های قوی‌تر طبقات حاکم

سرمایه‌داری، ضعیف، شکننده و بی‌ثبات است. این رژیم‌ها با سرعتی شگفت‌آور از هم گسسته‌اند. انفجار آن‌ها تنها پس از گذشت شصت سال در اتحاد شوروی و حتی مدتی کمتر از آن در اروپای شرقی و مرکزی به وقوع پیوست ـ زمانی که در تاریخ اجتماعی در حد یک چشم به‌هم زدن است.

۶-۲-۱) بوروکراسی از موقعیت خود بدون یک مبارزه دست نخواهد کشید. جَرگه‌سالارِی حاکم به هر اقدامی متوسل می‌شود تا حاکمیت بوروکراتیک و امتیازات خود را حفظ کند، از جمله قربانی کردن تمامیِ یک جناحِ نخبگان برای نجات مابقی و ادغام لایه‌های جدید در قشر حاکمیت.

۶-۲-۲) اقدامات این رژیم‌ها از نظر تاریخی باعث ثباتشان نشده است. این حکومت‌ها ثابت کرده‌اند که نه‌تنها رژیم‌های در حال بحران هستند، بلکه رژیم‌های دایماً بحرانی‌اند.

۶-۲-۳) اصلاح‌طلبی متقابل گورباچف، که در واکنش به اتفاقات لهستان صورت گرفت، و حرکت‌های بناپارتیستی او، باعث حل بحران اتحاد جماهیر سوسیالیستی شوروی نخواهد شد بلکه آن را تشدید خواهد کرد.

۶-۳) دولت‌های کارگری خود ثابت کرده‌اند که از کاست‌ها و رژیم پلیسی‌شان قوی‌ترند.

۶-۳-۱) دولت‌های کارگری به حیات خود ادامه می‌دهند و تنها از طریق یک نبرد با طبقات کارگر امکان سرنگونی آن‌ها وجود خواهد داشت.

۶-۳-۲) تروتسکی در سال ۱۹۳۶ توضیح داد: "انقلاب اجتماعی [اکتبر]، که حزب حاکم به آن خیانت کرده است، هنوز هم در روابط مالکیت و آگاهی توده‌های زحمتکشان پابرجاست."(۱۸)

۶-۳-۲-۱) بیش از نیم قرن از آن زمان گذشته و در نیمه‌ی اول این ارزیابی تغییری حاصل نشده است: روابط مالکیت پرولتری هنوز در اتحاد شوروی و دولت‌های ناقص‌الخلقه‌ی کارگری پابرجاست.

۶-۳-۲-۲) گرچه آگاهی سوسیالیستیِ توده‌های زحمتکش از دهه‌ی ۱۹۳۰ تاکنون زدوده شده است و حتی یک هسته‌ای از طلایه‌داران کمونیست امروزه در این کشورها یافت نمی‌شود، اما، آگاهی اتحادیه‌ایِ بورژوایی و فرض طبقه‌ی کارگر بر اینکه برخورداری از یک حداقلِ دستمزد اجتماعی که بر مبنای شرایط تاریخی تعیین شده باشد یک حق است، اولین مانع بر ضدِ سرمایه‌داری است که به مبارزات وسیعی در کشورهای کارگری علیه استقرار مجدد سرمایه‌داری منجر خواهد شد.

۶-۳-۳) یک ضدانقلاب داخلی قادر نخواهد بود دولت‌های کارگری و پایه‌های مالکیت ملی آن‌ها را سرنگون سازد، بلکه، شرط لازمِ موفقیت و تثبیت آن دخالت مستقیم امپریالیستی خواهد بود.

و-فروپاشی احزاب استالینیست

۱ـ به استثنای حزب کمونیست کوبا، هیچ جای دیگری در دنیا حزبی وجود ندارد که هم نامش "کمونیست" باشد و هم در عین حال محتوایش کمونیست یا انقلابی باشد.

۲ـ احزاب استالینیست در کشورهای کارگریِ انحطاط‌یافته یا ناقص‌الخلقه در واقع احزاب سیاسی نیستند، آن‌ها تجمع داوطلبانه‌ی طلایه‌داران یک طبقه‌ی اجتماعی که به منظور دخالت در حیات سیاسی متشکل شده باشد نیستند. آن‌ها دستگاهی برای دفاع و پیشروی یک کاست خرده‌بورژوا هستند.

۲-۱) آن‌ها احزاب کارگریِ "محافظه‌کار" یا "بوروکراتیک" نیستند، بلکه

"بنگاه‌های کار چاق کن" هستند، در خدمت لایه‌های صاحب امتیاز طبقه‌ی متوسط در دستگاه بوروکراتیک دولت، در شرکت‌های اقتصادی، در اتحادیه‌های کارگری، در خود حزب، در انجمن‌های نویسندگان و در سایر نهادها.

۲-۲) فروپاشی این دستگاه‌ها در سال‌های ۱۹۸۹ و ۱۹۹۰ سریع و انفجارآمیز بوده است.

۲-۲-۱) حزب کمونیست در اتحاد شوروی اینک به شکل مهلکی زخمی شده است.

۲-۲-۱-۱) اقدامات بناپارتیستیِ گورباچف باعث ارتقای دستگاه دولت و مناصب کشوری به سطحی بالاتر از بدنه‌های حزبی شده است.

۲-۲-۱-۲) حزب کمونیست در کشورهای بالتیک از مقامات حاکمیت رُفت و روب شده و در سایر جمهوری‌ها نیز جداً تضعیف گشته است.

۲-۲-۲) حزب کمونیست، یا جانشینش، با نامی دیگر، کنترل انحصاری خود را بر رژیم‌های لهستان، مجارستان، چکسلواکی و آلمان شرقی از دست داده است. حزب کمونیست رسماً در رومانی منحل شده است و در یوگسلاوی بر مبنای مرزبندی‌های ملی در حال از هم گسستگی است.(۱۹)

۲-۲-۳) دستگاه‌های حزبی در سراسر اروپای شرقی منابع مادی، زمین، ساختمان‌ها و انحصار خود بر مطبوعات و چیزهای دیگر را از دست داده‌اند. اغلب آن‌ها کلمه‌ی "کمونیست" را از نام خود حذف کرده‌اند و تلاش می‌کنند که به صورتی مبهم به گرایشات سوسیال دموکراتیک متمایل شوند و یا به شکل واضح‌تر با یال و کوپال

ناسیونالیسم خود را مزین می‌کنند.

۲-۲-۴) این احزاب کمونیست در سال گذشته در ابعاد وسیعی اعضای خود را از دست داده‌اند، زیرا که:

۲-۲-۴-۱) عضویت در این احزاب به جای آنکه نردبان ترقی فرد از نظر اجتماعی و اقتصادی باشد، تبدیل به سدِ راه دستیابی به آن‌ها شده است؛ و

۲-۲-۴-۲) اهرم‌های اعمال فشار دستگاه برای مجبور ساختن سایر اقشار مردم به حفظ عضویتشان در هم شکسته است.

۳ـ هویت آن دسته از احزاب استالینیست و سازمان‌های جوانانی که در خارج از مرزهای کشورهای کارگری انحطاط‌یافته و ناقص‌الخلقه وجود داشته‌اند، بر مبنای روابط اجتماعی آنان با قدرت دولتیِ متمرکز در دست کاست‌های خرده‌بورژوا تعیین می‌شده است.

۳-۱) این رابطه بر مبنای پاداش و فساد شکل گرفته است:

۳-۱-۱) اعطای امتیاز اشتغال در انواع سازمان‌های بین‌المللی و سازمان‌های دست نشانده که در لفافه عمل می‌کنند؛

۳-۱-۲) دسترسی به مسافرت، گذران تعطیلات، خدمات درمانی و سایر مزایای جنبی و امتیازات.

۳-۲) این نه‌تنها در مورد آنان که در خود دستگاه حزبی هستند مصداق پیدا می‌کند، بلکه سازمان‌های "دوست"، سازمان‌های زنان و جوانان، صاحب‌منصبان اتحادیه‌های کارگری و غیره را نیز شامل می‌شود.

۳-۳) این ارتباط با قدرت دولتیِ کاست‌ها، منبع تمایز هویت احزاب استالینیست از سوسیال دموکراسی است.

۳-۳-۱) تفاوت آن‌ها در چشم‌انداز سیاسی‌شان مبتنی بر سازش طبقاتی و یا امتیازات نشأت گرفته از پایگاه‌هایشان در ادارات

شهرداری‌ها و یا دستگاه‌های اتحادیه‌های کارگری که تحت کنترلشان هستند نیست. این‌ها از وجوه اشتراک استالینیسم و سوسیال دموکراسی هستند.

۳-۳-۲) تفاوت آنان در منشأ قدرتی است که هر یک به طرف آن جهت‌گیری می‌کنند (و از قِبَل آن فضای سیاسی لازم را بدست می‌آورند).

۳-۳-۲-۱) جهت‌گیری استالینیست‌ها به سوی بوروکراسی حاکم بر دولت‌های کارگری است؛

۳-۳-۲-۲) سوسیال دموکرات‌ها، که مظهر سیاسیِ بوروکراسیِ کارگری بورژوائی شده در کشورهای سرمایه‌داری‌اند، جهت‌گیریشان به سوی حکومت بورژوائی "خودشان" است.

۳-۳-۳) در جایی که استالینیست‌ها با سوسیال دموکرات‌ها صرفاً در سطح انتخابات بورژوایی و تلاش برای سازش طبقاتی رقابت می‌کنند، به حاشیه رانده می‌شوند: این به خاطر آن است که سوسیال دموکرات‌ها سابقه‌ی به مراتب طولانی‌تری در سوسیال-میهن‌پرستی و وفاداریِ بی‌چون و چرا نسبت به بورژوازی امپریالیست "خودشان" دارند.

۳-۳-۴) اما، افول احزاب و رژیم‌های استالینیست باعث می‌شود که سوسیال دموکراسی بیش از پیش به سمت راست متمایل شود، نه به سمت چپ، و موجب آن نخواهد شد که در درون سوسیال دموکراسی گرایشات جناح چپی بوجود آیند. به جای این‌ها، این اتفاقات به تجدید سازمانِ گروه‌های سازشکار-طبقاتی و پیدایشِ دسته‌بندی‌های تازه در میان فرقه‌مسلک‌های سانتریست در مدارِ استالینیست‌ها و سوسیال دموکرات‌ها خواهد انجامید.

۳-۴) بحرانِ در حال تعمیق رژیم‌های حاکم بر دولت‌های کارگری منحط و ناقص‌الخلقه، سازمان‌های استالینیست را در کشورهای سرمایه‌داری مرتعش کرده است. گرچه بحران موجود اغلب این سازمان‌ها را خرد کرده، اما، شدت بحران آن‌ها کمتر از فروپاشی احزاب کمونیست در سراسر اروپای شرقی است. ارتباط این سازمان‌ها در کشورهای سرمایه‌داری با رژیم‌های بحران‌زده‌ی استالینیست، غیرمستقیم‌تر از ارتباط احزاب کمونیستِ خودِ دولت‌های کارگری با رژیم‌های حاکم بر آن است.

۳-۴-۱) اکثریت غالب این احزاب در خارج از دولت‌های کارگری خود را با این تغییرات منطبق کرده‌اند و آرزومندانه آینده خود را در گرو موفقیت گورباچف قرار داده‌اند. آنان هنوز هم در تلاش‌اند تا امتیازاتی هرچند کمتر را از قِبَلِ ارتباط با دولت کارگری، نصیب خود سازند.

۳-۴-۲) با وجود این، گورباچف و رهبرانِ سایر احزاب استالینیست در دولت‌های کارگریِ منحط و ناقص‌الخلقه نسبت به ایجاد ارتباط با احزابِ کمونیست در کشورهای سرمایه‌داری کمتر از گذشته از خود علاقه نشان می‌دهند. خدمات این احزاب به کاست به عنوان اهرم‌های دیپلماسی و در جهت اعمال نفوذ بر احزاب سرمایه‌داری حاکم، به طور روزافزون اثر خود را از دست می‌دهد. گورباچف و سایر "اصلاح‌طلبان" مستقیماً به حاکمان امپریالیست و احزاب آن‌ها دسترسی پیدا کرده‌اند.

۳-۵) امکان تشکیل یک "بین‌الملل کمونیست" استالینیست به منظور جایگزینیِ سازمانی که استالین در سال ۱۹۴۳ به عنوان یک خوش‌خدمتی به متحدین امپریالیستش آن را منحل کرد منتفی است.

۳-۵-۱) چنین سازمان بین‌المللی‌ای نمی‌تواند هیچ گونه خدمت قابل

تصوری را برای کاست انجام دهد.

۳-۵-۲) اجزای پیشینِ چنین سازمانی بیش از پیش از نظر تشکیلاتی به هم ریخته‌اند.

۴ـ از هم گسستگیِ احزاب استالینیست، چه در داخل و چه در خارج از دولت‌های کارگری، موجب تولد روندهایی با خط‌ومشیِ سیاسیِ صریح که به عنوان یک بدیل مطرح باشند نشده است، تا چه رسد به ظهور روندی در راه مبارزه برای سوسیالیسم.

۴-۱) در این روندهایِ در حال تکه تکه شدن، هیچ چیزی برای انقلابیون و کمونیست‌ها وجود ندارد که به سویش جهت‌گیری کنند. گرچه ممکن است افرادی یافت شوند که بتوان آنان را به سیاست‌های کمونیستی جلب کرد، اما، فقط در کار انقلابی در ابعاد وسیع می‌توانیم آنان را جلب کنیم، نه از طریق جهت‌گیری به سوی پاره‌های جدا شده از گروه‌های استالینیست.

۴-۲) طی نخستین دهه‌ی حیات کمینترن، بهترین رده‌های مبارزین و انقلابیون به احزاب کمونیست جلب می‌شدند.

۴-۲-۱) از زمان انحطاط این احزاب از دهه‌ی ۱۹۳۰ تا اکنون، در سطح جهانی،این حالت تکرار نشده است.

۴-۲-۲) در اثر ظهور رهبریِ انقلابیِ حزب کمونیست کوبا در دهه‌ی ۱۹۶۰، بهترین رده‌های مبارزین، بخصوص در قاره‌ی آمریکا، زان پس به سوی احزاب رفرمیستِ استالینیست جهت‌گیری نکردند، بلکه به سمت ساختن سازمان‌های نوینِ انقلابی گام برداشتند.

ی‌ـ عصر ما عصر انقلاب جهانی است؛
دیکتاتوری پرولتاریا قوی و پایدارتر از استالینیسم ضدانقلابی از آب در آمد

۱ـ ضربه‌پذیریِ روزافزون نظام جهانی سرمایه‌داری و فروریختنِ توهمات در

مورد ثبات و عمر طولانیِ دستگاه ضدانقلابیِ استالینیست، شاخص‌های عصری هستند که در آخرین دهه‌ی قرن بیستم در آن بسر می‌بریم.

۲ـ این عصر، عصر انقلاب جهانی است: عصری که با انقلاب اکتبر تحت رهبری بلشویک‌ها و گسترش بین‌المللی آن آغاز شد، نه عصر انحطاط و سقوط انقلاب جهانی.

۲-۱) این عصر هنوز همان عصری است که اولین دیکتاتوری پرولتاریا تحت یک رهبری کمونیست پا به عرصه‌ی وجود گذاشت، عصر آن کارگران و دهقانان استثمار شده‌ای که؛

۲-۱-۱) انقلاب اکتبر را به پیروزی رساندند و یا آن را سرمشق خود قرار دادند؛

۲-۱-۲) مبارزه برای رهایی ملی و انقلاب سوسیالیستی را به عنوان یک مبارزه‌ی جهانی آغاز کردند، و

۲-۱-۳) در سال ۱۹۱۹ تشکیل و تحکیم بین‌الملل کمونیست ـ اولین رهبری انقلابی واقعی در سطح جهان ـ را تحت یک پرچم پرولتری ممکن ساختند.

۲-۲) وظیفه‌ای که امروز هنوز پابرجاست، متشکل کردن زحمتکشانِ جهان برای حرکت به سوی تکمیل انقلابیِ سرنگونی امپریالیسم و پیروزیِ انقلاب سوسیالیستی در سرتاسر جهان است.

۳ـ به زعم تبلیغات اغلب "صاحب‌نظران"، سال ۱۹۹۰ سرآغاز دهه‌ی پیروزی سرمایه‌داری و دموکراسی بورژوائی نیست، گرچه به باور آنان سوسیالیسم نشان داده که از نظر اقتصادی کارایی ندارد و از نظر سیاسی استبدادی است.

۳-۱) بحران غیر قابل علاج رژیم‌های کاست انگل‌وار به افسانه‌ای که در دهه‌ی ۱۹۳۰ آغاز شد و دوایر بورژوا و خرده‌بورژوا در ابعاد گسترده‌ای بر آن باور داشتند مهر بطلان می‌زند؛ افسانه‌ای که ادعا می‌کرد ضدانقلاب

استالینیستی در اتحاد شوروی منجر به ظهور یک شیوه‌ی تولید نوینِ با ثبات تاریخی و یک نظام جدید ستمگری شده است.

۳-۱-۱) مدافعان گوناگون این نظرگاه اغلب در ابتدا رژیم حاکم بر اتحاد شوروی را و پس از آن رژیم‌های اروپای شرقی و مرکزی را به گونه‌ای مطرح کرده‌اند که گویا دژهای مستحکم و تسخیرناپذیرند: به عنوان یک نظام اجتماعی نوین که، به دلیل خفقانِ بی‌امانش، قرن‌ها دوام خواهد آورد.

۳-۱-۲) برخی پیش‌بینی می‌کردند که این رژیم به تدریج با نظام سرمایه‌داری که همواره استبدادی‌تر می‌شود همگرا خواهد شد. بدین دلیل که عده‌ی قلیلی از نخبه‌سالاران بر مردمان زحمتکشی که وجه مشخصه‌ی آنان غیرسیاسی شدنِ روزافزون، کم عیاری، مصرف‌گرایی و فرهنگ ظاهرپرستی است مسلط شده‌اند.(۲۰)

۳-۲) دنیا نیز به سوی یک دوران دموکراسیِ بورژوایی دایمیِ در حال توسعه و تکامل‌یابنده در حرکت نیست.

۳-۲-۱) طرح صراحتاً بورژواییِ این ادعای دموکراسی که سال پیش در بوق و کرنا دمیده شد توجیهی از جانب سرمایه‌داری برای استثمار و سرکوبِ زحمتکشان در سرتاسر جهان است. واقعیت بر خلاف این ادعاست. در حقیقت، افزایش مقاومت کارگری و دهقانی علیه عواقب ناشی از کارکرد سرمایه‌داری را طبقه‌ی حاکم در دهه‌ی آینده با تهاجم روزافزون علیه فضای سیاسی و حقوق دموکراتیک پاسخ خواهد گفت.(۲۱)

۳-۲-۲) یک تعبیر خرده‌بورژوایِ رادیکال از این سناریو در نیمه‌ی دوم دهه‌ی ۱۹۸۰ به طور بارز منتسب شد به سخنگویان بخش غالب رهبریِ جبهه‌ی آزادیبخش ملی ساندنیست در نیکاراگوئه و کسانی که

در قاره‌ی آمریکا و سایر نقاط جهان از این جبهه تأسی می‌کردند.

۳-۲-۲-۱) آنان انقلاب نیکاراگوئه را به عنوان یک "راه سوم" و بینابین سرمایه‌داری و کمونیسم مطرح کرده‌اند ـ راه سومی که می‌تواند تجدید ساختارِ اجتماعی و توسعه‌ی اقتصادی را از راه پرهیز از ایجاد دیکتاتوری پرولتاریا فراهم کند، نه از راه رهبری به سوی آن.

۳-۲-۲-۲) این راه میانی بر مبنای این پیشگویی توجیه شده است که گویا جهان ـ هم "شرق" و هم "غرب" ـ به سوی یک دموکراسی گسترده‌تر، سیاست خارجی "انسانی‌تر" مبتنی بر دتانت و تنش‌زدایی، و نوعی همگرایی بر مبنای "اقتصاد مخلوط" از نوع سوسیالیستیِ توأم با بازار آزاد و سرمایه‌داریِ بشردوستانه گام برمی‌دارد.

۳-۲-۲-۳) نیکاراگوئه‌ی "ساندنیست" به عنوان طلایه‌دار این روند معرفی می‌شد که هم در مقابل نیروهای محافظه‌کار و خودکامه‌ی "اردوگاه امپریالیسم"(نظیر رگانیسم در مقابله با ائتلاف رنگین‌کمان[1]) ایستاده است و هم در مقابل "اردوگاه سوسیالیسم" (نظیر فرآیند تصحیحِ کوبا در مقایسه با روش‌های "روشنگرانه‌ی" گورباچف، یعنی پِرسترویکا و گلاس نوست).

۳-۲-۲-۴) شکست در نیکاراگوئه ضربه‌ی سختی بر این ایدئولوژی در جنبش کارگری وارد کرده است. این ایدئولوژی از نوع خرده‌بورژوایی است ـ که اساسش ضدِ طبقه‌ی کارگر و ضدکمونیستی است ـ و نیروی محرکه‌ی آن مطالبه‌ی حمایت از زحمتکشان برای کسانی است که "باعث بهبود اوضاع" آن‌ها خواهند شد و در تقابل قرار دادن این خط‌ومشی با سازماندهی و بسیج

1- Rainbow Coalition ائتلافی از لیبرال‌ها و "چپ" در ایالات متحده

کارگران و کشاورزان به منظور پیشبرد انقلاب اجتماعی و ساختن حزب انقلابی است.(۲۲)

۳-۳) روند امور طی هفتاد سال گذشته، که وقایعِ سال گذشته مُهر تأییدی بر آن بود، همچنین خط بطلان بر ادعاهای استالینیست‌ها کشیده است؛ نظیر اینکه ما در عصر "همزیستی مسالمت‌آمیز"، یا "رقابت صلح‌آمیز میان نظام‌های اجتماعی گوناگون" و یا ساختن بوروکراتیک "سوسیالیسم در یک کشور" بسر می‌بریم؛ یا به طریق گورباچفیِ آن: انتشار "ارزش‌های انسانیِ جهان شمول".

۳-۳-۱) این واقعیت ندارد که مبارزات انقلابیِ کارگران و دهقانان علیه امپریالیسم خطر جنگ را افزایش می‌دهد.

۳-۳-۲) پیشروی مبارزات جهانی در راه آزادیِ ملی و سوسیالیسم، امپریالیسم را عقب می‌زند و تضعیف می‌کند، از جمله اینکه ظرفیت سیاسی آن را برای جنگ‌افروزی کاهش می‌دهد.

۳-۳-۳) گرچه واشنگتن همچنان بر رژیم‌های ضدانقلابیِ استالینیست به عنوان یک سپر ضدانقلابی علیه تسخر قدرت به دست زحمتکشان تکیه می‌کند، ولی حکومت شوروی تحت گورباچف در ایجاد موانع علیه مبارزات ضدامپریالیستی و ضدسرمایه‌داری در ضعیف‌ترین حالت خود از زمان استالین تاکنون قرار دارد.

۳-۴) اما، آنگونه که بسیاری از نیروهای سیاسیِ بورژوا و خرده‌بورژوا ادعا می‌کنند (هم در کشورهای امپریالیستی و هم در خود دولت‌های کارگری) که به‌هم‌ریختگیِ رژیم‌های اروپای شرقی و مرکزی باعث آغاز یک عصر "دموکراسی" می‌شود نیز صحت ندارد.

۳-۴-۱) یا طبقه‌ی کارگر در دولت‌های کارگری انحطاط‌یافته، از طریق مبارزاتی کم و بیش طولانی، پیشگامان کمونیستی را به وجود

خواهد آورد که بتوانند توده‌های مردم را در مبارزه برای برقراری دموکراسیِ شورایی و برقراری دموکراسیِ کارگران و دهقانان پیروز سازند؛ یا سرمایه‌داری در نهایت با دریای خونی که اشغالگران امپریالیست با کمک ضدانقلابیون داخلی به راه خواهند انداخت دوباره بر مسند قدرت خواهد نشست.

۳-۴-۲) به‌هیچ‌وجه امکان ندارد نوعی "دموکراسی" بی‌طبقه‌ی باثبات در دولت‌های کارگری انحطاط‌یافته و ناقص‌الخلقه برقرار شود که در خدمت منافع "کل مردم" باشد.

۴ـ این امپریالیسم است که در اثر بحران شتاب‌یابنده‌ی رژیم‌های استالینیست بیشترین ضربه را خورده است؛ رژیم‌هایی که به عنوان مطمئن‌ترین ابزار برای انتقال ارزش‌های سرمایه‌داری به درون دولت‌های کارگری و در ابعادی وسیع‌تر به درون جنبش جهانیِ کارگری عمل کرده‌اند.

۴-۱) به رغم درنده‌خوییِ امپریالیسم در قرن حاضر ـ از هیروشیما گرفته تا اردوگاه‌های نازی‌ها، تا بمباران گسترده‌ی ویتنام ـ و به رغم اینکه دستگاه کشتار بین‌المللی استالنیست‌ها زحمتکشان و طلایه‌دارانشان را در ابعاد وسیعی به قتل رسانده است، با این حال، کارگران و دهقانان همواره توانسته‌اند تجدید قوا کنند و برای کسب حقوق خود و برای یک زندگیِ شایسته به مبارزه ادامه دهند. نه طبقات استثمارگر توانسته‌اند این مبارزه را متوقف سازند و نه همدستان استالینیست‌شان.

۴-۱-۱) چنانچه کارگران و دهقانان قادر نباشند بحران‌های ناشی از سرمایه‌داری را که بشریت با آن روبروست حل و فصل کنند و از دست‌آوردهای عظیم طبقه‌مان، از اکتبر ۱۹۱۷ گرفته تا حال، دفاع کنند، آن گاه امپریالیسم شکست‌های خونینِ جدیدی را از طریق برپا کردنِ فاشیسم و جنگ به ما تحمیل خواهد کرد. پیروزیِ کارگران و

کشاورزانِ استثمار شده در گرو ساختنِ رهبریِ کمونیست است. در عین حال سیر تحولات تاریخیِ قرن بیستم به سمت تضعیف سلطه‌ی استثمار و ستمِ نظام امپریالیستی و به سمت تضعیف آخرین امپراتوری جهان، ایالات متحده‌ی آمریکا، حرکت کرده است.

۴-۱-۲) استثمارگران قادر نبوده‌اند مشکلِ رکودِ روزافزون و آسیب‌پذیریِ نظام جهانیِ سرمایه‌داری را حل کنند. آنان نتوانسته‌اند حتی در یک کشور امپریالیستی شکستی خردکننده به زحمتکشان و جنبش کارگری تحمیل کنند. نتوانسته‌اند موانع موجود بر سر راهشان را از میان بردارند، موانعی که نمی‌گذارند استثمارگران تمام ظرفیت خود را برای راه انداختن جنگ‌های مستمر بکار گیرند. آن‌ها همچنین نتوانسته‌اند مانع از بروز طغیان و مبارزه برای رهاییِ کارگران و دهقانانِ جهان مستعمرات و نیمه‌مستعمرات شوند. استثمارگران قادر نشده‌اند از ۱۹۱۷ تاکنون روابط سرمایه‌داری را حتی در یکی از کشورهایی که این روابط در ان سرنگون شده‌اند دوباره برقرار سازند.

۴-۱-۳) انترناسیونالسم انقلابیِ حکومت و حزبِ کمونیستِ کوبا و مبارزاتی که به رهبریِ کنگره ملی آفریقا برای سرنگونی رژیم آپارتاید صورت می‌گیرد آخرین آثار باقی مانده از یک روزگار سپری شده نیستند، بلکه نمونه‌هایی هستند از آینده‌ای که در پیشِ روی ماست. مبارزات طبقاتی، انقلاب‌های مردمی، جنبش‌های آزادی‌بخش ملی و جنگ‌های داخلی، وجه مشخصه‌ی این آینده هستند.

۴-۲) دست‌آوردهای زحمتکشانِ اروپای شرقی و مرکزی علیه رژیم‌های ستمگر در سال‌های ۱۹۸۹-۱۹۹۰ هم‌اکنون باعث شده‌اند که بشریت مبارز به یکدیگر نزدیک‌تر شوند و تقارب پیدا کنند.

۴-۲-۱) آنچه الساعه مطرح می‌باشد، آغاز فروریختن دیوارهایی

است که مبارزات زحمتکشانِ دولت‌های کارگریِ اروپای شرقی را از مبارزات زحمتکشان اروپای غربی سرمایه‌داری جدا می‌کردند.

۴-۲-۱-۱) این تقارب تاکنون بیشترین پیشروی را در وصل چشم‌اندازها و مبارزات کارگران آلمان غربی و آلمان شرقی به یکدیگر داشته است.

۴-۲-۱-۲) جریانِ مشابهی را می‌توان در مبارزات انفجارآمیز آذربایجان شوروی مشاهده کرد که زحمتکشان اتحاد جماهیر سوسیالیستی شوروی، ایران و ترکیه را به سوی گشایش مبارزات مشترک کارگران و کشاورزان در شرق و مرکز هدایت کرد.(۲۳)

۴-۲-۲) امکان ادغام اروپا و اتحاد شوروی در انقلاب جهانی فراهم شده است؛ برای آنکه بیاموزند، همبستگی کنند، و با کارگران و کشاورزان اروپا، آمریکای شمالی، و سراسر دنیای امپریالیستی، همچنین با مبارزاتِ انقلابیِ آفریقای جنوبی، کوبا و سراسر جهان ارتباط برقرار سازند.

۴-۲-۳) روند، جهت‌گیری و نتایج نبردهایی که در دولت‌های کارگری انحطاط‌یافته و ناقص‌الخلقه آغاز شده است با آنچه در مبارزه‌ی طبقاتی در سطح جهان صورت می‌گیرد، مرتبط است و برعکس.

۴-۳) تقارب مبارزات زحمتکشان در سطح جهان راه را باز می‌کند تا تعداد هرچه بیشتری از انقلابیون کمونیست شوند و پیشروی به سوی بازسازیِ رهبریِ پرولتری و یک جنبش بین‌المللیِ کمونیست صورت گیرد.

۴-۳-۱) دنیایی که در پیشِ روی ما در حال انکشاف است تعداد بیشتری مالکم ایکس‌ها، موریس بیشاپ‌ها، توماس سانکاراها، نلسون

ماندلاها، چه گواراها و فیدل کاستروها به خود خواهد دید.

۴-۳-۱-۱) مبارزه، آنان را به سوی بازسازیِ رهبریِ کمونیستی خواهد کشاند.

۴-۳-۱-۲) آنان بیشتر و بیشتر در خواهند یافت که کمونیسم نقطه‌ی مقابلِ استالینیسم و سوسیال دموکراسی است و راهی است به سوی سرنگونیِ سرمایه‌داریِ جهانی و نه راهی برای سازش با آن.

۴-۳-۱-۳) کارگران طلایه‌دار در تمامی کشورها به طور روز افزونی به آنان به عنوان بخشی از رهبری مبارزات مشترک جهانی خواهند نگریست.

۴-۳-۲) با درهم شکسته شدن موانع عظیمی که استالینیست‌ها بر سر راه سیاسی شدنِ زحمتکشان در دولت‌های کارگری انحطاط‌یافته و ناقص‌الخلقه بر پا کرده بودند، در آنجا برای اولین بار پس از گذشت ده‌ها سال راه باز شده است تا اقشاری از آن زحمتکشان تحت تأثیر سرمشق‌ها، نوشته‌ها و سخنرانی‌های این انقلابیون و دیگر رهبران کمونیست قرار گیرند، از آن‌ها الهام بگیرند و به شوق آیند.

۴-۴) مارکس، انگلس، لنین، تروتسکی و چه گوارا نه ناقل وحی بودند و نه پیامبر. آنان رزمندگان انقلابی و نیز دانشمندانی بودند که تجربیاتی را که بشریت زحمتکش بهای زیادی برایشان پرداخته بود در جهت تنها مسیر پیشروی کارگران جهان تعمیم دادند: مسیری به سوی برقراریِ دیکتاتوری پرولتاریا و گشایش راهی انتقالی به سوی سوسیالیسم و آینده‌ی کمونیستیِ بشریت.

یادداشت‌های فصل سوم

۱ـ شوراها نهادی بودند متشکل از نمایندگان سربازان، دهقانان، و کارگران کارخانه‌ها و سایر مراکز کار که در آغاز قیام انقلابی روسیه در فوریه ۱۹۱۷ پا به عرصه‌ی وجود گذاشتند. شوراها بنیادی‌ترین نهادهای حکومت کارگران و دهقانان شدند که تحت رهبری بلشویک‌ها پس از قیام پیروزمندانه در اکتبر ۱۹۱۷ بر مسند قدرت نشست.

۲ـ هنوز سال ۱۹۱۸ به نیمه نرسیده بود که زمینداران و سرمایه‌دارانِ امپراتوریِ سابق تزار علیه جمهوری کارگران و دهقانان، که بلشویک‌ها آن را رهبری می‌کردند، جنگ داخلی راه انداختند. حکومت‌های چهارده کشور ـ از جمله حاکمان امپریالیستِ انگلستان، فرانسه، ژاپن، و ایالات متحده ـ به شوروی حمله کردند تا حاکمیت زحمتکشان را سرنگون کنند. پیش از آنکه سال ۱۹۲۰ به پایان برسد، ارتش سرخ ضدانقلاب و متحدین بین‌المللی‌اش را شکست داد. اما خسارت جنگ عظیم بود. میلیون‌ها کارگر و دهقان، که بسیاری از آنان رزمندگان طلایه‌دار بودند، یا کشته و یا از گرسنگی و مرض تلف شدند. تولید در صنعت و کشاورزی ویران شد.

۳ـ مراجعه کنید به گزارش و تزهای لنین درباره‌ی مسأله‌ی ملی و مستعمرات در مقاله‌ی:

Workers of the World and Oppressed Peoples, Unite! Proceedings of the Second Congress, 1920, vol. 1, pp. 211-16, 283-90, part of the Pathfinder series, The Communist International in Lenin's Time.

۴ـ مراجعه کنید به :

Lenin's Final Fight, Speeches and Writings 1922-23 (Pathfinder, 1995).

۵ـ حدوداً تا اواخر ۱۹۹۰ جمهوری‌های شوروی سابق حاکمیت خود را اعلام

کرده بودند، اما، مسکو اعلام وجود آن‌ها را فقط پس از کودتای نافرجام اوت ۱۹۹۱ به رسمیت شناخت و متعاقباً تا دسامبر ۱۹۹۱ همه‌ی آن‌ها استقلال خود را اعلام کردند. پیرو انحلال اتحاد شوروی دوازده جمهوری از پانزده جمهوری ـ همه به غیر از استونی، لتونیا و لیتوانی ـ بازار مشترک‌المنافع کشورهای مستقل را تشکیل دادند که یک کنفدراسیونِ منطقه‌ایِ ضعیف و بی‌انسجام بود.

۶ـ برای مطالعه‌ی فرایند خودمختاری در نیکاراگوئه مراجعه کنید به:

"Defend Revolutionary Nicaragua: The Eroding Foundations of the Workers and Farmers Government", pp. 203-5 , in issue no. 9 of *New International*.

۷ـ سخنرانی چه گوارا را که در حضور ۶۳ نماینده‌ی حکومت‌های آفریقایی و آسیایی و ۱۹ سازمان آزادیبخش ملی ایراد شد می‌توانید با مراجعه به کتاب ذیل مطالعه کنید:

Che Guevara and the Cuban Revolution: Writings and Speeches of Ernesto Che Guevara (Pathfinder, 1987).

۸ـ سازمان تجاری کومکون در سال ۱۹۴۹ به ابتکار مسکو و برای تحقق هدف اعلام‌شده‌ی هماهنگی سیاست‌های تجاری و سرمایه‌گذاری شوروی و دولت‌های کارگریِ اروپای شرقی تشکیل شد. سپس مغولستان در سال ۱۹۶۲، کوبا در ۱۹۷۲ و ویتنام در ۱۹۷۸ به آن پیوستند. یوگسلاوی عضو نبود ولی در برخی از بدنه‌های کومکون شرکت می‌کرد. آلبانی در ۱۹۶۱ از آن جدا شد. کره شمالی و چین هرگز عضو و یا وابسته نبودند. کومکون در ژانویه ۱۹۹۰ اعلام داشت که از آن پس بر مبنای قیمت‌های بازار جهانی و قابل پرداخت به ارز بین‌المللی عمل خواهد کرد. این سازمان هیجده ماه پس از آن در ژوئن ۱۹۹۱ رسماً منحل شد.

۹ـ منشویک‌ها یک حزب سازش‌ـطبقاتی در روسیه و وابسته به بین‌الملل سوسیالیست بودند که در سال‌های نخستین قرن بیستم از برنامه‌ی مارکسیستی و اصول سازمانی انقلابی بلشویک‌ها بریدند. منشویک‌ها طی جنگ جهانی اول با مشی بلشویک‌ها که مبتنی بر استفاده از بحران جنگی برای پیشروی به

سوی سرنگونی انقلابی رژیم تزار بود مخالفت کردند. برخی از منشویک‌های بانفوذ علناً از سیاست‌های حکومت زمینداران و سرمایه داران پشتیبانی کردند و خواستار پیروزی ارتش روس و متفقین امپریالیستش شدند. منشویک‌ها فعالانه با انقلاب اکتبر که بلشویک‌ها آن را رهبری می‌کردند مخالفت ورزیدند و در جنگ داخلی ۱۹۱۸-۱۹۲۰ به تهاجم ضد انقلابی علیه جمهوری کارگران و دهقانان ملحق شدند.

۱۰ـ گورباچف در سال ۱۹۸۵ به دبیر کلی حزب کمونیست شوروی انتخاب شد. او در سال ۱۹۸۸ طرحی پیاده کرد که موجب تغییراتی در قانون اساسی شوروی شد و مقام ریاست جمهوری را قوت بخشید. پیش از آن، مقام ریاست جمهوری مقامی تشریفاتی بود که افراد کم آوازه‌تری به آن سِمت برگزیده می‌شدند. گورباچف در سال ۱۹۸۹ به ریاست جمهوری انتخاب شد و منصب خود را به عنوان دبیر کل حزب نیز حفظ کرد.

۱۱ـ "تهمت به نظام اجتماعیِ دولت شوروی"، طبق ماده ۱-۱۹۰ قانون جنایی، غیر قانونی بود.

۱۲ـ مراجعه کنید به مقالات چه گوارا و دیگران در کتاب‌های ذیل:

1) Part two of Pathfinder's *Che Guevara and the Cuban Revolution.*

2) "On the concept of Value", and "The Meaning of Socialist Planning" in *New International* no. 8.

3) "The Politics of Economics: Che Guevara and Marxist Continuity" by Steve Clark and Jack Barnes in *New International* no. 8.

4) *Che Guevara: Economics and Politics in the Transition to Socialism* by Carlos Tablada (Pathfinder, 1989).

۱۳ـ جنبش استالینیستی که از پیش تضعیف شده بود، پس از سقوط رژیم گورباچف در شوروی در اواخر سال ۱۹۹۱، به عنوان یک نیرو در سیاست جهانی از هم پاشیده شد. در اثر نحیف شدن، انشعابات عدیده و در برخی موارد فروریختنِ کامل احزاب استالینیست، چسب جبهه‌ی مردمیِ سازش-طبقاتی که "چپ" ـ از جمله سوسیال دموکرات‌ها، لیبرال‌ها، و رادیکال‌های خرده‌بورژواهای رنگ و وارنگ ـ را دور هم نگهداشته بود

خاصیت چسبندگی خود را از دست داد. این باعث شده است که سنگ‌اندازی‌های فرقه‌گرایانه‌ی روندهای خرده‌بورژوا، به منظور ممانعت از همکاری انقلابیون با یکدیگر و یا ایجاد مانع در راه شرکت آنان در ائتلاف‌های فراگیر برای اقدامات عملی و تشکیل جبهه‌ی واحد، دشوار شود. این به دورانی که ده‌ها سال به طول انجامید و طی آن اکثریت غالب کارگران و جوانان انقلابی-اندیش که به سوی عقاید کمونیستی جلب می‌شدند کارشان به پیوستن به روندهای جعل شده از کمونیسم می‌انجامید و آنان را از نظر سیاسی و به عنوان یک انقلابی نابود می‌کرد خاتمه داد.

۱۴- برای مثال، نرخ متوسط سالیانه‌ی رشد اقتصادی در اتحاد شوروی در دهه‌ی ۱۹۵۰ به اوج خود رسید و به ۶ درصد بالغ شد و پس از آن پیوسته سیر نزولی را طی کرد تا اینکه در سال ۱۹۸۹ و درست قبل از فروپاشی رژیم استالینیستی به اُفت مطلق رسید.

۱۵- زحمتکشان از نخستین سال‌های انقلاب روسیه اجاره بهای ناچیزی پرداخته و نان و سایر مایحتاج خود را به قیمت نازلی خریده و از تضمین شغلی برخوردار بودند. این‌ها دست‌آوردهایی بودند که رژیم‌های استالینیست که متعاقباً بر سر کار آمدند سعی نکرده بودند آن‌ها را اساساً تغییر دهند به این امید که سلطه‌ی آنان مورد تعرض قرار نگیرد. در ژوئن ۱۹۸۷ گورباچف جریان "پِرستوریکا" را راه انداخت، این لغت روسی معادل کلمه تجدید ساختار است. او گفت: "اصلاح رادیکال قیمت‌گذاری‌ها مهم‌ترین بخشِ رفع عیوب اقتصادی است". حال آنکه قبل از فرارسیدن سال ۱۹۹۰، گورباچف بر اثر ناآرامی‌های آتی قابل پیش‌بینی طبقه‌ی کارگر و نیز در مواجهه با نخستین اعتصابات معدنچیان و سایر کارگران و تظاهرات خیابانی گسترده، که برای نخستین بار پس از سال‌ها رخ می‌داد، از موضع برنامه‌ریزی‌شده‌ی خود برای افزایش قیمت‌ها و تعدیل نیروی انسانی در مراکز تولیدی و سایر مراکز دولتی عقب‌نشینی کرده بود. او در یک بازدید از کارخانه‌ای در آوریل ۱۹۹۰ به کارگران گفت: "فریادهای هشداردهنده‌ی شما را شنیده‌ام." ولی هنگامی که در آوریل ۱۹۹۱ بالاخره رژیم برنامه‌ی خود را برای افزایش قیمت‌های ارزاق عمومی و سایر مایحتاج اعلام داشت، گورباچف به طور همزمان گشت‌های

ارتش-پلیس را به ۴۰۰ شهر اعزام و فراخوانی برای غیرقانونی کردن اعتصاب و تظاهرات صادر کرد. بالاخره بوریس یلتسین، رییس جمهور روسیه، در ژانویه ۱۹۹۲ متعاقب استعفای گورباچف، برنامه‌ی افزایش قیمت‌ها را عملی کرد.

۱۶- این دست‌آوردهای تئوریک در مبسوط‌ترین و دقیق‌ترین شکل در دو نوشته‌ی لئون تروتسکی ارائه شده‌اند: *The Revolution Betrayed* و همچنین *In Defence of Marxism*. هر دو کتاب توسط انتشارات پاث‌فایندر منتشر شده‌اند.

۱۷- رژیم‌های روسیه و سایرین در اتحاد شوروی سابق و در سراسر اروپای‌شرقی و مرکزی به هیچ وجه به سمت روابط اجتماعی با ثباتِ سرمایه‌داری حرکت نکرده و از سال ۱۹۹۰ تاکنون در بحران‌های اقتصادی و اجتماعی دست و پا زده‌اند. تولید این کشورها هشت سال پی در پی با نرخی که در برخی موارد بالغ بر ۲۰ درصد بوده سقوط کرده است. فقط در سال ۱۹۹۷ مجدداً رشد خالص اقتصادی، گرچه ناموزون، به میزان کمی در کل این مناطق به نرخ متوسط ۱/۷ درصد رسید. با این حال، در پایان سال ۱۹۹۷ تولید در روسیه و سایر جمهوری‌های سابق اتحاد جماهیر سوسیالیستی شوروی حدوداً به ۵۰ درصدِ سال ۱۹۹۰ سقوط کرده بود. سرمایه‌گذاری در روسیه در این مدت ۹۰ درصد کاهش یافت و تعداد رأس‌های احشام ۷۵ درصد اُفت کرد. طنین بحران آسیا این منطقه را در نیمه‌ی اول سال ۱۹۹۸ دچار شوک کرد.

در حدود نیمی از جمعیت روسیه زیر کمربند فقر زندگی می‌کنند (کمربند فقر ۱۲۰ دلار در ماه تعریف شده است) و، طبق گزارش ۱۹۹۷ سازمان ملل، یک سوم جمعیت این منطقه - حدود ۱۲۰ میلیون نفر - به سختی با کسب ۴ دلار در روز خود را به بالای کمربند فقر می‌کشند. متوسط طول عمرِ پیش‌بینی شده برای مردان روسیه که در سال ۱۹۹۰ حدوداً ۶۴ سال پیش‌بینی می‌شد، در سال ۱۹۹۵ به ۵۷ سال و برای زنان از ۷۴ سال به ۷۲ سال سقوط کرد. از سال ۱۹۹۵ تاکنون میزان تولد نوزادان تقریباً نصف شده است، در نتیجه، طی هر سال یک میلیون نفر از جمعیت کاسته شده است. نزول مشابه و شاید با

شدت کمتری در سلامتی و طول عمر پیش‌بینی‌شده‌ی مردم آلمان شرقی، آذربایجان، بلغارستان، لتونی و رومانی رخ داده است.

در روسیه بیکاری بر مبنای آمارِ دست‌کم گرفته‌شده‌ی رسمی تا اواسط ۱۹۹۸ دوبرابر شده و به ۱۰ در صد رسیده است، نرخ بیکاری از جمله در بلغارستان، مجارستان، لهستان و جمهوری اسلواکی رسماً به بالاتر از ۱۰ درصد رسیده است. در حدود ۴۰ درصد از کارگران روسیه هفته‌ها یا ماه‌ها دستمزدی دریافت نمی‌کنند ـ دستمزدهای عقب افتاده در اواسط ۱۹۹۸ به ۱۱ میلیارد دلار رسید ـ این باعث شده است که در اواسط ۱۹۹۸ موجی از اعتصابات معدنچیان، کارگران راه‌آهن، کارگران صنعت نفت و سایرین آغاز شود.

۱۸ـ کتاب: *The Revolution Betrayed*, p. 230.

۱۹ـ کمی پس از آن، در سال ۱۹۹۰ فرآیند مشابهی باعث سقوط رژیم و حزب در بلغارستان و در ۱۹۹۱ در آلبانی شد.

۲۰ـ لئون تروتسکی، از رهبران بلشویک، در مقالاتی که در سال‌های ۱۹۳۹-۱۹۴۰ نوشت، نظرات نخستین مبلغین این بینش را پاسخ گفت. مقالات او در این باره در کتابی به نام: *In Defence of Marxism* توسط انتشارات پات‌فایندر چاپ شده است. تروتسکی در این مقالات به تحلیل نظرات دو نفر پرداخت به نام‌های برونو ریزی[1]، یک ایتالیایی که قبلاً مارکسیست بود و کتابی تحت عنوان "بوروکراتیک شدن جهان" نوشته بود و همچنین نظرات جیمز برنهام[2] یکی از رهبران یک روند خرده‌بورژوا در حزب کارگران سوسیالیست در ایالات متحده که در سال ۱۹۴۰ تحت فشار افکار عمومی ناسیونالیستیِ بورژوایی در آستانه‌ی ورود ایالات متحده به جنگ جهانی دوم از کمونیسم بُرید. چند ماه بعد، برنهام کتابی در این زمینه نوشت به نام "انقلاب مدیریتی" که یکی از پرفروش‌ترین کتاب‌های زمان خود شد. از زمان جنگ جهانی دوم تاکنون چندین نوع از این نظریه‌ی "تقارب" باب شده است که از جمله می‌توان به رمان ۱۹۸۴ نوشته‌ی جورج اورول اشاره کرد،

1- Bruno Rizzi   2- James Burnham

همین طور رمان‌ها و مقالات "حریت‌گرایی" دست‌راستی آیان راند[1] (و مریدان او از جمله آلن گرینزپان[2] البته در سالیانی که او هنوز به سطح بانکدار اصلی امپریالیسم ایالات متحده صعود نکرده بود). نزدیک‌ترین آن‌ها به زمان اخیر یعنی ریچارد هرنستاین و چارلز موری[3] نویسندگان کتاب:
"منحنی ناقوسی: ذکاوت و ساختار طبقاتی در زندگی امریکایی" هستند که در سال ۱۹۹۴ چاپ شد.

۲۱ـ در مقاله‌ای که در یک مجله در سال ۱۹۸۹ تحت عنوان "پایان تاریخ" منتشر شد، یکی از صاحب‌منصبان رسمی وزارت امور خارجه ایالات متحده به نام فرانسیس فوکویاما[4] نوشت که "سرمایه‌داری دموکراتیک خاتم تکامل ایدئولوژی نوع بشر" و "غایت حکومت بشری" و "پیروزی نظریات غربی" است. درست در اوج سخنان روزافزون گورباچف درباره "ارزش‌های مطلق بشری" و در آستانه‌ی سقوط نخستین رژیم استالینیست اروپای شرقی در لهستان، مقاله‌ی فوکویاما را رسانه‌های گروهی بورژوایی در بوق و کرنا دمیدند.

۲۲ـ شعار سازمان آزادیبخش ساندنیست (FSLN) در انتخابات ریاست جمهوری ۱۹۹۰ این بود. "ما داریم پیروز می‌شویم. همه چیز بهتر خواهد شد."

۲۳ـ گورباچف در ژانویه ۱۹۹۰ در جمهوری آذربایجان حکومت نظامی اعلام کرد، این جمهوری در قسمت جنوبی منطقه ماورای قفقاز در اتحاد شوروی سابق واقع شده است. نیروهای نظامی مسکو به پایتخت آن باکو یورش بردند و آذربایجانی‌های زیادی راکشتند. به عنوان مستمسکی برای این یورش، گورباچف به اصطکاک‌های موجود میان جمهوری‌های آذربایجان و ارمنستان بر سر منطقه‌ی ناگورنو-قره‌باغ متوسل شد. این منطقه در آذربایجان قرار دارد، اما جمعیت آن بیشتر ارمنی هستند. در واقع، مسکو سعی داشت با به نمایش گذاشتن نیروهای نظامی خود مانع از فروپاشی اتحاد شوروی شود، که موفق نشد.

آذربایجانی‌ها مردمی ترک زبان هستند که سرزمین مادریشان تقسیم شده

1- Ayn Rand
2- Alan Greenspan
3- Richard Herrnstein, and Charles Murray
4- Francis Fukuyama

است میان جمهوری مستقل آدربایجان فعلی و منطقه‌ی آذربایجانِ شمال ایران. پیش از آن، در ژانویه ۱۹۹۰ در هر دو سوی مرزهای این دو منطقه تظاهراتی صورت گرفته بود که خواستشان داشتن حق رفت و آمد آزاد به هردو طرف و اتحاد ملی بود. آذربایجانی‌ها در هر دو منطقه و همچنین اقلیت آذربایجانی در ترکیه به حضور نیروهای مسکو اعتراض کردند و خواهان عقب‌نشینی آنان شدند.

عکس از مارتین کوپل[1] از نشریه میلیتانت

۱۷ام اکتبر ۱۹۹۷، سانتا کلارا، کوبا، مراسم بزرگداشت ورود بقایای ارنستو چه گوارا و شش چریک دیگر بولیویایی، کوبایی و پرویی که در مبارزات ۱۹۶۶-۱۹۶۷ در بولیوی کشته شدند. "انترناسیونالیسم انقلابی آخرین آثار باقی مانده از یک روزگار سپری شده نیست، بلکه نمایانگر آینده‌است که در پیشِ روی ما قرار دارد. مبارزات طبقاتی، انقلاب‌های مردمی، جنبش‌های آزادیبخش ملی و جنگ‌های داخلی، وجه مشخصه‌ی این آینده هستند."

1-Martin Koppel

عکس از ریک استوارت[1] از نشریه میلیتانت

اتحادیه گرایان سوسیالیست در حال صحبت با معدنچیان ذغال‌سنگ وست ویرجینیا در ماه مه ۱۹۹۷ در حین فروش هفته‌نامه‌ی میلیتانت و کتب و جزوات انقلابی. "فروش هفتگی، از جمله فروش در مقابل کارخانه‌ها و تلاش جهانی برای فروش آبونمان و تجدید آبونمان، موجب پیدایش جمع خوانندگان درازمدت در میان مبارزان طبقه‌ی کارگر در سراسر جهان شده است که برایشان میلیتانت و سایر نشریات ما سلاح‌های جایگزین‌ناپذیری هستند."

1- Rich Stuart

فصل چهارم

بازسازی یک جنبش کمونیستی جهانی

الف-حزب کمونیست کوبا

۱ـ رهبری حزب کمونیست کوبا، از زمان بلشویک‌ها تاکنون، نخستین رهبری‌ای است که یک دولت کارگری را به شیوه‌ی کمونیستی هدایت می‌کند. آن رهبری، در حالی که تحت فشارهای بی‌امان اقتصادی، سیاسی و نظامی امپریالیسم ایالات متحده قرار داشته، مشی انقلابی را به مدت سی و یک سال در رأس حکومت کوبا حفظ کرده است. این رهبری در این جریان:

۱-۱) یکی از رشته‌های تداوم کمونیستی را که از زمان ضدانقلاب استالینیستی قطع شده بود دوباره بهم پیوند زده است، ضدانقلابی که حزب بلشویک و بین‌الملل کمونیست را قبل از آنکه دهه‌ی ۱۹۲۰ به پایان برسد نابود کرده بود؛ و

۱-۲) رهبری حزب کمونیست کوبا روندی را مستقر کرده است که نام کمونیست برازنده‌ی اوست ـ نخستین روندی که خارج از تداوم مستقیم هسته‌ی کوچک بلشویک-لنینیست‌هایی است که حزب کارگران سوسیالیست در ایالات متحده را نیز در بر می‌گیرد؛ هسته‌ی کوچکی که از اواخر دهه‌ی ۱۹۲۰ تا دهه‌ی ۱۹۵۰ یکه و تنها ایستاده بود.

۲ـ تیم رهبری‌ای که فیدل کاسترو در رأس آن قرار داشت با موفقیت از جنب مانعی که یک حزب استالینیستِ وسیع عرضه کرده بود گذشت و زحمتکشان را در راه انقلاب و استقرار حکومت کارگران و دهقانان رهبری کرد.

۲-۱) بر مبنای آن پیروزی انقلابی، این رهبری بسیج مردمی را تعمیق

بخشید، به طوریکه به مصادره‌ی سرمایه‌داران خارجی و داخلی و زمینداران منتهی شد. بر مبنای آن پایه، دولت کارگری در کوبا بوجود آمد.

۲-۲) بر خلاف دولت‌های کارگری اروپای شرقی و مرکزی و آسیایی که بعد از جنگ جهانی دوم بوجود آمدند، دولت کارگری تازه پا گرفته در کوبا از بدو تولد تحت سلطه‌ی یک کاست خرده‌بورژوا، که به مرور زمان متبلورتر می‌شود، قرار نگرفت و از نظر کیفی دچار انحطاط بوروکراتیک نشد.

۲-۳) تیم رهبری‌ای که کاسترو در رأس آن قرار داشت، انقلاب را به گونه‌ای پیش برد که ساختن سوسیالیسم را آغاز کند، نه اینکه به مسیری بیفتد که به نظامی بدتر از سرمایه‌داری منتهی شود.

۲-۴) این رهبری، در جریان پیشبرد این وظایف، یک حزب کمونیست توده‌ای پرولتاریایی را بوجود آورد که مشی انترناسیونالیستی انقلابی‌ای را دنبال می‌کند.

۳ـ این "عامل ذهنی" ـ یعنی ماهیت اصیل انترناسیونالیستیِ پیشقراول پرولتری که هدایت‌کننده‌ی دولت کارگری کوبا است ـ مهم‌ترین عامل عینی نشأت گرفته از انقلاب کوبا و مهم‌ترین خدمت آن انقلاب است. نتایج این امر با خط سیر داخلی و بین‌المللی انقلاب به شکل لاینفکی گره خورده‌است.

۳-۱) کمونیست‌های کوبایی، انقلابیونِ عمل هستند، همان گونه که کمونیست‌های عصر جدید از انقلاب‌های اروپا در سال‌های ۱۹۴۷-۱۹۴۸ تاکنون بوده‌اند.(۱)

۳-۲) مشی کمونیستی که یک‌چنین رهبری طبقه‌ی کارگر تدوین کرده است، بنیادی‌ترین پیش‌شرط پیشروی به سوی ساختن سوسیالیسم بر مبنای پایه‌های یک دولت کارگری است؛ پیش‌شرط یافتن و تصحیح اشتباهات اساسی در این فرآیند است.

۳-۳) کوبا به یک نیروی قدرتمند عینی در جهان تبدیل شده است، که به مراتب فراتر از ارزیابی بورژوایی و خرده‌بورژوایی از وزنه‌ی "ژئوپولیتیکال" و اقتصادی آن است.

۴ـ سیاست انقلابی کوبا مبتنی بر ایجاد ارتباط با سایر نیروهای سیاسی جهان بر مبنای اصول انترناسیونالیستیِ پرولتری است.

۴-۱) اصول برنامه‌ای حزب کمونیست کوبا، مصوب ۱۹۷۵، اعلام می‌دارد که سیاست حزب عبارت است از "تحت‌الشعاع قرار دادن ... منافع کوبا در مقابل منافع عمومی مبارزاتی سوسیالیسم و کمونیسم، رهایی ملی، شکست امپریالیسم و ریشه‌کن کردن استعمار و همه‌ی اشکال استثمار و تبعیض ..."(۲)

۴-۲) مشی انترناسیونالیستی رهبری حزب کمونیست کوبا، بیش از هر چیز، آزمایش خود را در عمل پس داده است.

۴-۲-۱) آنان همبستگی سیاسی، کمک‌های اقتصادی و اجتماعی، اعزام متخصصین و نظامیان داوطلب خود را بی‌دریغ در خدمت مبارزات انقلابی و حکومت‌های تحت حمله‌ی امپریالیسم قرار داده‌اند ـ از ویتنام تا خاورمیانه و از آفریقا تا سراسر قاره‌ی آمریکا.

۴-۲-۲) شکست ارتش آفریقای جنوبی در نبرد کوئیتو کواناوال، با پی‌آمدهای گسترده‌اش، آخرین مثالی بود از اینکه کمونیست‌های کوبایی چگونه منابع دیکتاتوری پرولتاریا را برای پیشبرد مبارزات انقلابی سراسر جهان بسیج کرده‌اند.

۴-۳) حزب کمونیست کوبا در اجرای خط‌ومشی انترناسیونالیستی خود:

۴-۳-۱) می‌کوشد تا هر گونه مبارزه‌ی آشتی‌ناپذیری علیه سلطه‌ی امپریالیستی در هر نقطه‌ای از جهان را پیش ببرد؛

۴-۳-۲) حاضر نمی‌شود منافع کارگران و دهقانان را تحت‌الشعاع

حفظ مالکیت سرمایه‌داری و امتیازات ناشی از آن قرار دهد.

۴-۳-۳) دست خود را برای همکاری به سوی سایر انقلابیون عمل، خواه کمونیست باشند یا نباشند، دراز می‌کند؛ و

۴-۳-۴) برخوردش با رده‌های مبارزین از نوع برخورد با ابزار نیست که صرفاً باید تجهیز و اعزام شوند، بلکه به آنان به عنوان رهبران در حال تکوین می‌نگرد و در قابلیت و توانمندی آن‌ها در پیشبرد کارها هیچ گونه حد و مرزی از پیش تعیین نمی‌کند.

۴-۴) مشی انترناسیونالیستی حزب کمونیست کوبا باعث تقویت و استحکام دفاع از انقلاب کوبا در مقابل تهاجم امپریالیستی شده است.

۴-۴-۱) آگاهی روزافزون از وزنه‌ی بین‌المللی و مسئولیت‌های تاریخی دیکتاتوری پرولتاریا در کوبا، کلید افزایش ظرفیت و قابلیت پیشقراولان کمونیست در سازماندهی موفقیت‌آمیز و بسیج کارگران و دهقانان برای ایستادگی در مقابل فشارها و حملات امپریالیسم طی سه دهه‌ی گذشته بوده است.

۴-۴-۱-۱) تمایل به از خود گذشتگی در راه کمک به سایرین، که در حال مبارزه با امپریالیسم هستند، باعث افزایش آگاهی از اهمیت و نقش پیشروی انقلاب کوبا شده است.

۴-۴-۱-۲) شرکت داوطلبانه در مأموریت‌های بین‌المللی باعث رشد این آگاهی شده که معتقد است فقط از طریق بالا بردن آگاهی کمونیستی و افزایش کار داوطلبانه می‌توان انقلاب را در خود کوبا به پیش برد.

۴-۴-۲) مشی ضدامپریالیستی کوبا جسورانه بوده، اما توأم با بی‌احتیاطی نبوده است. سیاست‌گذاری‌های کوبا نشان داده است که

۴-۴-۲-۱) با تحت‌الشعاع قرار دادن سرعت و ماهیت دگردیسی

روابط اجتماعی داخلی کوبا در مقابل نیازهای مبارزات جهانی علیه امپریالیسم (برای مثال، کمک‌های مادی و نیروی انسانی تخصیص داده شده به آنگولا برای دفاع از خود) انقلاب کوبا پیشرفت کرده و دفاع از آن تقویت شده است؛

۴-۴-۲-۲) گسترش انقلاب جهانی برای ساختن سوسیالیسم اهمیت تعیین‌کننده‌ای دارد، هم در سرعت آن تأثیر می‌گذارد و هم در اینکه آیا امکان ساختن سوسیالیسم وجود دارد یا نه؛ و

۴-۴-۲-۳) تنها راه مؤثر ایستادگی در مقابل تهاجم بی‌وقفه‌ی امپریالیسم، تعمیق مداوم رهبریِ آگاهانه و مشارکت داوطلبانه‌ی زحمتکشان در امور اقتصادی، سیاسی، مبارزات جهانی ضدامپریالیستی و دفاع از انقلاب است.

۵ـ بزرگ‌ترین چالش و مانعی که رهبری انقلاب کوبا از ۱۹۵۹ تاکنون با آن مواجه بوده، این مطلب است که در جهانی پیروز شده که تمامی دیگر احزاب توده‌ای مستقر در رأس دولت‌های کارگری که خود را "کمونیست" می‌نامند در واقع استالینیست بوده‌اند.

۵-۱) برای انقلاب کوبا، این چالش به مراتب پیچیده‌تر از فشارهای بی‌وقفه‌ی امپریالیسم ایالات متحده بوده است.

۵-۲) سایر انقلاب‌های سوسیالیستی بعد از جنگ جهانی دوم (یوگسلاوی، آلبانی، کره، چین، و ویتنام) به لحاظ از خودگذشتگی عظیم و در اثر شهامت کارگران و دهقانان به پیروزی دست یافتند. اما، محدودیت‌های رهبری به تثبیت یک دولت کارگریِ ناقص‌الخلقه منجر شد. قوانین تحول و رشد این دولت‌ها مشابه قوانینی بود که پس از خیانت استالینیستی به انقلاب بلشویکی در اتحاد شوروی ظاهر شده بود.

۵-۳) کاست‌های بوروکراتیک در دولت‌های کارگری اروپای شرقی و

مرکزی، که پس از جنگ [جهانی دوم] برقرار شدند، نیز حکومت را در چنگ خود گرفتند. در اکثریت این کشورها سرنگونی مالکیت سرمایه‌داری کمتر نتیجه‌ی انقلاب‌های توده‌ای و بیشتر حاصل بسیج‌هایی بود که به صورت بوروکراتیک و زیر نظر ارتش اشغالگر شوروی کنترل می‌شد.

۵-۴) رهبری همه‌ی این دولت‌های کارگری ناقص‌الخلقه، هم در سیاست‌گذاری داخلی و هم در سیاست‌گذاری خارجی، از یک مشی استالینیستی پیروی کردند.

۶ـ برقراری دولت کارگری تحت یک رهبری کمونیست در انقلاب کوبا موجب شد رشته‌ای که چندین دهه قبل تداومش از هم گسسته بود مجدداً پیوند بخورد. این یک نقطه‌ی عطف حیاتی در تکامل جنبش بین‌المللی طبقه‌ی کارگر بود.

۶-۱) پس از اوایل دهه‌ی ۱۹۲۰ این نخستین بار بود که یک رهبری انقلابی در رأس یک کشور قرار گرفته و قدرت دولتی را برای پیشبرد یک مشی پرولتاریایی انترناسیونالیستی اعمال می‌کرد.

۶-۲) مثال رهبری انقلابی کوبا، در چارچوب گسترش مبارزات انقلابی، موجب ترغیب تجدید حیات یک رهبری کمونیستی در سطح بین‌المللی شده است.

۷ـ وزنه‌ی این عامل ذهنی ـ یک رهبری کمونیست در رأس یک دولت کارگری و در رأس طیف گسترده‌تری از پیشقراولان سیاسی‌شده‌ی پرولتری ـ اکنون در قیاس با هر زمان دیگری در تاریخ انقلاب کوبا افزایش یافته است.

۷-۱) وجود یک رهبری انقلابی ـ برخلاف سایر دولت‌های کارگری ـ رویارویی و نبرد با انحطاطات رو به رشد بوروکراتیک را در کوبا ممکن و پیشروی ساختن سوسیالیسم را میسر می‌سازد. این است اهمیت تاریخی فرآیند تصحیح که به ابتکار حزب کمونیست در سال ۱۹۸۶ و در هنگام

رویارویی با نابرابری‌های فزاینده، بوروکراتیسم و فسادِ منجر به بدبینی و دلسردی، آغاز شد.

۷-۲) این تجدید جهت‌گیری در انقلاب کوبا در شعار جدیدی متبلور شده است: "سوسیالیسم یا مرگ!" به عبارت دیگر یا به سوی سوسیالیسم پیش می‌رویم و یا به سوی "سیستمی که بدتر از سرمایه‌داری است" عقبگرد خواهیم کرد.(۳)

۷-۳) موفقیت و یا شکست فرآیند تصحیح مسأله‌ی مرگ-یا زندگی- را روشن خواهد کرد: کفایت ظرفیت کوبا برای حرکت به جلو از تنها راه ممکن، یعنی سوسیالیسم، و یا دوری از آن.

۷-۴) نتیجه‌ی این مبارزه‌ی طبقاتی در کوبا تأثیر وزینی بر چشم‌انداز تجدید حیات نیروهای کمونیست در سطح جهان خواهد داشت.

۸ـ فرآیند تصحیح، شاخصی از تلاش‌های رهبری کمونیست کوبا برای سازماندهی حرکتی همسنگ با یک انقلاب سیاسی در نهادها و ساختارهای دولت کارگری است. به قول لنین، این کار باید به گونه‌ای صورت پذیرد که نه اتحاد کارگر ـ دهقان را، که پایه دولت را تشکیل می‌دهد، "مرتعش کند" و نه وحدت گسترده‌ای را که مبتنی بر وطن‌پرستی و لازمه‌ی دفاع از انقلاب در مقابل عناد ریشه‌دار واشنگتن است.(۴)

۸-۱) فرآیند تصحیح، جوابگوی نیاز مبرم به انقلابی کردن سازماندهی بوروکراتیک و کج و معوج کار و نیز واکنش به برنامه‌ریزی اقتصادی و سیستم مدیریتی است که ساختاری استالینیستی دارد و از اتحاد شوروی و اروپای شرقی و مرکزی الگوبرداری شده است.

۸-۱-۱) تصحیح، بیش از هر چیز دیگری، تجدید جهت‌گیریِ انقلابی است و هدف آن برداشتن موانعی است که نمی‌گذارند مشارکت، آگاهی و خود-دگردیسی زحمتکشان در مرکز تحول انقلابی روابط تولید و

مبادله قرار گیرد؛ هدفی که تحقق آن فقط بر مبنای پایه‌های یک دولت کارگری میسر است.

۸-۱-۲) تصحیح، نقطه‌ی مقابل سیاستی است که طالب افزایش کارآیی بر مبنای اداره‌ی بهتر تولیدکنندگان با استفاده از روش‌های جدیدِ متکی بر برنامه‌ریزیِ بوروکراسی دولتی بود. این مشی فقط می‌توانست به افزایش کالاپرستی، برقراری ارزش‌ها و ضوابط اجتماعی بورژوایی، بی‌تحرکی و دلسردی و دلزدگی زحمتکشان از سیاست بینجامد.

۸-۲) پس از اتحاد جماهیر سوسیالیستی شوروی در زمان صدارت بلشویک‌ها، کوبا اولین دولت کارگری است که اقدام کرده است تا خط حرکت تاریخی کمونیستی را پی‌بگیرد و فرآیند تصحیح اصلاً همین است.

۸-۲-۱) سازماندهی نیروی کار اجتماعی به گونه‌ای که موجب پرورش و رشد آگاهی اجتماعی و همبستگی انسانی بشود، مشی‌ای است که چه گوارا آن را به صریح‌ترین و قوی‌ترین وجه ممکن در سال‌های آغازین انقلاب کوبا توضیح داد. اما، روندی کاملاً در تقابل با مشی مورد توصیه‌ی چه گوارا به تدریج وزین‌تر شد و یک نظام برنامه‌ریزی اقتصادی و مدیریت که از دولت‌های کارگری بوروکراتیزه نسخه‌برداری شده بود تا اواسط دهه‌ی ۱۹۷۰ عمومیت پیدا کرد و به اجرا گذاشته شد.

۸-۲-۲) محور اصلی فرآیند تصحیح، بازگشت به کاربرد نیروی کار داوطلبانه برای اجرای برخی از مبرم‌ترین اهداف اجتماعی کوبا بوده است. این کار بدین طریق انجام شده:

۸-۲-۲-۱) راه‌اندازی مجدد جنبش بریگادهای کوچک برای ساختن مسکن، مدرسه، مهد کودک، درمانگاه و بیمارستان، امکانات

ورزشی همگانی و پروژه‌های مشابه؛ و

۸-۲-۲-۲) توسعه‌ی اولیه گروه‌های ساختمانی که پروژه‌های بزرگی را بدست گرفته‌اند تا زیربنای اقتصادی و ظرفیت تولیدات صنعتی کوبا را بهبود بخشند.(۵)

۸-۲-۳) احیای کار داوطلبانه، همگام بوده است با مقابله با گرایش‌هایی که بیشتر بر روش‌های سرمایه‌داری تکیه می‌کنند: نظیر معرفی انگیزه‌های مادی و نابرابری دستمزدها، داد و ستد کالایی در میان شرکت‌های دولتی، بازار "آزاد" خصوصی برای کشاورزان، احیای اجاره‌ی مسکن و خرید و فروش املاک.

۸-۳) پیشرفت فرآیند تصحیح به شکل جداناپذیری همگام بوده است با مبارزه علیه: نابرابری اجتماعی، تثبیت اقشار صاحب‌امتیازی از دستگاه اداری، فساد، بی‌تفاوتی بوروکراتیک و تحقیر نیازها و ظرفیت‌های انقلابی زحمتکشان.

۸-۳-۱) چنین گرایشات ضدانقلابی‌ای به گونه‌ای غیر قابل اجتناب از تلاش برای سازماندهی اقتصاد یک دولت، کارگری بدون تکیه بر پیشقراولان طبقه‌ی کارگر نشأت می‌گیرند، پیشقراولانی که به طور روزافزونی از مسئولیت سیاسی انقلابی خود برای هدایت حرکت به سوی سوسیالیسم آگاهند.

۸-۳-۲) نخستین نبرد در این جبهه از فرآیند تصحیح در تابستان ۱۹۸۹ به محاکمات و محکومیت‌هایی انجامید، از جمله ژنرال سابق آرنالدو اکوآ[1]؛ برادران دِ لا گاردیا[2] در وزارت کشور؛ ژنرال سابق، خوزه آبرانتس[3]، که وزیر اسبق کشور بود؛ دیوکلز تورالباس[4]، وزیر

1- Arnaldo Ochoa 2- de la Guardia 3- José Abrantes
4- Diocles Torralbas

اسبق حمل و نقل؛ و بسیاری دیگر.(۶)

۸-۴) پیشبرد جریان پرولتریزه کردن کادرها و رهبری حزب کمونیست، در فرآیند تصحیح، مرکزی‌ترین چالش است.

۸-۴-۱) اعضای حزب کمونیست و اتحادیه جوانان کمونیست در پیشاپیش ده‌ها هزار داوطلبان بریگادهای کوچک و دسته‌های داوطلب ساختمان‌سازی بوده‌اند. آنان همچنین داوطلب شده‌اند تا در میان بخش‌هایی از نیروی کار کوبا شاغل شوند که رهبری و سیاست‌گذاری‌های بوروکراتیک در آنجا به بیشترین دلسردی و عقب‌نشینی سیاسی منجر شده است. این‌ها تبلور پیشرفت در پرولتریزه کردن حزب و رهبری آن هستند.

۸-۴-۲) آگاهانه میدان را برای پیشرفت کارگران، سیاهپوستان، زنان و داوطلبان انترناسیونالیست می‌گشایند تا نه‌تنها عضو حزب شوند، بلکه در تمام سطوحِ همه‌ی نهادها مسئولیت‌های رهبری بزرگ‌تری را برعهده بگیرند.

۸-۴-۳) این فرآیند کارگری‌تر کردن حزب و ترکیب رهبری آن بخش لاینفکی از شتاب بخشیدن به مرحله‌ی انتقال رهبری به نسل نوینی از کمونیست‌های حزب است.

۸-۴-۴) این خط‌ومشی، که در کوبا "نوسازی یا مرگ" نامیده می‌شود، در پیشرفت فرآیند تصحیح و آینده‌ی انقلاب نقش تعیین‌کننده‌ای دارد.(۷)

۸-۵) چنانچه گرایشات خورنده‌ای که در اواسط دهه‌ی ۱۹۷۰ شتاب گرفتند با عکس‌العمل رهبری حزب کمونیست و میلیون‌ها نفر از کارگران و کشاورزان کوبایی مواجه نمی‌شدند و عوامل متعادل‌کننده در مقابلشان قرار داده نمی‌شد و اگر تأثیرات پیشروی‌های انقلابی در سایر نقاط جهان نبود،

آن گاه موانع موجود بر سر راه فرآیند تصحیح بسیار بزرگ‌تر می‌بودند.

۸-۵-۱) در دهه‌ی ۱۹۷۰ در آسیای شرقی، اتیوپی، مستعمرات سابق پرتقال در آفریقا و ایران، ضرباتی تاریخی بر امپریالیسم وارد آمد.

۸-۵-۲) در سال ۱۹۷۹ در گرانادا و نیکاراگوئه انقلاب‌های پیروزمندی صورت گرفت. از سال ۱۹۵۹ به بعد، این‌ها نخستین حکومت‌های کارگران و دهقانان بودند که در قاره‌ی آمریکا برقرار شدند. این پیروزی‌ها کمک کرد تا انزوایی که امپریالیسم ایالات متحده به کوبا تحمیل کرده بود در منطقه سست شود. مبارزات انقلابی سراسر قاره‌ی آمریکا را تکان جدیدی داد. اکنون کوبا دیگر تنها نبود و یکی از "سه غول" شده بود.(۸)

۸-۵-۳) در واکنش به فشار نظامی شتاب‌گیرنده‌ی واشنگتن، که علت‌اش دست‌آوردهای انقلابی آمریکای مرکزی و کارائیب بود، میلیون‌ها کوبایی برای رژه‌ی مردمان رزمنده[1] در سال ۱۹۸۰ بسیج شدند. در همان سال حکومت کوبا سازماندهی گروهان‌های میلیشیای مردمی[2] را آغاز کرد و بدینطریق اولویت‌های استراتژی دفاعی شروع به تغییر محور کرد و آموزش نظامی و آماده‌سازی کل مردم کوبا در دستور روز قرار گرفت.

۸-۵-۴) صدها هزار داوطلب کوبایی برای انجام مأموریت‌های انترناسیونالیستی به اتیوپی، آنگولا، گرانادا، نیکاراگوئه و جاهای دیگر اعزام شدند. اکثر آن‌ها در حالی به کوبا بازگشتند که به حامیان سرسخت و آگاه خط‌ومشی کمونیستی انقلاب کوبا تبدیل شده بودند.

۸-۵-۵) این پیشروی‌های انقلابی، از طرف دیگر باعث تسریع مقاومت‌های سیاسی شد، بخصوص در میان اقشار خرده‌بورژوایِ

1- Marches of the Fighting People

2- Territorial Troop Militia

صاحب‌امتیاز در دستگاه اداری که از نظر شمارش در حال افزایش بودند و در کوبا پا می‌گرفتند. "ضعیف‌دلان"، آنگونه که نامیده می‌شدند، تحت فشارهای امپریالیسم ایالات‌متحده شروع کردند به فرسوده شدن و بر آن شدند تا از طریق سازش و عقب‌نشینی از سیاست‌های انترناسیونالیستی انقلاب، راه گریزی بجویند.

۸-۶) پیشروی فرآیند تصحیح در سال ۱۹۸۷ در ابعاد عظیمی تقویت شد و آن زمانی بود که حکومت کوبا تصمیم گرفت که آینده‌ی انقلاب را در گرو نبردی که به نبرد کوئیتو کواناوال مشهور شد بگذارد. پیروزی مشترک کوبایی-آنگولایی-سواپویی بر نیروهای مسلح آفریقای جنوبی نه‌تنها مسیر تاریخ آفریقا را تغییر داد، بلکه به پیشقراولان کارگران کوبایی اعتماد به نفس و عزمی راسخ بخشید، بخصوص جوانان که شهامت و ظرفیتشان پیروزی را تضمین و راه را برای پیشروی‌های انقلابی بیشتر در داخل کوبا هموار کرد.

۹ـ مثالی که مشی رهبری کوبا بیش از سی سال است که عرضه می‌کند همه‌ی کسانی راکه مدعی انقلابی بودن هستند به چالش کشیده است. داشتن ظرفیت لازم برای تشخیص این واقعیت که یک رهبری کمونیستِ برخوردار از حمایت توده‌های مردم در رأس یک دولت کارگری پدیدار گشته و واکنش به این عامل جدید در مبارزه‌ی طبقاتی، یک سنگ محک بوده است.

۹-۱) حزب کارگران سوسیالیست در ایالات متحده، از همان اول، لبیک گفت و در این آزمایش موفق شد.

۹-۱-۱) در سال ۱۹۶۰ فارل دابز[1]، کاندیدای حزب کارگران سوسیالیست برای ریاست جمهوری، و جوزف هانسن[2]، سردبیر نشریه میلیتانت، از کوبا بازدید کردند تا انقلاب را با چشم خود ببینند و کمک

1- Farrell Dobbs 2- Joseph Hansen

کنند تا حقایق آن پخش شود. تلاش کردیم تا با استفاده از نشریه میلیتانت و مبارزه‌ی انتخاباتی حزب کارگران سوسیالیست در انتخابات ریاست جمهوری ۱۹۶۰ دفاع و همبستگی با کوبا را بسیج کنیم. سخنرانی‌های رهبران کوبا را منتشر کردیم و کمیته‌ی رفتار عادلانه با کوبا[1] را پشتیبانی و ترویج کردیم. اتحاد جوانان سوسیالیست[2] خود-همانی با انقلاب کوبا و رهبری آن را در مرکز مبارزات و عضوگیری خود قرار داد.

۹-۱-۲) جنبش ما خط سیر مشخص حکومت کارگران و کشاورزان، دولت کارگری و سیر تکاملی رهبری کوبا را تجزیه و تحلیل و تشریح کرد. همگام با آن بر مبنای دست‌آوردهای سیاسی قبلی‌مان تداوم تئوری کمونیستی را تقویت کردیم.(۹)

۹-۱-۳) انقلاب کوبا و واکنش حزب کارگران سوسیالیست به آن، مهم‌ترین نقاط عطف تاریخ جنبش کمونیستی در ایالات متحده بعد از جنگ جهانی دوم بوده‌اند. اگر ما در این آزمایش مردود می‌شدیم، به عنوان یک جنبش انقلابی از بین می‌رفتیم.

۹-۲) امروز هم داشتن یک ارزیابی دقیق از جایگاه تاریخی انقلاب کوبا و رهبری آن به عنوان معیار سیاست کمونیستی مطرح است. و این ارزیابی مرکز نگرش سیاسی و فعالیت‌های حزب کارگران سوسیالیست در ایالات متحده و روند بین‌المللی انجمن‌های کمونیست را، که ما جزیی از آن هستیم، تشکیل می‌دهد.

۱۰ـ حزب کمونیست کوبا به رغم موانعی که نیروهای سیاسی لیبرال ـبورژوا و استالینیست بر سر راه آن ایجاد کرده‌اند خط‌ومشی سیاسی پرولتری انقلابی را

1- Fair Play for Cuba Committee

2- Young Socialist Alliance

پیگیری کرده است. نه یک بار، بلکه بارها لازم شده است که بر این موانع فایق آیند.

۱۰-۱) تداوم و حفظ این خط‌ومشی توسط رهبری انقلاب کوبا، اصول پرولتری، شهامت و استقامت و انضباط لازم داشته است.

۱۰-۲) آن‌ها نیروهای لیبرال-بورژوا را در جنبش ۲۶ ژوئیه رهبری و در عین حال با تک تک چالش‌های آن نیروها در مسیر مبارزه برای کسب قدرت مقابله کردند. و همین طور بود در نخستین سال‌های پس از انقلاب در حالی که رهبری کارگران و کشاورزان را سازماندهی می‌کردند تا انقلاب را در جهت پیشبرد منافع طبقاتی زحمتکشان تعمیق بخشند.

۱۰-۳) در این راستا چالش‌های مکرر استالینیست‌ها علیه مشی کمونیستی انقلاب را شکست دادند.

۱۰-۳-۱) رهبری انقلابی جنبش ۲۶ ژوئیه مجبور بود از کنار حزب سوسیالیست مردمی (پی‌اس‌پی)[استالینیست][1] بگذرد تا بتواند انقلاب کند.

۱۰-۳-۲) پس از پیروزی، همه‌ی روندهای سیاسی کوبا در عمل آزمایش شدند. این در حالی بود که رهبری انقلابی یک سازمان متحد کمونیست را پایه‌گذاری کرد و جنبش ۲۶ ژوئیه را با نیروهای طرفدار انقلاب، از جمله حزب سوسیالیست مردمی و هیأت رهبری انقلابی[2]، در هم ادغام کرد.

۱۰-۳-۳) طی سال‌های اول انقلاب، جناح قابل توجهی از نیروهای حزب سوسیالیست مردمی، که به حزب متحد وارد شده بودند، تحت رهبری آنیبال اسکالانته[3] دور از چشم رهبری حزب متشکل شدند تا

1- Popular Socialist Party (PSP)

2- Revolutionary Directorate

3- Aníbal Escalante

پروسه‌ی ادغام را متزلزل کنند و سعی کردند که کنترل حزب را در دست خود بگیرند.

۱۰-۳-۳-۱) آنان از موقعیت خود استفاده می‌کردند تا دوستان و اعوان و انصار خود را به پیش بیندازند و در دستگاه حزبی ترفیع دهند.

۱۰-۳-۳-۲) وجه مشخصه‌ی عملکرد آنان عبارت بود از سوءاستفاده‌ی بوروکراتیک از اعضای حزب و کارگران و دهقانانِ غیرحزبی.

۱۰-۳-۳-۳) تلاش آنان در مصادره‌ی زمین‌های دهقانان و تحمیل اشتراکی‌سازی در کوه‌های اسکامبری، که نقض قوانین اصلاحات ارضی و سیاست‌های حزبی بود، اتحاد کارگر-دهقان را به خطر انداخت؛ اتحادی که پایه و اساس حکومت انقلابی را تشکیل می‌دهد.

۱۰-۳-۴) در اثر فعالیت‌های جناح اسکالانته، خود موجودیت رژیم کارگران و دهقانان به مخاطره افتاد.

۱۰-۳-۴-۱) پیروزی جناح اسکالانته منجر به سرنگونی انقلاب می‌شد و فیدل، رائول، چه و دیگر رهبران، قتلِ‌عمد می‌شدند.

۱۰-۳-۴-۲) اما، جناح اسکالانته از نظر سیاسی افشا شد و شکست خورد و نیروهای استالینیست چنان ضربه‌ای خوردند که هرگز نتوانستند بر آن فایق آیند.(۱۰)

۱۰-۴) سیاست‌های اقتصادی و سیاسی و مکانیسم‌های نسخه‌برداری شده از اتحاد شوروی و اروپای شرقی در دهه‌های ۱۹۷۰ و اوایل دهه‌ی ۱۹۸۰ موجب تسریع رشد امتیازات اجتماعی و اقتصادی و ایجاد انگیزه‌های خرده‌بورژوایی در میان قشر بسیار گسترده‌ای از مدیران و

متخصصان در دستگاه دولت، حزب، اتحادیه‌ها، و سایر نهادها شد.

۱۰-۴-۱) اما، برخلاف اتحاد شوروی، اروپای شرقی و چین، رهبری حزب کمونیست کوبا با نهادینه‌سازیِ ایجاد فروشگاه‌های مخصوص، تفریح‌گاه‌های ویژه، مدارس، مراکز بهداشتی و تفرّج‌گاه برای نخبگان صاحب‌امتیاز، مبارزه و از پیدایش آن‌ها جلوگیری کرد.

۱۰-۴-۲) وزارت کشور، که ایجاد این امتیازهای کاست‌گونه را آغاز کرد، به شدت در سومین کنگره‌ی حزب در سال ۱۹۸۶ مورد مؤاخذه قرار گرفت و به آن دستور داده شد تا کلیه امکانات ویژه‌ی خود را به واحدهای محلی حکومت تحویل دهد تا کل مردم بتوانند از آن‌ها استفاده کنند.(۱۱)

۱۰-۴-۳) با این همه، فقط با آغاز فرآیند تصحیح بود که خط‌ومشی سیاسی لازم ترسیم شد تا حرکت به سوی امتیازات نهادینه شده‌ی یک قشر اجتماعی که در حال گسترش بود جهت‌اش عکس و سرطان در وزارت کشور ریشه‌کن شود.

۱۰-۵) مبارزه‌ی مستدام علیه بوروکراتیزه‌سازی در کوبا از نظر ریشه‌ای یک مبارزه‌ی "ایدئولوژیک" نبوده، بلکه جدال طبقاتی بوده است.

۱۰-۵-۱) قشرهای نسبتاً صاحب‌امتیاز در کوبا، متشکل شده از رؤسا و متخصصین، به گونه‌ی غیرمتناسبی شامل کسانی می‌شود که به گورباچف و پروسترویکا جذب شده‌اند، زیرا آنان به سوی بورژوا لیبرالیسم و تمایز مادی افزون‌تری جذب شده‌اند که بازار سرمایه‌داری و تولید کالایی پیدایش آن را تضمین می‌کند؛ آنان همچنین به ارزش‌های بورژوایی حاکم میان طبقات متوسطِ کشورهای امپریالیستی جذب شده‌اند.

۱۰-۵-۲) این اقشار اجتماعی خرده‌بورژوا عموماً اگر از خط‌ومشی

انترناسیونالیستی پرولتری کوبا متنفر نباشند، از آن دلخوش هم نیستند. نقطه‌ی اشتراک دیگر آنان امید بستن به زد و بندهای مسکو-واشنگتن است که می‌توانست کوبا را هم در بر بگیرد.

۱۰-۵-۳) این اقشار اساساً از خط‌ومشی سیاسی فرآیند تصحیح مشمئز می‌شوند: از کار داوطلبانه؛ از ارتقای آگاهانه‌ی کارگران و سیاهپوستان و زنان و مبارزان انترناسیونالیست در نهادهای مختلف؛ از کنترل روزافزون کارگران و کشاورزان بر اداره‌ی اقتصاد و دولت؛ از تحصیل آثار ناب و تلخیص‌نشده‌ی مارکس، انگلس، لنین و کاسترو، بدون "جزوات دستورالعملی"؛ و همچنین از کل مشی کمونیستی که در کوبا با مثالِ ارنستو چه‌گوارا تداعی می‌شود.

۱۱ـ تلاش برای ایجاد گزینه‌ای دیگر در مقابل سوسیالیسم: (۱) بدون ساختن احزاب کمونیست بر پایه‌ی کارگران و دهقانان و (۲) بدون استقرار دیکتاتوری پرولتاریا و دولت کارگری، نه‌تنها به شکست، بلکه به فاجعه انجامیده است.

۱۱-۱) دهه‌ی ۱۹۸۰ یکبار دیگر این مطلب را به اثبات رسانده است که استالینیسمِ "اصلاح شده" واژه‌ای است بی‌مسمّی، چه رسد به استالینیسمِ "انقلابی".

۱۱-۱-۱) در گرانادا این مطلب به چالش کشیده نشده و تکلیف آن روشن نشده بود، بر خلاف آنچه در کوبا از طریق شکست جناح مخفی اسکالانته صورت گرفت. در گرانادا جناحی ضدانقلابی، که برنارد کورد رهبری آن را در دست داشت، توانست کنترل کمیته‌ی مرکزی جنبش نیو جول[1] را در دست بگیرد، رهبری انقلاب را زندانی و زحمتکشان را مأیوس کند، حکومت کارگران و دهقانان را سرنگون سازد، قیام توده‌ای به رهبری موریس بیشاپ را که برای معکوس

1- New Jewel Movement

ساختن حرکت ضدانقلابی تلاش می‌کرد سرکوب و بیشاپ و سایر رهبران انقلابی را اعدام کند.

۱۱-۱-۲) فاجعه‌ی سیاسی افغانستان از خط‌ومشی رهبری حزب دموکراتیک مردم افغانستان سرچشمه می‌گرفت و جنگ قدرتِ توأم با آدم‌کشی‌اش با دخالت نظامی سازمان یافته به دست بوروکراسی شوروی تشدید شد. اقدام مسکو به گونه‌ی مؤثری مستمسک لازم را به دست ارتجاعیون افغانی داد تا بتوانند مدعی شوند که در راه حق تعیین سرنوشت افغانستان مبارزه می‌کنند.

۱۱-۱-۳) رهبری استالینیست رژیم ناسیونالیستِ خرده‌بورژوای یمن جنوبی نیز به دلیل ایجاد حمام خونِ ناشی از برادرکشی در سال ۱۹۸۶ تکه پاره شد و تحرک دموکراتیک انقلابی و سکولارگرای زحمتکشان از بین رفت.

۱۱-۲) در نیکاراگوئه، رهبری جبهه‌ی آزادی‌بخش ملی ساندنیست در تلاشش برای تبدیل "ساندنیسم" به بدیلی انقلابی در مقابل کمونیسم شکست خورد - بدیلی که راه جدیدی را قول می‌داد که بتواند به سوسیالیسم ختم شود.

۱۱-۲-۱) در نیمه‌ی دوم دهه‌ی بعد از پیروزی ۱۹۷۹، ساندنیسم در عمل هرچه بیشتر از خط سیر پرولتری که در گفته‌ی ساندینو مستتر بود -"فقط کارگران و دهقانان تا به آخر خواهند ایستاد"- دور شد.

۱۱-۲-۲) در مسیر حرکتشان برای سازش با بورژوازی، رهبران ساندنیست‌ها بیشتر و بیشتر به ساندنیسم محتوایی خرده‌بورژوا بخشیدند - بخشی از سوسیال دموکراسی چپ، بخشی از استالینیسم پرسترویکایی، لیبرالیسم ائتلاف رنگین‌کمان (بخشی از اولاف پالمه[1]،

1- Olof Palme

بخشی از میخائیل گورباچف[1]، بخشی از جسی جکسون[2]؛ به جای اینکه با یک بخش از فارل دابز، یک بخش از فیدل کاسترو و یک بخش از مالکم ایکس[3]) محتوای ساندنیسم را انقلابی‌تر کنند.

۱۱-۲-۳) رهبری جبهه‌ی آزادیبخش ملی ساندنیست به تدریج از موضع سازماندهی طبقه‌ی کارگر، به عنوان نیرویی که در اتحاد با دهقانان رهبری سیاسی و اجتماعی را بر عهده بگیرد، عقب‌نشینی کرد. روند حرکت به تدریج تبدیل شد به تلاش برای بکار بستنِ راه‌حلی برای مسایل روزافزون اجتماعی و اقتصادی، بدون تدارک خط‌ومشی لازم برای شکستن سلطه‌ی مالکیت و روابط اجتماعی تولید و توزیع بورژوایی.

۱۱-۲-۴) تقویت حکومت کارگران و دهقانان در نیکاراگوئه به میزان شتاب در مصادره‌ی زمینداران و سرمایه‌داران وابسته نبود، همچنین موضوع کم بها دادن به وزنه‌ی تعیین‌کننده‌ی وظایف دموکراتیک، تثبیت و دفاع از حق حاکمیت ملی نیکاراگوئه، و وحدت ملی و اصلاحات ارضی رادیکال نیز مطرح نبود. سنگ محک، پیشروی در جهت ارتقای آگاهی طبقاتی، سازماندهی مستقل سیاسی و بسیج انقلابی کارگران و دهقانان علیه سرمایه‌داران و زمینداران استثمارگر بود.

۱۱-۲-۵) به جای آن، مسیر سیاسی انقلاب در ارتباط با "اقتصاد مختلط" منجر شد به تحت‌الشعاع قرار دادن نیازهای کارگران و دهقانان به حفاظت از روابط اجتماعی سرمایه‌داری، به منظور حفظ اتحاد سیاسی استراتژیک که رهبری جبهه‌ی آزادیبخش ملی ساندنیست در حال ایجاد آن با اقشاری از بورژوازی و زمینداران بود.

۱۱-۲-۵-۱) همگام با تشدید تجاوز امپریالیستی، جبهه‌ی

1- Mikhail Gorbachev 2- Jesse Jackson 3- Malcolm X

آزادیبخش ملی ساندنیست مشی‌ای را برگزید که از اصلاحات ارضی رادیکال و گسترش کنترل کارگران بر کارخانه‌ها و مراکز اشتغال دور می‌شد؛ مشی‌ای که از اولویت دادن به نیازهای زحمتکشان استثمار شده در رویارویی با بحران اقتصادی و اجتماعی سرمایه‌داری و بازسازی ملی دور می‌شد؛ مشی‌ای که از احقاق حقوق زنان دور می‌شد؛ و مشی‌ای که به نفع خدمت نظام اجباری بود و از تقویت پایه‌های داوطلبِ نیروهای مسلح ساندنیست دور می‌شد.(۱۲)

۱۱-۲-۵-۲) پیامد بین‌المللی این خط‌ومشی بر فشار وارده بر حکومت جبهه‌ی آزادیبخش ملی ساندنیست افزود و سیاست خارجی آن را تابع اتحاد با بخش‌هایی از بورژوازی داخلی و مصالحه با واشنگتن کرد؛ و حمایت از جبهه‌ی آزادیبخش فارابوندو مارتی در السالوادر تحت‌الشعاع این جریان قرار گرفت.

۱۱-۲-۵-۳) رهبری جبهه‌ی آزادیبخش ملی ساندنیست به ضرورت ساختن حزب کمونیست پرولتاریایی از میان ازخودگذشته‌ترین و طبقه-آگاه‌ترین پیشقراولان زحمتکشان، به منظور تثبیت و توسعه‌ی قدرت کارگران و دهقانان، دست رد زد.

۱۱-۲-۶) تکامل سیاست‌های جبهه‌ی آزادیبخش ملی ساندنیست بیانگر این واقعیت است که آن‌ها مشی سیاسی و میراث کارلوس فونسِکا[1] را، که در نوشته‌های او و در "برنامه تاریخیِ" جبهه‌ی آزادیبخش ملی ساندنیست حک شده است، کنار گذاشته‌اند.

۱۱-۲-۷) خط‌ومشی جبهه‌ی آزادیبخش ملی ساندنیست باعث شده است که اکثریت حامیان غیرکمونیست انقلاب نیکاراگوئه در سراسر

1- Carlos Fonseca

جهان از سیاست‌های طبقه‌ی کارگر بیش از پیش دور شوند.

۱۱-۲-۷-۱) گرچه اکثریت آنان از نتایج انتخابات فوریه ۱۹۹۰ مأیوس شدند، اما، به تدریج به جای دلزدگی از خط سیر رهبری جبهه‌ی آزادیبخش ملی ساندنیست، به سوی آن خط سیر و نقش تعیین‌کننده‌ی آن در برقراری حکومت ائتلافی بورژوایی جلب شده‌اند.

۱۱-۲-۷-۲) "کوره راه ماناگوا" بر خلاف گذشته اکنون به مسیری تبدیل شده که در حال دور شدن از کمونیسم است.

۱۲ـ "راه کوبا" در واقع مورد مشخصی است از خط سیر کمونیسم عصر جدید از ۱۸۴۷ تاکنون: پیگیری مسیری به سوی برقراری اتحاد کارگر-کشاورز تحت رهبری پرولتاریا به منظور کسب قدرت حکومتی، مصادره‌ی استثمارگران و گشودن راه برای ساختن سوسیالیسم.

۱۲-۱) روند سیاسی تاریخی کمونیست‌ها در کوبا، نه "کوبایی" است و نه غیرمتعارف. "کاستروئیست" نیست. کمونیست است. رهبری‌اش راهی را که مارکس و انگلس نشان داده بودند و لنین پیش برده بود دوباره در عمل کشف کرد و آن را در کوبا و سایر نقاط جهان پیش برد. آنان یک راه کاملاً جدیدی را نساختند؛ بلکه راه کمونیستی را توسعه دادند و از این راه تداوم کمونیستی را غنی ساختند و تقویت کردند.

۱۲-۱-۱) محور فرآیند تصحیح عبارت است از دفاع سیاسی پرشور از سوسیالیسم به عنوان "تنها امید، تنها راه برای مردمان، برای زحمتکشان، استثمارشدگان و به تاراج‌رفتگان."(۱۳)

۱۲-۱-۲) همان گونه که مثال منفی نیکاراگوئه نشان می‌دهد، فقط از طریق برقراری دیکتاتوری پرولتاریا می‌توان سوسیالیسم را ساخت، نه از طریق اجتناب از آن در نقطه‌ی عطفِ سرنوشت‌ساز. فقط از این

طریق است که همچنین می‌توان کادرهای کارگران و دهقانان کمونیست را در ابعاد توده‌ای ساخت.

۱۲-۲) تلاش‌های کمونیست‌های کوبایی، که کاسترو به عنوان بخشی از فرآیند تصحیح آن را رهبری کرد، برای پیش کشیدن چه گوارا به عنوان الگوی سیاسی و مطرح کردن نظرات و خدمات او، این امکان را ایجاد می‌کند تا بتوان دوباره به برنامه و استراتژی قوام یافته به دست مارکس و انگلس، لنین، بلشویک‌ها، و چهار کنگره‌ی اول انترناسیونال کمونیست در سطحی وسیع‌تر و در ابعاد بین‌المللی دست یافت.

ب-ساختن احزاب کمونیست در دهه‌ی ۱۹۹۰

۱-اکنون ما وارد دوره‌ای می‌شویم که از بسیاری جهات همان ویژگی‌های دوران قبلی بحران عمیق بین‌المللی اقتصادی و اجتماعی را دارد. منظور همان دوران دهه‌ی ۱۹۳۰ است که در ابعاد جهانی به وضعیت پیش انقلابی تبدیل شد.

۱-۱) طی آن دوران، در دهه‌ی ۱۹۳۰، در کشورهای امپریالیستی اروپا، استرالیا، زلاندنو، آمریکای شمالی و همچنین برخی از کشورهای تحت سلطه امپریالیسم که بیشتر توسعه یافته بودند، جنبش اتحادیه‌ایِ کارگری وارد صحنه‌ی مرکزی سیاسی شد.

۱-۲) مقاومت روزافزون کارگران و کشاورزان در دهه ۱۹۳۰ در مقابل ضربات استثمارگران فرصتی را ایجاد کرد تا طبقه‌ی کارگر از شکست‌ها و عقب‌نشینی‌هایی که از ۱۹۲۳ تا ۱۹۳۳ از آن‌ها صدمه دیده بود التیام بیابد.

۱-۲-۱) در آلمان سومین شورش انقلابی کارگران و دهقانان برای کسب قدرت، ظرف مدت پنج سال، تا سال ۱۹۲۳ سرکوب شد. فاشیست‌های موسیلینی در ایتالیا به قدرت رسیدند. تا سال ۱۹۲۳

موج آغازین انقلابی در اروپا، که با پیروزی انقلاب اکتبر تحت رهبری بلشویک‌ها در سال ۱۹۱۷ شروع شد، شکست خورده بود.

۱-۲-۲) در سال ۱۹۳۳، در آلمان حاکمیت سرمایه‌داری از طریق کودتای نازی‌ها به حیات خود ادامه داد. در اثر سازش طبقاتیِ بزدلانه‌ی سوسیال دموکرات‌ها و فرقه‌گراییِ جنون‌آمیز دورانِ سومی استالینیسم، واحدهای منضبطِ ضربت خیابانی هیتلر هرگز حتی مجبور نشدند با مقاومت متحد مسلحانه‌ی جنبش طبقه‌ی کارگر روبرو شوند؛ جنبشی که می‌توانست نازی‌ها را در هم بکوبد. و رژیم پلیسی بناپارتیستی هیتلر به محض اینکه انسجام یافت، شروع کرد به ایجاد رعب و وحشت و درب و داغان کردن سازمان‌های کارگری و صاف کردن جاده برای جنگ امپریالیستی، اشغال اتحاد شوروی و نسل‌کشی‌های نژادپرستانه.

۲ـ مهم‌ترین تفاوت موجود میان حال و دهه‌ی ۱۹۳۰ این است که در آن زمان، پیش از آنکه رکود جهانی سر برسد و بحران عمومی آغاز شود، استالینیست‌ها شریانِ جنبشِ کمونیستیِ بین‌المللی را قبضه کرده بودند.

۲-۱) در اثر خیانت‌های سیاسی به نبردهای مهمی که در دهه‌ی ۱۹۳۰ به وقوع پیوست، فرصت التیام زخم‌های ناشی از شکست‌های ۱۹۲۳ تا ۱۹۳۳ از دست رفت و کسب پیروزی‌های انقلابی میسر نشد.

۲-۱-۱) اینکه گسترش انقلاب سوسیالیستی در ابعادی فراتر از مرزهای جمهوری‌های شوروی، در دوران پیشاانقلابی سال‌های ۱۹۱۸ تا ۱۹۲۳، با شکست روبرو شد، بیش از هر چیز ناشی از بی‌تجربگی و رفتار ماورای چپ پیشقراولان پرولتری در احزاب کمونیست نوپا بود.

۲-۱-۲) مسئولیت شکست اواسط و اواخر دهه‌ی ۱۹۳۰ در ساختن

یک رهبری انقلابی که بتواند کارگران را به سوی قدرت هدایت کند، جلوی پیشروی فاشیست‌ها را بگیرد، و سد راه امپریالیست‌ها شود و نگذارد جنگ جهانی را بر پا و اتحاد شوروی را تحت حمله قرار دهند، مستقیماً بر دوش خیانت‌های سیاسی رهبری‌های جنبش کمونیستی جهانی آن زمان قرار دارد.

۲-۲) احزاب کمونیست، جنبش کارگری و مبارزات انقلابی آزادی‌بخش ملی را تابع منافع دیپلماتیکِ کشوری رژیم شوروی قرار دادند.

۲-۲-۱) احزاب کمونیست نسبت به برخی جناح‌های طبقات حاکمه‌ی امپریالیست، که امید داشتند نظر مساعدتری به رفع نیازهای بوروکراسی شوروی داشته باشند، نظر مثبتی داشتند و از زاویه‌ی سازش طبقاتی و جبهه‌ی مردمی با آن‌ها برخورد می‌کردند.

۲-۲-۲) از طرف دیگر این احزاب کمونیست ماشین آدم‌کُشی بین‌المللی خود را علیه انقلابیونی بکار می‌گرفتند که به این روند سازش "خدشه وارد می‌آوردند"؛ "خدشه" از طریق مبارزه برای استقلال طبقاتی و امتناع از تسلیم منافع کارگران و کشاورزان و مبارزات آزادی‌بخش ملی در تقابل با حفظ بلوک با "امپریالیسم دموکراتیک" و نیروهای بورژوا.

۲-۲-۳) این مشی ضدانقلابی به شکست‌های فاجعه‌آمیز کارگران و کشاورزان اروپا منجر شد، به نحوی که هنگام پیروزی فاشیست‌ها در جنگ داخلی ۱۹۳۹ اسپانیا، حمله به شوروی و وقوع دومین قتل‌عام جهانی امپریالیستی دیگر غیر قابل اجتناب گشته بود.

۲-۳) این سیاست‌های سازش طبقاتی در ایالات متحده بدین شکل ظاهر شد: تابعیت جنبش اتحادیه‌ای و مبارزات کارگری از حزب دموکرات

امپریالیست و تابعیت از ائتلافی به رهبری فرانکلین روزولت[۱].

۲-۳-۱) حزب کمونیست ایالات متحده نقش تعیین‌کننده‌ای در انحراف مسیر تکامل سازمان سی‌آی‌او (کنگره اتحادیه‌های صنعتی)، که در بدو تولدش یک جنبش رزمنده‌ی اجتماعی بود، ایفا کرد؛

۲-۳-۱-۱) جنبشی که پایه‌های آن را اتحادیه‌های صنعتیِ در حال خیزش تشکیل می‌دادند؛

۲-۳-۱-۲) جنبشی که در جهت عمل سیاسی مستقل کارگری گام برمی‌داشت؛ و

۲-۳-۱-۳) جنبشی که ضربات اولیه‌اش بر پیکره‌ی جیم کروُ (تبعیض سازمان یافته علیه سیاهپوستان) و شکاف‌های نژادی و ملی موجود در صفوف طبقه‌ی کارگر، گام‌هایی در جهت سازماندهی جنوب ایالات متحده و پاکسازیِ جنبش کارگری از تبعیض نژادی بود.

۲-۳-۲) از یک دوره‌ی محدود عملکرد ماورای چپ حزب کمونیست ایالات متحده که بگذریم، این حزب از سال ۱۹۳۵ به بعد دست در دست صاحب‌منصبان رده بالای اتحادیه‌ها و سوسیال دموکرات‌ها داد تا مشترکاً سازمان سی‌آی‌او را، در راه تدارک برای جنگ، در حمایت از واشنگتن یدک بکشند.

۲-۳-۳) حزب کمونیست، طی جنگ جهانی دوم، به طبقه‌ی کارفرمایان کمک کرد تا اقدامات تضییقاتی و تنگدستی و همچنین دیسیپلین و تأدیب در کارخانه را بر طبقه‌ی کارگر تحمیل کنند و امپریالیست‌ها را در تلاش برای پیشبرد جنگ یاری دهند.

۲-۴) در دهه‌ی ۱۹۳۰ اندازه و وسعت و وزنه‌ی جنبش استالینیستی در

1- Franklin Roosevelt

سطح جهان به همراه مسیر میهن پرستی-اجتماعی سوسیال دموکرات‌ها و صاحب‌منصبان اتحادیه‌ای، راه را بر پیدایش و توسعه‌ی روندهای انقلابی وسیع و توده‌ای بست.

۲-۴-۱) نیروهای طرفدار مسکو تمامی امکانات خود را، از تهمت و افترا گرفته تا ترور، بکارگرفتند تا حرکت‌های انقلابی را خفه کنند و پیشقراولان طبقه‌ی کارگر را هدف قرار دهند. آنان در ایالات متحده به نخستین حرکات واشنگتن برای کنترل فکر و اندیشه تحت قانون اسمیت[1] خوش آمد گفتند؛ اقدامی که واشنگتن علیه رهبری طبقه-کارگری اتحادیه تیمسترها در غرب میانی ایالات متحده آغاز کرده بود.(۱۴)

۲-۴-۲) در چنین شرایطی فضای کمی برای مالکم ایکس‌ها، فیدل کاستروها، موریس بیشاپ‌ها و یا توماس سانکاراها وجود داشت، تا در صحنه ظهور کنند و به سوی کمونیسم تکامل یابند. همانگونه که فضای ناچیزی برای کمونیست‌هایی چون جیمز پی کانن[2]، فارل دابز، و سایرین وجود داشت تا احزاب کارگری انقلابی توده‌ای را بسازند.

۲-۵) امروزه شرایط به گونه‌ی برجسته‌ای تغییر کرده است. اکنون که در آستانه‌ی دهه‌ی ۱۹۹۰ هستیم:

۲-۵-۱) احزاب استالینیست در همه جا بحران زده هستند؛

۲-۵-۲) قدرت‌های امپریالیستی در اثر دهها سال مبارزات ضدامپریالیستی تضعیف شده‌اند؛ مبارزاتی که برای صدها میلیون نفر از خلق‌های ستمدیده و استثمارشده‌ی جهان استقلال سیاسی کسب کرده و اکنون برای آنان، راه به سوی سوسیالیسم، به عنوان تنها راه توسعه‌ی اقتصادی، برابری سیاسی و زندگی با عزت، گشوده شده‌است؛ و

1- Smith Act 2- James P. Cannon

۲-۵-۳) یک حزب توده‌ای پرولتریِ کمونیست در مسند هدایت یک دولت کارگری در کوبا قرار دارد و مسیری را برای حرکت خود طراحی می‌کند که پایه‌های اقتصادی و اجتماعی دیکتاتوری پرولتاریا را تقویت می‌کند، نه اینکه آن را تضعیف کند.

۳ـ دومین تفاوت مهم رادیکالیزاسیون کارگریی که در پیش روی ماست، در مقایسه با دهه‌ی ۱۹۳۰، برخورداری از پشتوانه‌ی دست‌آوردهای جنبش‌های اعتراضات اجتماعی و مبارزات طبقه‌ی کارگری دهه‌های ۱۹۶۰ و ۱۹۷۰ است.

۳-۱) این مبارزات از جمله عبارتند از مبارزات قدرتمند برای تحقق حقوق سیاهپوستان، که ریشه‌های تبلور کنونی آن در حقیقت برمی‌گردد به اواسط جنگ جهانی دوم؛ مخالفت توده‌ای با جنگ ویتنام؛ خیزش نوین جنبش زنان؛ ظهور یک جنبش سیاسی‌شده‌ی چیکانوها؛ رشد روزافزون آگاهی در ایالات متحده و پورتوریکو در خصوص اهمیت مبارزات استقلال‌طلبانه‌ی پورتوریکو؛ فعالیت‌های مستدام در دفاع از حقوق مهاجران، لزبین‌ها و گی‌ها، معلولین؛ و افزایش روزافزون اگاهی از خطرات انرژی هسته‌ای و مخالفت با آن و مخالفت با تخریب محیط زیست.

۳-۱-۱) این مبارزات از درون شرایط تغییریافته‌ای برخاستند که دومین کشتار جهانی امپریالیستی [جنگ دوم جهانی] ایجاد کرد و عواقبی که از آن نشأت می‌گرفت.

۳-۱-۲) این مبارزات طبقه‌ی کارگر را عمیقاً تحت تأثیر قرار دادند و اثر عمیقی بر تفکر کارگران و اعضای رده‌های جنبش اتحادیه‌های کارگری باقی گذاشتند.

۳-۲) مبارزات اجتماعی و سیاسی پانزده ساله‌ی پیش از آن در اواسط

دهه‌ی ۱۹۷۰ به نقطه‌ی اوج خود رسیده و با محدودیت‌های عینی‌ای که در مقابل داشتند تصادم کرده بودند. این محدودیت‌ها از روابط نیروهای طبقاتی و نظام دو حزبی بورژوایی نشأت می‌گرفتند.

۳-۲-۱) این مبارزات اجتماعی، که دست‌آوردهای بزرگی را به همراه داشتند، گرچه آثارشان بر طبقات میانی مخدوش بود، با پیامدهای محدودیت‌هایی مواجه شدند که بر آنان تحمیل شده بود، یعنی:

۳-۲-۱-۱) پیامدهای ناشی از تضعیف درازمدت اتحادیه‌ها در اثر نهادینه کردن روش‌های سازشِ طبقاتیِ صاحب‌منصبان اتحادیه‌ها؛

۳-۲-۱-۲) تهاجم شتاب‌یابنده‌ی ضدکارگری طبقه‌ی حاکمه، همگام با پایانِ موج توسعه‌ی سرمایه‌داری در دوران بعد از جنگ [جهانی دوم]؛ و

۳-۲-۱-۳) پاتک ایدئولوژیک بورژوازی علیه دست‌آوردهای گذشته، همراه با تهاجم ضدکارگری کارفرمایان.

۳-۲-۲) گرچه پیروزی‌های اجتماعی دهه‌های ۱۹۶۰ و ۱۹۷۰ تحت حملات مکرر قرار گرفته‌اند، اما هیچکدام به شکل درخور توجهی عقب‌زده نشده‌اند. آن دست‌آوردها به عنوان نقطه‌ی آغازین مبارزات آینده باقی مانده‌اند.

۳-۳) خیزش مقاومت و افزایش قدرت اتحادیه‌ای در دهه‌ی ۱۹۹۰ تپش جدیدی در مبارزات اجتماعی گسترده‌تری ایجاد و ترکیب اجتماعی اعتراضات اجتماعی را هرچه بیشتر پرولتری خواهد کرد. در عین حال، این مبارزات نیز به نوبه‌ی خود مقاومت اتحادیه‌ای را تقویت خواهند کرد و بر ابعاد آن خواهند افزود و ترکیب اجتماعی رهبری برخاسته از رده‌های پایه را در جنبش اتحادیه‌ای تقویت خواهند کرد.

۴ـ خیزش جدیدی از مبارزات اتحادیه‌ای و جنبش‌های اعتراضات اجتماعی

در دهه‌ی ۱۹۹۰ به مراتب از شانس بیشتری در مقایسه با هر زمان دیگری از دهه‌ی ۱۹۳۰ تاکنون برخوردار است تا بتواند با جنبش کشاورزان زحمتکش دست در دست هم دهند و یکدیگر را تقویت کنند.

۴-۱) در اوایل دهه‌ی ۱۹۸۰ بدترین بحران سرمایه‌داری در بخش کشاورزی که از دهه‌ی ۱۹۳۰ تاکنون سابقه نداشت، ده‌ها هزار کشاورز زحمتکش را بالاجبار از زمین‌هایشان بیرون کرد.

۴-۲) مخالفت با این بیرون راندن‌ها و مصادره‌ی گسترده، بسیار وسیع بود و در غرب میانی و قسمت‌هایی از جنوب [ایالات متحده] یک جنبش اصیل بر ضد سلب مالکیت از مزارعی که در گرو بودند شکل گرفت. این جنبش، که پیشقراولان کشاورزان زحمتکش آن را رهبری می‌کردند،

۴-۲-۱) کشاورزان را از طریق اقدامات مستقیم برای مبارزه با بانک‌ها، شرکت‌های انحصاری، و حکومت، بسیج کرد؛

۴-۲-۲) سازمان‌های کشاورزان معترض را در میان کشاورزان شاغل به وجود آورد؛

۴-۲-۳) تجارب مبارزه‌ی طبقاتی کسب کرد؛

۴-۲-۴) اقدام به جلب همبستگی با اتحادیه‌های کارگری و سازمان‌های مدافع حقوق سیاهپوستان و زنان کرد؛ و

۴-۲-۵) در حالی که کشاورزان به سوی دهقانان مبارز نیکاراگوئه و کشاورزان سایر نقاط جهان سرمایه‌داری جلب می‌شدند، در جستجوی متحدین بین‌المللی قدم برداشت،

۴-۳) نقطه‌ی اوج جنبش کشاورزان در دهه‌ی ۱۹۸۰ با عقب‌نشینی فزاینده‌ای جنبش اتحادیه‌ای در ایالات متحده همزمان شد.

۴-۳-۱) یک لایه‌ی بسیار کوچکی از پیشقراولان جنبش کارگری فعالانه در جنبش بر ضد سلب مالکیت از کشاورزان شرکت کردند.

۴-۳-۲) به رغم اینکه بسیاری از کشاورزان و یا اعضای خانواده‌های آنان کارگرند، با این حال، رده‌های کارگری که از مبارزات دوری می‌کردند، قادر نشدند به طور سازمان‌یافته و وسیع دست همبستگی به سوی مبارزات تولیدگران در مزارع بگشایند.

۴-۴) همگام با بهبود اوضاع کشاورزی در اواخر دهه‌ی ۱۹۸۰، جنبش سلب مالکیت ارضی فروکش کرد.

۴-۴-۱) همزمان، عقب‌نشینی جنبش اتحادیه‌ای بسر آمد. اما، مقاومت تازه جان‌گرفته‌ی رده‌های پایه‌ی اتحادیه‌ها در اعتصابات پیتستون و ایسترن خیلی دیرتر از آن سر رسید که بتواند در تقویت متقابل مبارزات زحمتکشان شهر و روستا مؤثر باشد.

۴-۴-۲) هنوز هم لایه‌ی کوچکی از پیشقراولانِ باتجربه در بخش کشاورزی، هم در درون و هم بیرون از سازمان‌های معترض موجود در میان کشاورزان، باقی مانده‌اند.

۴-۴-۳) اما، مبارزات آینده در روستاها باید حامیان خود را از میان نسل جدیدی از کشاورزان زحمتکش بیابند؛ آنان کسانی خواهند بود که فرصت آن را خواهند یافت تا مبارزه‌ی خود را با نبردهای کارگران مبارز پیوند بزنند.

۵ـ ساختار طبقاتی ملیت سیاهپوست در دهه‌ی ۱۹۹۰ نه‌تنها با دهه‌ی ۱۹۳۰، بلکه حتی با دهه‌ی ۱۹۶۰ نیز متفاوت است.

۵-۱) امروزه، در اثر پیروزی‌های جنبش احقاق حقوق سیاهپوستان در دهه‌ی ۱۹۵۰ و ۱۹۶۰، ابعاد قشر خرده‌بورژوا در میان جمعیت سیاهپوست به مراتب گسترده‌تر شده است. این قشر توانسته است خود را در میان طبقه‌ی متوسط، که ابعاد گسترده‌تری دارد، ادغام کند؛ تا حدی که چنین پدیده‌ای در بیست و پنج سال قبل از این برای همه‌ی طبقات و

همه‌ی نژادها فکرش هم بعید به نظر می‌رسید.

۵-۲) در عین حال، اکثریت قاطع پرولتاریای ملیت سیاهپوست بیشترین سنگینی نزول شدید اوضاع اقتصادی و اجتماعی را که طی دهه‌ی گذشته گریبانگیر همه‌ی زحمتکشان بوده بر دوش خود حس کرده است. اقشار وسیعی از کارگران که سیاهپوست هستند به لبه‌ی تیز فقر کشانده شده‌اند و در شرایط اجتماعی‌ای بسر می‌برند که از نظر تبعیض نژادی و طبقاتی از سالهای آخر دهه ۱۹۶۰ و اوایل دهه ۱۹۷۰ نیز شدیدتر است.(۱۵)

۵-۳) در اثر این افزایش تفکیک اجتماعی، خیزش بعدی مبارزه برای حقوق سیاهان به سرعت در راستای خطوط طبقاتی قطبی خواهد شد، به گونه‌ای که هم حاد و هم عمیق خواهد بود.

۵-۳-۱) اقشار خرده‌بورژوا تلاش خواهند کرد تا چشم‌انداز طبقاتی و سلطه‌ی سازمانی و سیاسی خود را تحمیل کنند تا در مقابل نژادپرستی‌ای که همچنان نهادینه باقی مانده است از آنچه تاکنون بدست آورده‌اند دفاع و خود را در نظام اقتصادی و نهادهای اجتماعی و سیاسی سرمایه‌داری بیشتر ادغام کنند.

۵-۳-۲) مهم‌تر از همه، آنان سعی خواهند کرد تا هر گونه جنبش گسترده‌تری برای دفاع از حقوق سیاهان را در مسیر سازش طبقاتی کانالیزه کنند؛ به دور از رزمندگی طبقاتی و اقدام سیاسی مستقل طبقه‌ی کارگر، به دور از هر گونه ابتکار عمل از جانب کارگران و جوانان که تهدیدی برای درهم شکستن الگوی آنان به حساب می‌آید، و به دور از پیدایش و رشد یک رهبری فراگیر کمونیست طبقه‌ی کارگر.

۵-۳-۳) از همان ابتدا، سخنگویان اقشار نوپای طبقه‌ی متوسط در میان جمعیت سیاهپوست به احساسات ملی‌گرایی متوسل خواهند شد، این بخشی از تلاش آنان برای ایجاد یک پایگاه اجتماعی در میان

کارگران و جوانان سیاهپوستی خواهد بود که علیه حملات نژادپرستانه و استثمار و ستم تشدیدیابنده‌ی سرمایه‌داری وارد مبارزه شده‌اند.

۵-۴) در عین حال، هر گونه خیزشی در نبرد علیه ستم ملی و تبعیض نژادی سریعاً با رهبری برخاسته از رده‌های جنبش اتحادیه‌ای ارتباط برقرار خواهد کرد؛ کارگرانی که سیاهپوست هستند در پیدایش رهبری برخاسته از رده‌های جنبش اتحادیه‌ها نقشی مضاعف خواهند داشت که با نسبت جمعیت سیاهپوستان نسبت به جمعیت سفیدپوستان نامتناسب خواهد بود.

۵-۴-۱) هر گونه پیشروی در مبارزه برای احقاق حقوق سیاهپوستان بر قدرت مبارزات کارگری خواهد افزود.

۵-۴-۲) همچنین، یک جنبش رزمنده‌تر اتحادیه‌ای قدرت اجتماعیِ تعیین‌کننده‌ای را برای مبارزه‌ی رهایی‌بخش سیاه‌ها به ارمغان خواهد آورد.

۵-۴-۳) در مبارزات اتحادیه‌ای که هم‌اکنون در حال شکل‌گیری است، نسبت کارگران سیاهپوست درمیان رهبری برخاسته از رده‌های اتحادیه به گونه‌ای کیفی افزایش یافته است، تا حدی که چنین پدیده‌ای در دهه‌های ۱۹۶۰ یا ۱۹۳۰ غیرممکن می‌بود.

۵-۵) چندین نسل از کارگران و جوانان که سیاهپوست هستند دارند به مثال انقلابیِ سیاسیِ مالکم ایکس و میراث او جلب می‌شوند.

۵-۵-۱) مخالفت سازش‌ناپذیر مالکم ایکس با تبعیض و تحقیر نژادی، با "آمریکائیسم" تحت هر لوایی، با هر گونه تابعیت از واشنگتن یا هر یک از احزاب سیاسی آن، و مخالفت او با ستم امپریالیسم علیه زحمتکشان آفریقا و کشورهای قاره‌ی آمریکا و آسیا و اقیانوس آرام،

او را، از زمانی که او شخصیت برجسته‌ای در [سازمان] ملت اسلام[1] بود، در مسیر سیاسی انترناسیونالیست انقلابی و ضدامپریالیست قرار داد؛ سرپیچی مالکم از عقب‌نشینی از چنین خط‌ومشی انقلابی بود که او را آماده کرد تا انکارهای خود در رابطه با وضعیت رهبری مرکزی [سازمان] ملت اسلام را تا انتها ادامه دهد. این دینامیزم به آنجا ختم شد که در اواخر سال ۱۹۶۳ آلیجاه محمد[2] دستور سکوت به مالکم ایکس داد و بدینطریق انفصال علنی او را در اوایل ۱۹۶۴ از [سازمان] ملت اسلام تدارک دید.

۵-۵-۲) همگام با روشن‌تر و واضح‌تر شدن قصد مرگ‌آور امپریالیسم برای ساکت کردن مالکم برای همیشه، عزت سیاسی و ثابت قدمی او منجر به شکستن سدهای سر راهش یکی بعد از دیگری در اواخر سال ۱۹۶۴ و اوایل ۱۹۶۵ شد و طی این مسیر و آنگونه که در شرف وقوع بود به تشریح علنی این فرآیند پرداخت.

۵-۵-۲-۱) مالکم مخالفت پیشین خود با "ازدواج دو نژادی" [ازدواج بین سیاه و سفیدپوستان] را رد کرد؛ این میراث ارتجاعیِ عوامفریبانه، بنیانگذاری شده بر مبنای ضدماتریالیستی، سیاست به ارث رسیده از آلیجاه محمد بود.

۵-۵-۲-۲) او هر گونه علایمی از افتراهای غیرآشکارِ ضدیهودِ رایج در ملت و دوایر تحت نفوذ آن و دوایر نافذ بر آن را کنار گذاشت.

۵-۵-۲-۳) او از طریق تشریح چگونگی عملکرد آلیجاه محمد (که با اطلاع و تبانیِ بخش عمده‌ی رهبری ملت صورت می‌گرفت) وارد جزییات عواقب سیاسی ناشی از فساد "فردی" شد؛ عملکردی که

1- Nation of Islam 2- Elijah Muhammad

احترام به زنان را به سخره می‌کشید، بگذریم از اینکه مالکم به عینه دیده بود که احقاق حقوق زنان بخش لاینفکی از پیشرفت اجتماعی و مبارزات انقلابی سراسر جهان است.(۱۶)

۵-۵-۲-۴) مالکم جستجوی رهبری ملت برای یافتن متحدین خود از میان سازمان‌های ارتجاعی و دریافت کمک‌های مالی از آنان را هم افشا و هم تحلیل کرد؛ این خط‌ومشی از ماهیت اجتماعی و محدودیت‌های سیاسی آن رهبری نشأت می‌گرفت. مالکم برملا کرد که در سال‌های ۱۹۶۰ و ۱۹۶۱ شخصاً دستور داشت تا چنین اتحادی را با سازمان کوکلاکس کلان[1] و حزب نازی آمریکا[2] دنبال و تسهیل کند.(۱۷)

۵-۵-۲-۵) مالکم از طریق اتخاذ این مواضع و چنین عملکردی نتایج ارتجاعی سیاسی و هسته‌ی اصلی ضدپرولتری رهبری‌ای را برملا کرد که مدعی بود سخنگوی ستمدیدگان است؛ رهبری‌ای که فساد ناشی از انگیزه‌های طبقه‌ی متوسط سراسر وجودش را در بر گرفته بود؛ خواه ظاهرش به تفکیکِ نژادی مزین شده باشد یا ادغام نژادی.

۵-۵-۲-۶) مالکم در همان زمانی که درباره‌ی این مطالب تزلزل‌ناپذیرانه سخن می‌گفت، به فراخوان خود برای ایجاد یک جبهه‌ی واحد در میان پیروانش و سایر مبارزان تعمیق بخشید، همین طور در میان اعضای ملت اسلام. او شواهد غیر قابل انکاری ارائه داد که نشان می‌داد نیروهایی به مراتب بزرگ‌تر از سازمان ملت اسلام ـ یعنی ماشین ترور امپریالیسم ایالات متحده ـ در تدارک برای حملات کشنده‌ای علیه او و خانواده‌اش هستند.

1- Ku Klux Klan 2- American Nazi Party

۵-۵-۳) تکامل شتاب‌یابنده‌ی مالکم در سال آخر زندگی‌اش به سوی ایجاد یک سازمان سیاسی سکولار، ضدسرمایه‌داری و سپس سوسیالیستی، او را در خط سیری قرار داد که موجب همگرایی او و سایر انقلابیون و کمونیست‌های سراسر جهان شد.

۵-۵-۳-۱) او دست خود را برای یافتنِ زمینه‌ی مشترک به سوی رهبری کمونیست کوبا دراز کرد، هم در آفریقا و هم در مواقعی که برجسته‌ترین نمایندگان آن، فیدل کاسترو و چه گوارا، به ایالات متحده سفر کردند.

۵-۵-۳-۲) او در ایالات متحده دست همکاری به سوی کمونیست‌های متشکل در حزب کارگران سوسیالیست و اتحاد جوانان سوسیالیست دراز کرد.

۵-۵-۴) مبارزان طبقه‌ی کارگر همه‌ی ملیت‌ها، با هر رنگ پوست، و هر زبانی که باشند، همگام با تشدید نبردهای طبقاتی در دهه‌ی ۱۹۶۰، در مسیر حرکت به سوی انترناسیونالیسم پرولتری و چشم‌انداز ضدسرمایه‌داری، به میراث سیاسی مالکم جلب خواهند شد.

۵-۵-۴-۱) این انقلابیون جوان نه فقط کادرها و رهبران مبارزات جدید علیه همه‌ی آثار ستم‌های نژادپرستانه و ملی، بلکه کادرها و رهبران جنبش طبقه‌ی کارگر و احزاب کمونیست خواهند شد.

۵-۵-۴-۲) این واقعیت تأکیدی است بر اهمیت تلاش کمونیست‌ها برای نشر آثار و سخنرانی‌های مالکم ایکس و گسترش توزیع آن‌ها در وسیع‌ترین ابعاد ممکن درمیان گسترده‌ترین اقشار مبارزان و انقلابیون در میان کارگران و کشاورزانِ ایالات متحده و سرتاسر جهان.

۵-۵-۵) بیراهه‌بران طبقه‌ی متوسط در بطن ملیت سیاهپوست بیش از

پیش خود را با ردای مالکم مزین می‌کنند تا بدین وسیله بتوانند در میان جوانانی که به مثال او جلب شده‌اند برای خود پایه‌ای دست و پا کنند. در عین حال، این اقشار خرده‌بورژوا از جوانان طبقه‌ی کارگر وحشت دارند ـ خواه رنگ پوستشان سیاه باشد یا سفید یا هر رنگ دیگری ـ و نسبت به آنان احساس خصومت می‌کنند و منعکس‌کننده‌ی تبلیغات بورژوایی درباره‌ی "خطرات ناشی از طبقه‌ی پایین" هستند. (برخی هم با حفظ فاصله‌ی امنی به رومانتیسم درباره‌ی "طبقه‌ی پایین" می‌پردازند و بینش بورژوایی زن‌ستیزانه و ددمنشیِ خود را به جوانان سیاهپوست نسبت می‌دهند.)

۵-۵-۵-۱) برخی از این نیروهای طبقه‌ی متوسط تلاش می‌کنند تا سیر تکاملی مالکم را مخدوش کنند، بدین منظور تصویری ترسیم می‌کنند تا نشان دهند او در سال آخر حیات خود از مواضع انقلابی عقب‌نشینی کرده و گویا با چشم‌انداز مارتین لوتر کینگ و حتی با لیبرالیسم همگرا شد. این لیبرال‌ها، با بی‌توجهی کامل به مخالفت صریح مالکم با هر دو حزب دموکرات و جمهوری‌خواه، خط‌ومشی سیاسی و شیرین‌زبانی خود را معطوف به مالکم می‌کنند و سعی می‌کنند وانمود کنند که او پیشگام ائتلاف رنگین‌کمانِ جسی جکسون بوده است.

۵-۵-۵-۲) بسیاری از این روندهای سیاسی خرده‌بورژوا سیاست عوام‌فریبانه‌ای را تحت لوای ملی‌گرایی (برخی اوقات همچنین "مارکسیستی") پیش می‌برند. در تقابلی شاخص با عملکرد این‌ها و مثالی که از خود باقی می‌گذارند، مالکم به عنوان یک انقلابی صاحب عزت‌نفس قد علم کرد. او عمیقاً واقف بود که اتکا به درآمد ناشی از اخاذی‌ها و باندهای جنایت چگونه شخص را به قهقرا

می‌کشاند و در نهایت ماهیت انسان را بورژوایی می‌کند. او در مقابل آمال و آرزوها و همچنین حسادت‌ها و انزجارهای طبقه‌ی متوسط نفوذناپذیر شد؛ همین طور در مقابل خوردن برچسب کمونیست بودن، برچسب نژادپرست بودن، و چرب‌زبانی‌های استالینیستی، برچسب‌های نژادپرستی (ضدهاییتی‌ها، ضدآسیایی‌ها و غیره)، ضدیهود و متحجرِ ضدزن؛ و یا هر گونه عوام‌فریبی مشابهی که برای خدمت به خودشان علیه او ساختند و پرداختند.

۵-۶) مالکم ایکس مثال زنده‌ای است که ثابت می‌کند مبارزان انقلابی-اندیش، برخاسته از میان صفوف طبقه‌ی کارگر، ظرفیت آن را دارند که افق‌نظر خود را گسترش دهند و به سوی کمونیسم حرکت کنند و به رهبرانی با والاترین معیارهای تاریخی تبدیل شوند. مثال او تأییدی است بر این ارزیابی که کادرهای باتجربه در رهبری حزب کارگران سوسیالیست که سیاهپوست هستند سرآمدانِ یک رهبری کمونیستِ به مراتب گسترده‌تری هستند که از میان مبارزات در حال تعمیق و روشن‌گری‌های سیاسی برخواهند خاست.

۵-۶-۱) با توجه به اینکه امروزه تقسیمات طبقاتی در میان ملیت سیاهپوست نسبت به گذشته افزون‌تر شده است، مبارزان ملی-اندیشی که از میان انفجار جدیدی در راه رهایی سیاهپوستان پا به عرصه خواهند گذارد به سرعت در پی یافتن نگرش وسیع‌تری خواهند بود، در پی مارکسیسم. آنان در مقایسه با نسل حزب بلاک پانتر (ببر سیاه)[1] برای گریختن از تله‌ی گیج‌کننده‌ای که استالینیسم را به حساب مارکسیسم می‌گذاشت از شانس بهتری برخوردار خواهند بود.(۱۸)

۵-۶-۲) هر قدر دامنه‌ی مبارزات علیه نژادپرستی گسترده‌تر شود، هر

1- Black Panther Party

قدر دامنه‌ی مبارزه برای رهایی سیاهپوستان با از خود گذشتگی بیشتری توأم شود، هر قدر جنبش کارگری و پیشقراولان آن دست‌های خود را برای در آغوش گرفتن این مبارزات بیشتر باز کنند، به همان اندازه امکانات برای تأثیرگذاری و عضوگیری و همچنین نوسازی کادرهای حزب کارگران سوسیالیست و اتحاد جوان سوسیالیست بیشتر خواهد بود.

۵-۶-۳) در ایالات متحده، همانند سایر کشورهای امپریالیست، "موعد ملت‌ها"[1] و انقلاب سوسیالیستی با هم به پیروزی دست خواهند یافت.

ج-جزیی از طبقه‌ی کارگر بین‌المللی و پیشقراول مبارزش

۱ـ کادرهای حزب کارگران سوسیالیست جزیی از طبقه‌ی کارگر هستند، جزیی از پیشقراولان مبارزش و جزیی از رهبریِ در حال تکوین برخاسته از رده‌های پایه‌ی اتحادیه‌ها.

۱-۱) کارگران کمونیست "استراتژی اتحادیه‌ایِ" خاصی ندارند که جدا باشد از استراتژی گسترده‌تر پرولتری؛ استراتژیی انعکاس‌یافته در کار توده‌ای، نشأت گرفته از دینامیسم مبارزات طبقاتی و حاصل تلاش در جهت پیشبرد مبارزه برای تشکیل حکومت کارگران و کشاورزان.

۱-۱-۱) کمونیست‌ها در اتحادیه‌ها تلاش می‌کنند تا با همه‌ی اعضای مبارز اتحادیه‌ها همکاری کنند؛ همکاری در جهت بکارگیری مؤثرترین تاکتیک‌ها، به منظور پیشبرد مبارزات طبقه‌ی کارگر و افزایش تجربه و اعتماد به نفس رهبریِ برخاسته از رده‌های اتحادیه.

۱-۱-۲) کمونیست‌ها از تاکتیک‌هایی حمایت و به پیشبرد آن کمک

1- "nation time"

می‌کنند که رده‌های اتحادیه کارگری را قادر می‌سازند از امکانات خود برای کاربرد قدرت اتحادیه استفاده کنند و بر مبنای آن دست همکاری برای همبستگی با دیگر مبارزین بگشایند.

۱-۱-۳) این در جهت عکس روند صاحب‌منصبان اتحادیه‌هاست؛ آنان درصددند تا اَشکال همدستی با طبقه‌ی کارفرمایان را گسترش دهند و این باعث اضمحلال قدرت اتحادیه‌ای و دلسردی و غیرسیاسی شدن مبارزان می‌شود. هیچ بخشی از خط سیر حرکت صاحب‌منصبان اتحادیه‌ها در راستای جهت‌گیری انقلابی نیست.

۱-۲) کارگرانی که کمونیست هستند در نبردهای اتحادیه‌ای کارگری شرکت می‌کنند تا موجبات پیشرفت مبارزه برای دگردیسی اتحادیه‌ها را به عنوان بخشی از حرکت در جهت انقلاب سوسیالیستی فراهم آورند.

۱-۲-۱) چشم‌انداز ساختن جناح چپ مبارز-طبقاتی در جنبش اتحادیه‌ای یکی از عناصر این مبارزه است.

۱-۲-۲) نگرش به تاکتیک‌ها، که از استراتژی کمونیستی نشأت می‌گیرد، در برنامه‌ی مصوب سال ۱۹۳۸ گنجانده شده است، در آن زمان یک سازمان طبقه‌ی کارگری که بیانگر تداوم کمونیسم در ایالات متحده بود نام حزب کارگران سوسیالیست را بر خود نهاد: "کلیه روش‌هایی خوب هستند که آگاهی طبقاتی کارگران را افزایش می‌دهند، همین طور اعتماد آن‌ها به نیروهای خودشان و آمادگی‌شان برای از خودگذشتگی در مبارزه را. روش‌های مردود آن‌هایی هستند که، هنگام رویارویی ستمدیدگان با ستمگرانشان، در دل ستمدیدگان ایجاد ترس می‌کنند و تمکین می‌آفرینند..."(۱۹)

۲ـ کادرهای حزب کارگران سوسیالیست جزیی از انقلابیونی هستند که برای پیشروی مبارزات جهانی علیه ستم امپریالیستی و استثمار سرمایه‌داری مبارزه

می‌کنند.

۲-۱) همکاری ما با سایر مبارزین مبتنی بر مشخصه‌های ایدئولوژیک نیست ـ از جمله اینکه آیا آنان کمونیست هستند یا نیستند.

۲-۱-۱) نقطه‌ی شروع ما این است که در عمل مصممانه علیه امپریالیسم مبارزه شود، نه اینکه برای نوعی کنار آمدن با آن جهت‌گیری شود.

۲-۱-۲) ما شانه به شانه در کنار کسانی می‌ایستیم ـ حال در هر سطحی از مبارزه باشند ـ که حاضر نیستند منافع کارگران و کشاورزان را تحت‌الشعاع هیچ بخشی از استثمارگرانِ سرمایه‌دار قرار دهند.

۲-۱-۳) ما در تداومِ راه مردان و زنان مبارزی هستیم که در طول تاریخ ستم و استثمار را رد کرده‌اند، و در مقابل آن‌ها زانو نزده‌اند.

۲-۲) فقط از وجود مبارزین و انقلابیون عمل است که کمونیست‌ها در حین روند مبارزه ساخته می‌شوند. و فقط از درون طبقه‌ی کارگر است که پیشقراولان سیاسی مبارزات توده‌ها برخواهند خاست.

۲-۳) درس برگرفته شده از ۱۵۰ سال مبارزات سیاسی جنبش کارگری در عصر جدید حاکی از آن است که، بیش از پیش، انقلابی شدن و انقلابی باقی ماندن یعنی کمونیست شدن.

۳ـ کادرهای حزب کارگران سوسیالیست جزیی از کمونیست‌های جهان هستند.

۳-۱) ما به تداوم سیاسی کمونیستی متصل هستیم.

۳-۱-۱) از مارکس و انگلس و انجمن بین‌المللی کمونیست، روندی که آنان در بنیانگذاری آن در سال ۱۸۴۷ سهیم بودند؛

۳-۱-۲) و از طریق لنین، بلشویک‌ها و نخستین پنج سال بین‌الملل کمونیست؛

۳-۱-۳) به تروتسکی و کمونیست‌هایی که جنگیدند تا مشی لنین در مقابل مسیر استالین ادامه یابد، زمانی که استالین در خصوصِ ساختن سوسیالیسم در یک کشور و دستیابی به یک توافق درازمدت با امپریالیسم حاکم پافشاری می‌کرد؛

۳-۱-۴) به تکوین یک رهبری کمونیست در کوبا و تجدید سازمان پیشقراولان کمونیست در ابعاد توده‌ای که از اوایل دهه‌ی ۱۹۳۰ تاکنون برای نخستین بار تحقق یافته است؛ و

۳-۱-۵) به میراث بلشویک-لنینیست متبلور شده در روند بین‌المللی کمونیستی که ما جزیی از آن هستیم.

۳-۲) برای ما برنامه‌ی کمونیستی - تعمیم تجارب و درس‌های مبارزات طبقه‌ی کارگر جهان - حیاتی است و به وزنه‌ی تعیین‌کننده‌ی آن برنامه به عنوان سلاح طبقه‌ی کارگر در انقلاب سوسیالیستی واقفیم.

۳-۲-۱) وجود تداوم و روشنی سیاسی برای پیشقراولان بین‌المللی کمونیست یک ضرورت است، چون برنامه و استراتژی مورد نیاز طبقه‌ی کارگر برای پیشبرد مبارزات انقلابی در راه رهایی ملی و سوسیالیسم نمی‌تواند به شکل اتوماتیک از یک اعتصاب یا یک مبارزه‌ی سیاسیِ کارگران و کشاورزان استخراج شود.

۳-۲-۲) کمونیسم درس‌های جنبش کمونیستی را تعمیم می‌دهد:

۳-۲-۲-۱) از دیدگاه گسترده‌تری به تاریخ می‌نگرد و نه از یک مبارزه‌ی خاص (حال حاضر را بخشی از تاریخ می‌بیند؛ درس‌های گذشته را متبلور در تجارب زنده‌ی کنونی بکارمی‌گیرد)؛

۳-۲-۲-۲) از دیدگاه چارچوب جغرافیاییِ وسیع‌تری به مسایل می‌نگرد (از دیدگاه مبارزات طبقاتی بین‌المللی)؛ و

۳-۲-۲-۳) بر مبنای روابط میان همه‌ی طبقات موجود در جامعه‌ی

عصر جدید، آنگونه که از جایگاه طبقه‌ی کارگر دیده می‌شود، مسایل را ارزیابی می‌کند.

۳-۲-۳) فقط کادرهای کمونیست، که در مبارزات طبقه‌ی کارگر آزمایش و آبدیده شده‌اند، تجربه‌ی لازم را خواهند داشت و همچنین احترام همقطاران مبارز خود راکسب خواهند کرد، به طوری که خودشان و انتشاراتشان جداً مورد توجه و تعمق قرار خواهند گرفت و بدون آن ممکن نیست بتوان لایه‌ای از کارگران پیشقراول را به برنامه و حزب کمونیستی جلب کرد.

د-استراتژی کمونیستی حزب‌سازی برای امروز

۱- "شش نکته"ای که در نامه‌ی ۱۹۸۸ ماری-آلیس واترز مطرح شد، تحت عنوان "استراتژی کمونیستی برای ساختن حزب در حال حاضر: نامه‌ای به رفقای سوئد"، برای تکوین نیروهای کمونیست در دهه‌ی ۱۹۹۰ اساسی هستند.(۲۰)

۱-۱) این شش نکته - چرخش به صنعت، مرکزیت سیاسی، نظم هفتگی زندگی سیاسی طبقه‌ی کارگری، توسعه‌ی تبلیغات گسترده بر حول محور انتشارات پاث‌فایندر، عضوگیری از میان جوانان، و انترناسیونالیسم پرولتری در زیر پرچم بین‌الملل جدید - به طور خلاصه خطومشی عملی زمان حال را برای حزب کارگران سوسیالیست به منظور پیشبرد مؤثر کار توده‌ای و به عنوان جزیی از کارگران مبارز و نیروهای کمونیست بین‌المللی ترسیم می‌کنند.

۱-۲) این استراتژی همچنین یگانه راهی را نشان می‌دهد که می‌تواند به سوی همگرایی درازمدت و وسیع‌تر نیروهای کمونیست جهان پیشروی کند.

۲ـ تجربه‌ی مشترک حزب کارگران سوسیالیست و تک تک انجمن‌های کمونیست، که با آن‌ها تشریک مساعی داریم، ظرف سه سال گذشته بیانگر آن است که ما باید خود را بخشی از مرکزیت بین‌المللی رو به تزاید و نشأت گرفته از این استراتژی بدانیم و به میزان بیشتری فعالیت‌های خود را بر مبنای آن تعیین کنیم. این مطلب به خصوص در مورد حزب کارگران سوسیالیست در ایالات متحده صدق می‌کند، آن هم به خاطر آنکه این حزب به لحاظ تداوم سیاسی، تجربه و ابعادش، بزرگ‌ترین وزن را در این ارتباط دارد.

۲-۱) ما به گونه‌ی روزافزونی در فعالیت‌های خود هم ضرب آهنگ مشترکی داشته‌ایم و هم اولویت‌های سیاسی‌مان مشابه و در ارتباط بوده است با کارهایی نظیر جهت‌گیری به سوی معدنچیان مبارز معادن ذغال‌سنگ، مبارزه برای ایجاد همبستگی با اعتصاب ایسترن، فعالیت دفاع از مارک کرتیس، فعالیت برای ایجاد همبستگی با کوبا، و فعالیت‌های ضدآپارتاید.

۲-۲) ترویج معارف پاث‌فایندر و افزایش توزیع‌کنندگان این کتب و افزایش کتاب‌فروشی‌هایی که این کتب را به فروش می‌رسانند، در گذشته بر تقویت زرادخانه‌ی تبلیغات مشترک ما نقش کلیدی داشته است و دارد.

۲-۲-۱) انتشارات پاث‌فایندر بیش از پیش به ابزار مرکزی همکاری ما با سایر انقلابیون و کمونیست‌های سراسر جهان تبدیل شده است.

۲-۲-۲) هر یک از سازمان‌های کمونیست با چالش قبول مسئولیت سیاسی بیشتر برای هدایت حرفه‌ای‌سازی و گسترش و ارتقای پاث‌فایندر و فروش این کتب و ادغام این کار در تمامی جنبه‌های فعالیت‌هایمان روبرو بوده‌اند ـ این کارها بر مبنای تمرکز روزافزون بین‌المللی برای تحقق این اهداف صورت گرفته است.

۲-۳) از طریق توزیع بین‌المللی هفتگی نشریه میلیتانت و افزایش

همکاری کارگران در سراسر جهان برای تولید و تأمین مالی آن، ما قدم‌های بیشتری در جهت تبدیل میلیتانت به سازمانده سیاسی و مرکزیت‌دهنده‌ی کارهای خود برداشته‌ایم.

۲-۳-۱) توزیع نشریات پرسپکتیوا موندیال، لوت اووریه[1]، نیو اینترنشنال، نوول اینترناسیونال[2]، به عنوان ضمایم میلیتانت، باعث تقویت توانمندی ما در ایجاد تماس با نیروهای گوناگون طبقه‌ی کارگر در بسیاری از کشورها شده است.(۲۱)

۲-۳-۲) فروش هفتگی، از جمله فروش در مقابل کارخانه‌ها و تلاش جهانی برای فروش آبونمان و تجدید آبونمان، موجب پیدایش جمع خوانندگان درازمدت در میان مبارزان طبقه‌ی کارگر در سراسر جهان شده است که برایشان میلیتانت و سایر نشریات ما سلاح‌های جایگزین‌ناپذیری هستند.

۲-۴) همکاری مشترک بین‌المللی در جهت اجرای استراتژی حزب سازی، آنگونه که در شش نکته جمع‌بندی شده است، باعث ایجاد مرکزیت در کار ما می‌شود و قدرت ضربه‌ی جمعی ما را افزایش می‌دهد.

۲-۴-۱) این روش، برخلاف روش ایجاد یک گروه‌بندی جدید از میان سازمان‌های انقلابی بر مبنای برنامه‌ی مشترک و از طریق مرور فهرستی از نکات سیاسی، یا مرور فهرستی از "اصول" مورد توافق و اختلاف است.

۲-۴-۲) این برخلاف روشی است که اساساً از طریق بدنه‌های اجرایی ایجاد مرکزیت می‌کند، بدنه‌هایی که از رهبران منتخب احزاب کشورهای مختلف تشکیل شده‌اند (یا از طریق انتخاب توسط خود احزاب بر مبنای نوعی ارتباط فدراتیو و یا انتخاب شده در یک

1- Lutte ouvrière

2- Nouvelle Internationale

کنگره‌ی تام‌الختیار بین‌المللی).

۲-۴-۳) این روش موجب افزایش مسئولیت متقابل ما در کار با سایر انقلابیون و کمونیست‌ها می‌شود؛ باعث تقویت نظم پرولتری و معیارهای ما در حین انجام این کار می‌شود.

۳ـ جنبش کمونیستی بخشی از پیشقراولان مبارز طبقه‌ی کارگر بین‌المللی است، نه جزیی از یک روند سیاسی "چپ" که مبهم و بی‌طبقه است. این موضوع دو محور را در هنگام کار سیاسی به ما دیکته می‌کند:

۳-۱) ما مبارزه می‌کنیم تا فعالیت متحد خود با دیگران را به حداکثر ممکن برسانیم (برای مثال ایجاد همبستگی اتحادیه‌ای با اعتصاب‌های ایسترن/پیتستون، دفاع از کوبا، جنبش ضدآپارتاید، نبردهایی که در راه احقاق حقوق سیاهان و زنان صورت می‌گیرد). مبارزات ما علیه فرقه‌گرایی و جناح‌گرایی و اتحاد در عمل بیانی است از این واقعیت که کمونیست‌ها تنها روند سیاسی‌ای هستند که هیچ گونه منافع تاریخی دیگری، جدا از منافع طبقه‌ی کارگر، ندارند.

۳-۲) در چارچوب نبرد برای پیش‌برد عمل متحد، همان گونه که مانیفست کمونیست می‌گوید، کمونیست‌ها همچنین در پی آینده‌ی جنبش کارگری‌اند و برای آن تدارک می‌بینند. ما یک چشم‌انداز سیاسی کمونیستی را پیش می‌بریم. این به کارگران مبارز فرصت می‌دهد تا تفاوت ما را از نظر سیاسی از انواع روندهای خرده‌بورژوا در جنبش کارگری تمیز دهند.

۳-۲-۱) سوسیالیسم مجموعه‌ای از عقاید نیست که بتوان آن را به اتحادیه‌گرایی، ملی‌گرایی و فمینیسم وصله کرد و بدین ترتیب منافع تاریخی طبقه‌ی کارگر را پیش برد.

۳-۲-۲) این گونه اشکال آگاهی خود به خودی، نیم‌بند و در نهایت بورژوا و خرده‌بورژوایی انعکاسی از رادیکالیزاسیون اولیه مبارزان

پیشقراول هستند و در عین حال بیانی از این واقعیت‌اند که این مبارزین هنوز از پل عبور به کمونیسم نگذشته‌اند.

۳-۲-۳) این نتیجه گیری را باید مد نظر داشت که تسخیر قدرت و ساختن سوسیالیسم به دست کارگران و کشاورزان پایه و اساس لازم برای ریشه‌کن‌سازی هر گونه استثمار و ستم و دگردیسی روابط انسانی است و این امر میسر نمی‌شود، مگر از راه پیدایش یک جهش سیاسی در آگاهی سیاسی کارگران. مبارزات مترقی و جنبش‌های اعتراضات اجتماعی باید از چشم‌انداز این خطِ حرکت طبقه‌ی کارگر به سوی قدرت نگریسته شوند.

۳-۲-۴) این ارتقای آگاهی فقط از طریق کسب تجربه در مبارزه کسب می‌شود و تعمیم کلی درس‌های این مبارزات که بخشی از تاریخ رهایی کارگران را تشکیل خواهد داد.

۴ـ واگرایی کمونیست‌ها از روندهای خرده‌بورژوا در داخل جنبش جهانی طبقه‌ی کارگر هم در حال گسترش است و هم حادتر می‌شود.

۴-۱) کمونیست‌ها بخشی از "چپ ضد استالینیست"، "مترقیون"، "نیروهای دموکراتیک"، یا "مارکسیست‌ـلنینیست" نیستند: همه‌ی این برچسب‌ها را انواع روندهای خرده‌بورژوا از آن خود کرده‌اند؛ این روندها خود در برگیرنده‌ی یک و یا ترکیبی از استالینیست‌ها، سوسیال دموکرات‌ها و رادیکال‌ها یا لیبرال‌های ضد مارکسیست هستند.

۴-۲) ما بخشی از "جنبش تروتسکیستی" و یا بین‌الملل چهارم نیستیم؛ این روندها از دهه‌ی ۱۹۸۰ بدین سو در مسیری افتادند که نافی مشی کمونیستی برای ساختن احزاب کارگرـبلشویک به عنوان بخشی از رده‌های مبارز طبقه‌ی کارگرند.

۴-۳) ما به سمت هیچ یک از جناح‌های احزاب استالینیست جهت‌گیری

نکرده‌ایم (از جمله حزب کمونیست آفریقای جنوبی یا حزب کمونیست فیلیپین)؛ همین طور به سمت سایر اقشار استالینیست و یا سانتریستی که پروسترویکا را راه حرکت به جلو می‌بینند (نظیر گاردین و فرانت لاین[1])؛(۲۲) و یا آنان که خفقان استالینیستی را با معرفی کاذبانه‌ی آن به عنوان دیکتاتوری پرولتاریا توجیه می‌کنند (نظیر ورکرز ورلد پارتی[2]).

۴-۴) ما در حال واگرایی از تمامی روندهای اپوزیسیون "چپ" یا "مترقی" متشکل در جنبش اتحادیه‌ای هستیم. ما بیش از هرزمان دیگری فاصله گرفته‌ایم از آن‌هایی که دنباله‌رو یکی از انواع جناح‌ها یا شخصیت‌های موجود در میان صاحب‌منصبان شده‌اند تا مناصبی در سلسله مراتب آن بدست آورند تا به اصطلاح برای دگردیسی اتحادیه‌ها در "موقعیت بهتری" قرار گرفته باشند.

۵ـ از آنجایی که کمونیست‌ها جزیی از مقاومت رو به گسترش مبارزان پیشقراول طبقه‌ی کارگر هستند، این امکان هست که نیروهای ضدکارگری ما را نشان کنند و هدف حملات خود قرار دهند و یقیناً هم خود را در چنین شرایطی می‌یابیم.

۵-۱) ما را به دلیل اشتباهات ماورای چپ و یا فرقه‌گرایانه نیست که نشان می‌کنند، و برای این هم نیست که ما خود را بسیار جلو انداخته‌ایم و یا در جنب مبارزین طبقه کارگر قرار گرفته‌ایم، بلکه به دلیل آن است که بخشی از مقاومت هستیم.

۵-۱-۱) آجان‌ها، و دست‌راستی‌ها در درجه‌ی اول در پی کمونیست‌ها نیستند، بلکه طیف وسیع‌تر پیشقراولان مبارز طبقه‌ی کارگر را مد نظر دارند که ما هم بخشی از آن هستیم.

۵-۱-۱-۱) ما اغلب در خط مقدم آتش حمله قرار می‌گیریم، چون

1- Guardian, Frontline 2- Workers World Party

برخلاف سایر مبارزان، ما همچنین عضو یک سازمان سیاسی انقلابیِ شناسایی شده‌ای هستیم.

۵-۱-۱-۲) ما به صورت فردی به خاطر مشارکت در طیف وسیعی از مبارزات، هم در درون کارخانه و هم بیرون، شناخته می‌شویم.

۵-۱-۱-۳) برخی اوقات ما در می‌یابیم که صرفاً به عنوان یکی از مبارزین در جمع مبارزان نشان شده‌ایم.

۵-۱-۲) در مبارزه علیه چنین حملاتی، ما اغلب مجبور می‌شویم مسئولیت‌هایی را بر عهده بگیریم که در شرایط کنونی با اندازه و نفوذ کلی ما در جنبش کارگری متناسب نیستند.

۵-۱-۲-۱) اگر ما از نظر سیاسی اعتماد به نفس داشته باشیم و بتوانیم توضیح دهیم که حقوق و منافع همه‌ی مبارزان در خطر است، آن گاه اقشار وسیع‌تری از کارگران، کشاورزان و مردم دموکرات‌منش به مرور مبارزه‌ی ما را مبارزه‌ی خود خواهند دانست.

۵-۱-۲-۲) از طریق مقابله‌ی به موقع با اقدامات دست‌راستی‌ها و نیروهای ضدکارگری، که در صددند تا فضا را برای کارگران پیشقراول محدود کنند، فضای بیشتری را می‌توان برای جنبش انقلابی بدست آورد، چون دوایر دموکراتیک وسیع‌تری مبارزه را مبارزه‌ی خود خواهند دید (نظیر دیوارنگاره‌ی پاث‌فایندر، ممنوعیت توزیع کتاب‌های پاث‌فایندر در گرانادا و دستگیری پیت کلیفورد[1]، نماینده فروش پاث‌فایندر در ایرلند شمالی).(۲۳)

۵-۱-۲-۳) همگام با تعمیق قطبی شدن طبقاتی، بیش از پیش لازم می‌آید که دفاع سیاسی با اقدامات امنیتی لازم ترکیب شود تا بتوان

1- Pete Clifford

از فعالیت‌های جنبش کمونیستی حفاظت کرد. این اقدامات کمک خواهد کرد تا بتوان رهبران برخاسته از رده‌های کارگری را آموزش سیاسی داد و حمایت آن‌ها را بدست آورد.

۵-۲) آجان‌ها در پاپوش‌دوزی علیه مارک کرتیس ابتدا دنبال کرتیس بودند، نه حزب کارگران سوسیالیست.

۵-۲-۱) مارک کرتیس نماینده‌ی سایر کارگران جوانِ مثل خودش بود که در مقابل تهاجم بی‌رحمانه‌ی کارفرمایانِ صنعت گوشت مقاومت می‌کردند، برای دفاع از حقوق همقطاران خود که مهاجر بودند مبارزه می‌کردند، علیه ایذا و اذیت نژادپرستانه‌ی آجان‌ها سازماندهی می‌کردند، و با محدودیت‌هایی که علیه حقوق زنان وجود داشت مخالفت می‌کردند.

۵-۲-۲) حامیان کرتیس نیروهای رو به رشدی را از ایالت آیووا تا هر گوشه‌ای از جهان وارد مبارزه کرده‌اند، بر بهای سیاسی‌ای که هیأت حاکمه باید برای تداوم زندانی کردن کرتیس بپردازد افزوده‌اند و فضا را برای کار سیاسی کمونیستی او به حداکثر ممکن باز کرده‌اند.

۵-۲-۳) این مبارزه‌ی بین‌المللی متمرکز برای توضیح زمینه‌ی پاپوش‌دوزی و جلب حمایت لازم برای آزادی کرتیس از درون طبقه‌ی‌کارگر سازماندهی شده است، با این عنوان که کرتیس یک مبارز کمونیست است، نه یک مردی که صرفاً خواهان عدالت باشد. این مبارزه‌ی دفاعی در تعمیق پرولتریزه کردن و ارتقای رشد انترناسیونالیسم انجمن‌های کمونیست نقشی مرکزی ایفا کرده است.

۵-۳) همچنین تلاش ورکرز لیگ در جهت تخریب علیه پیشقراولان طبقه‌ی کارگر نشانه‌گیری شده است. از ۱۹۷۷ تاکنون ما مجبور بوده‌ایم نبردی به پا کنیم تا کمک کنیم دیگران فعالیت‌های این جریان ضدکارگری

را از این دیدگاه دریابند و از نظر سیاسی بتوانیم به نیروهای وسیع‌تری متوسل شویم و آن‌ها را وارد مبارزه علیه این جریان کنیم.

۵-۳-۱) در این مدت ما آموختیم توضیح دهیم چرا مبارزه علیه تبلیغاتی که به حزب کارگران سوسیالیست تهمت جاسوسی می‌زند، مبارزه‌ای است در جهت دفاع از حقوق دموکراتیک و جنبش کارگری (منظور مبارزه علیه تلاشی است که در جهت بدنام کردن جوزف هانسن، جورج نوواک[1]، جک بارنز و "کارلتون ۱۲" و مأمور اف‌بی‌آی خواندن آنان صورت می‌گیرد) همین طور مبارزه برای پس زدنِ تهاجم علیه آزادی و حق تشکل سیاسی که از طریق شکایت حقوقیِ ورکرز لیگ و به دست نماینده‌اش آلان قلفند[2] علیه حزب کارگران سوسیالیست صورت گرفته است.(۲۴)

۵-۳-۲) هدف ما هرگز این نبوده است که حزب کارگران سوسیالیست به تنهایی با ورکرز لیگ مبارزه کند و آن را شکست دهد. چنین کاری بجز عقب‌نشینیِ مخرب به سمت سیاست‌های فرقه‌گرایانه، چیز دیگری نیست. ما در صددیم تا نیروهای وسیعی را در داخل جنبش‌های اتحادیه‌ای و مترقی به سویی جلب کنیم تا بر مبنای تجربیات خودشان دریابند که چگونه ورکرز لیگ به جنبش اتحادیه‌ای حمله می‌کند، تا خودشان ورکرز لیگ را آنگونه که هست بشناسند و به نحو شایسته‌ای به حملات این سازمان علیه حقوق سیاسی و نیز به تهدیداتش علیه امنیت جانی اتحادیه‌گرایان و سایر مبارزان، عکس‌العمل مناسب را نشان دهند.

۵-۳-۳) تعداد رو به افزایشی از کارگران تخریب نبردهای اتحادیه‌ای به دست ورکرز لیگ را خود تجربه می‌کنند (نظیر اعتصاب معدنچیان

1- George Novack 2- Alan Gelfand

معدن مس آریزونا در ۱۹۸۳-۱۹۸۴، صنایع گوشتی هورمل در ۱۹۸۵-۱۹۸۶، صنایع کاغذسازی ۱۹۸۷-۱۹۸۸، معدنچیان ذغال‌سنگ پیتستون ۱۹۸۹، اعتصاب دوزندگان دامزی آ ال جی دبلیو یو در بروکلین ۱۹۹۰) و لذا مبارزه ما علیه ورکرزلیگ را مبارزه‌ی خودشان و بهم پیوسته می‌دانند. این آگاهی همچنین در میان قشر بسیار کوچک اما در حال افزایشی از کارگران در سطح جهان نیز وجود دارد، بر مبنای تجربه‌ی آنان با تشکیلاتی که در سایر کشورها به ورکرز لیگ مربوطند (نظیر حزب اینترنشنال کمونیست در بریتانیا، سوشیالیست لِیبر لیگ در استرالیا، باقی‌مانده‌ِ بعضی گروه‌ها در کانادا و زلاندنو).

۵-۳-۴) در راستای این خطوط است که ما و سایر حامیان کمیته‌ی دفاع از مارک کرتیس با فعالیت‌های تخریبی بین‌المللی ورکرز لیگ مقابله می‌کنیم و درک اهمیت آنچه در این دفاع بین‌المللی مطرح است تعمیق می‌بخشیم.

۵-۴) دیوارنگاره‌ی پاث‌فایندر، و دفاع از آن، واکنشی بین‌المللی ایجاد کرده‌است. این بیانی است از اینکه پاث‌فایندر و جنبش ما دارند به عنوان جزیی از پیشقراولان گسترده‌تری از مبارزین و انقلابیون در مبارزه طبقاتی در ایالات متحده و جهان جایگاه خود را پیدا می‌کنند.

۵-۴-۱) دیوارنگاره‌ی پاث‌فایندر در سراسر جهان به عنوان یک کار برجسته‌ی هنری عمومی در نفس خود، و به عنوان محصول یک تلاش گسترده‌ی همکاری بین‌المللی، جایگاه ویژه‌ی خود را یافته است.

۵-۴-۱-۱) برای ما این امکان را فراهم آورده است که بتوانیم دست به ابتکار عمل‌هایی بزنیم با تأثیراتی فراتر از اندازه‌ی کنونی، منابع و وزن ما در جنبش کارگری.

۵-۴-۱-۲) این دیوارنگاره ارزش ویژه‌ای را دارد که می‌تواند به گونه‌ی بسیار مؤثری هویت سیاسی پاث‌فایندر را به شکل تصویری بیان کند. برای ما سلاح بسیاری با ارزشی است که هم می‌تواند پاث‌فایندر را معرفی کند و هم به نیروهای گسترده‌تری دسترسی پیدا کند.

۵-۴-۲) حملاتی که علیه دیوارنگاره‌ی پاث‌فایندر می‌شود بخشی از تعمیق قطبی شدن جامعه در زمینه‌ی آزادی هنری و به طور کلی آزادی بیان است (به عنوان مثال مواردی نظیر اعمال سانسور به عنوان پیش‌شرطی برای تأمین بودجه‌ی دولتی برای کارهای هنری، اعلام جرم علیه مدیر مرکز هنری در شهر سین‌سیناتی در رابطه با نمایشگاه ماپل‌تروپ[1]، ... و غیره).(۲۵)

۵-۴-۳) دیوارنگاره‌ی پاث‌فایندر ـ و تور سخنرانی نقاش کوبایی، آلدو سولر[2]، و تورهای سخنرانی سایر هنرمندان نیکاراگوآیی، السالوادُری و آفریقای جنوبی‌ای که در این پروژه مشارکت کردند ـ مثال‌هایی هستند از اینکه چگونه یک حزب کارگری می‌تواند با هنرمندان انقلابی‌ـاندیش همکاری کند تا کمونیسم را در میان اقشار گسترده‌تری از دانشجویان و زحمتکشان اشاعه دهد، از جمله در میان معدنچیان ذغال‌سنگ، کارگران خطوط هوایی، کارگران کشاورزی و کشاورزان.

۵ـ مبارزه برای حزب پرولتاریایی

۱ـ حزب کارگران سوسیالیست چرخش به صنعت را با موفقیت پشت سر گذاشته است.(۲۶)

1- Mapplethrope exhibit

2- Aldo Soler

۱-۱) درصد بالا و باثباتی از کادرها عضو ده فراکسیون صنعتی حزب هستند.

۱-۱-۱) از طریق پایه‌هایش در اتحادیه‌های صنعتی، حزب، طبقه‌ی کارگر را ـ متشکل و غیرمتشکل، شاغل و بیکار، بومی یا مهاجر، کارگر کشاورزی یا کارگر شهری ـ محیط سیاسی اجتماعی فعالیت خود قرار داده است.

۱-۱-۲) محور کارهای حزب ـ از فروش نشریات و کتاب‌هایش، تا مجاهدت‌های سیاسی‌اش، تا مشارکت در مبارزات وسیع ـ در درون طبقه‌ی کارگر و اتحادیه‌هاست.

۱-۱-۳) حزب در کل در سال‌های ۱۹۸۹-۱۹۹۰ در آزمایش مهمی موفق شد و آن این بود که توانست به گونه‌ی کاملی جزیی از نبردهای کلیدی اتحادیه‌ها بشود، به عنوان جزیی از پیشقراولان در حال رشد مبارزان طبقه‌ی کارگر.

۱-۲) شعبه‌های حزب کارگران سوسیالیست امروزه همگی شعبه‌های چرخش [به صنعت] هستند.

۱-۲-۱) اکثریت بزرگی از اعضای هر شعبه‌ی حزب عضو فراکسیون‌های سراسری اتحادیه‌ای و یا عضو کمیته‌های کاریابی[1] هستند.

۱-۲-۲) اکنون حزب دارای یک زندگی و ضرب‌آهنگ هفتگی است که بر محور عضویت کارگران در فراکسیون‌های اتحادیه‌ای سازمان یافته است و اکثریت بزرگی از کادرهای حزب این زندگی را تجربه کرده‌اند.

۱-۲-۲-۱) این یک پیش‌شرط لازم برای سازماندهی و رهبری

1- Jobs Committees

کادرها و برای فعالیت منضبط حول یک چشم‌انداز مشترک سیاسی است، خواه در صنعت باشند یا نباشند.

۱-۲-۲-۲) این پایه و اساس آمادگی حزب برای نبرد طبقاتی است.

۱-۲-۲-۳) این بنیان مستحکمی است که بر مبنای آن حزب می‌تواند همگنی سیاسی کسب کند و به طور دموکراتیک تصمیماتش را اتخاذ کند، به ابتکار عمل‌هایی دست بزند که غیرمنتظره هستند، ونیز در صورت لزوم به کاهش تعداد اعضای شعبه‌ها و انقباضات، به تغییر محورهای دشوار دست بزند، و بحث‌هایی راکه درباره‌ی خط‌ومشی و تاکتیک‌های حزب پیش می‌آید فیصله دهد.

۱-۳) موفقیت حزب کارگران سوسیالیست در چرخش به صنعت خود را این گونه به ثبت رسانده است که دوایر فزاینده‌ی متحدالمرکزی از کارگران با حزب دوست شده‌اند، که به تدریج در محیط کار، همین طور در اتحادیه‌ها و از طریق کارهای گسترده‌تر سیاسی‌مان ما را شناخته و به ما احترام می‌گذارند.

۱-۳-۱) این دوستان شامل فعالین اتحادیه‌ها می‌شوند که نشریات ما را آبونه شده‌اند و بسیار مشتاقند که نقل قولی از آنان در نشریه میلیتانت آورده شود، مبتنی بر اینکه این نشریه چقدر برای پیشبرد کارهایشان مفید است؛ دوستانی که هر از گاهی کمک‌های مالی و گاهی نیز در برنامه‌های عمومی حزب شرکت می‌کنند؛ دوستانی که با ما برای ایجاد همبستگی با اعتصابات یا فعالیت‌هایی از نوع جبهه‌ی واحد، که ما در حال ساختن آن هستیم، مشارکت می‌کنند.

۱-۳-۲) این دست‌آورد باعث وسعت تأثیر حزب در اتحادیه‌ها می‌شود و پیشبرد سیاست‌های گسترده‌تر ما را تقویت می‌کند.

۲ـ حزب کارگران سوسیالیست چرخش به صنعت را در شرایطی تثبیت کرد که ما در مراحل آخر سومین "روزهای دوزخی" تاریخ جنبش خود بسر می‌بردیم.

۲-۱) اولین روزهای دوزخی (۱۹۲۹-۱۹۳۳) را جیم کانن در کتاب تاریخ تروتسکیسم آمریکا توضیح داده است.(۲۷)

۲-۲) دومین روزهای دوزخی ما در دهه‌ی ۱۹۵۰ فرارسید.

۲-۲-۱) پیش از آنکه آن دوره به پایان برسد، ما ساختار فراکسیون صنعتی سراسری حزب را از دست داده بودیم.

۲-۲-۲) عمق آن عقب‌نشینی را از آنجا می‌توان دریافت که به رغم رشد اولیه اتحاد جوانان سوسیالیست از ابتدای بنیانگذاری آن در سال ۱۹۶۰ ـ و سیر صعودی عضوگیری نیروهای جوان تحت تأثیرات انقلاب کوبا، خیزش مبارزه برای احقاق حقوق سیاهان و آغاز مخالفت‌ها با توسعه‌ی جنگ ویتنام ـ عضویت در حزب تا پاییز ۱۹۶۷ همچنان سیر نزولی را طی می‌کرد.

۲-۳) سومین روزهای دوزخی همرمان با عقب‌نشینی جنبش کارگری به دنبال بحران اقتصادی سال‌های ۱۹۸۱-۱۹۸۲ آغاز شد و در پی آن هزیمت همه جانبه‌ای در گرفت که تا سال ۱۹۸۶ ادامه داشت و تنها در آن زمان بود که سیر حرکت آن شروع به شکستن کرد. از نظر بین‌المللی، بر اثر پاتک‌های امپریالیسم که بر جنبش کارگری در آمریکا ضربات سنگینی وارد کرد، از بُردِ پیشروی‌های انقلابی نیمه‌ی دوم دهه‌ی ۱۹۷۰ (گرانادا، نیکاراگوئه، ایران، کسب استقلال مستعمرات سابق پرتقال در آفریقا، شکست امپریالیسم ایالات متحده در ویتنام و یکپارچه شدن این کشور) کاسته شد.

۲-۳-۱) حزب، از بدو شروع سومین روزهای دوزخی‌اش، با اُفت

عمده‌ای از نظر تعداد اعضا مواجهه بوده است.

۲-۳-۲) ما از نظر تعداد، گستره‌ی پوشش و تنوع شعبه‌های حزبی در مقایسه با گذشته یک عقب‌نشینی را در شعبه‌های حزبی در برخی از شهرها سازماندهی کرده‌ایم: آلبانی، آلبوکرک، سین‌سینتی، دالاس، دنور، گاری، هاریس برگ، ایندیاناپولیس، آیرون رنج، لینکلن، لویس ویل، نیو اورلیانس، سان آنتونیو، سان دیاگو، سی ساید، تاید واتر، تولیدو.

۲-۳-۳) از ساختارهای ناحیه‌ای نیز در برخی مناطق دست کشیده‌ایم: شیکاگو/گاری، بالتی مور/واشنگتن دی سی، بِی اِریا در شمال کالیفرنیا، نیویورک/نیوجرسی.

۲-۴) با توجه به مقاومت جدید اتحادیه‌ها و طبقه‌ی کارگر در سال‌های ۱۹۸۹-۱۹۹۰ که تأییدی بود بر گسست پدید آمده در هزیمت پیشین، گسستی که مبارزات کارگران صنعت گوشت آن را علامت داد، اکنون ما در حال خروج از سومین روزهای دوزخی جنبش کمونیستی در ایالات متحده هستیم، ولی هنوز کاملاً از آن خارج نشده‌ایم. اما، اینکه ما با چه سرعتی از آن هزیمت خارج خواهیم شد، به مبارزه‌ی طبقاتی در سال آتی بستگی خواهد داشت.(۲۸)

۳ـ حزب طی دهه‌ی گذشته مجبور شده بود با چالش‌هایی مواجه شود و با آن‌ها دست و پنجه نرم کند که برای توفیق در چرخش گریزناپذیر بودند.

۳-۱) چرخش به صنعت راکسانی تحقق بخشیدند که بیش از پیش از نظر سیاسی اعتماد به نفس پیدا کرده‌اند؛ فارغ‌البال و بادپا هستند و آماده‌اند تا به هر جایی که ضروری باشد نقل مکان کنند؛ به شغل خود همانند یک مسئولیت سیاسی می‌نگرند؛ تعهدات مالیشان بیانگر این نکته است که زندگی شخصی خود را تحت‌الشعاع امر کلی‌ترِ ساختن حزب پرولتری قرار

داده‌اند؛ و نمونه‌ای از این واقعیت هستند که سانترالیسم انقلابی و انضباط پرولتاریایی، که از آن ناشی می‌شود، پیش‌شرط‌های لازم برای دخالت مؤثر در مبارزه‌ی طبقاتی‌اند.

۳-۲) در عین حال که اقدامات لازم برای عقب‌نشینی را هدایت می‌کردیم، این کار را به گونه‌ای انجام دادیم که ساختار و عملکرد حزب، به عنوان یک حزب چرخش [حزبی که به صنعت چرخش زده] گسترش یابد؛ و حزب را قادر سازد تا در واکنش به تحولات مبارزه‌ی طبقاتی ابتکار عمل متهورانه‌ای را اتخاذ کند.

۳-۲-۱) ما همچنان به انتصاب درصد قابل توجهی از رهبری سراسری منتخب در سِمَت مسئولین فراکسیون‌های صنعتی در میدان‌های عمل و رهبری شعبه‌های حزبی ادامه داده‌ایم.

۳-۲-۲) ما به حفظ و نگهداری کمیته‌های کاریابی در تک تک شعبه‌های حزبی توجه سیاسی خاصی کردیم؛ تلاش خود برای چند فراکسیونی کردن شعبه‌های حزبی را ادامه دادیم؛ چشم‌انداز فروش هفتگی کتب و نشریات خود در مقابل کارخانه‌ها را حفظ کردیم؛ از این موضع که کاندیدهای عضویت برای یک دوره‌ی موقت عضو مشروط و آزمایشی شوند عقب ننشستیم؛ و کار با هواداران فعال را در آن شعبه‌هایی که به اندازه کافی قوی بودند پیش بردیم.

۳-۲-۳) چرخش را به گونه‌ای دموکراتیک، همه‌گیر و یک‌دست پیش بردیم. در نتیجه، یک بخش اقلیت از رهبری و اعضا، که فعالیت در یک حزب انقلابی سانترالیست پرولتاریایی برایشان ناهنجار بود، در سال ۱۹۸۳ انشعابی را سازماندهی کردند، انشعابی که از نظر سیاسی منجر به تقویت حزب شد، نه تضعیف آن.

۳-۲-۴) در ارتباط با حفظ دو فراکسیون صنعتی، که با توجه به اُفت

تعداد اعضای حزب و کاهش تعداد شعبه‌ها راه دیگری برای سرپا نگه داشتن آن‌ها وجود نداشت، به یک تلاش سراسری دست زدیم:

۳-۲-۴-۱) جهت‌گیری به سمت جنبش مقاومت کارگران در معادن ذغال‌سنگ: در اوایل سال ۱۹۸۷ هنگامی که چرخش با بزرگ‌ترین خطر عقبگرد ناشی از اثرات هزیمت جنبش اتحادیه‌ای کارگری مواجه بود، کمیته‌ی سراسری حزب چنین برآورد کرد که نبرد کارگران صنعت گوشت در سال پیش از آن نشان می‌داد که هزیمت بسر رسیده است و روند عقب‌نشینی از هم گسسته شده است. کمیته‌ی سراسری حزب جهت‌گیری به سمت معدنچیان مبارز ذغال‌سنگ را دوباره تأیید کرد، اقدامات ویژه‌ای برای تقویت فراکسیون حزب در اتحادیه معدنچیان آمریکا و هفت شعبه‌ی فعال حزب در منطقه‌ی معادن ذغال‌سنگ انجام داد، و پیشنهادی مبتنی بر اینکه برخی از شعبه‌های حزبی را از این جهت‌گیری مستثنی کنیم، تقریباً متفق‌القول رد کرد.

۳-۲-۴-۱-۱) این کار در سال ۱۹۸۹ با اقدامات ویژه‌ی دیگری ـ هم در غرب و هم در شرق کشور ـ تقویت شد تا فضای باز سیاسی جدیدی، که حول اعتصاب پیتستون و مقاومت وسیع‌تری در میان معدنچیان پیش آمده بود، مثمر ثمر باشد.

۳-۲-۴-۱-۲) این فعالیت‌های سانترالیزه پایه و اساس همکاری حزب کارگران سوسیالیست با سایر انجمن‌های کمونیست برای پیشبرد کار مشترک در میان معدنچیان مبارز معادن ذغال‌سنگ خارج از ایالات متحده قرار گرفت. اولین قدم مهم تصمیم انجمن کمونیست بریتانیاست مبنی بر اینکه فراکسیونی در اتحادیه سراسری معدنچیان تشکیل دهد، شاخه‌های حزبی خود را در معادن تقویت

کند و جهت‌گیری به سوی معادن ذغال‌سنگ را مبنای حزب‌سازی در آنجا قرار دهد.

۳-۲-۴-۲) فراکسیون اتحادیه کارگران صنایع غذایی و تجاری و شاخه‌ی ناحیه‌ی آیووا: در واکنش به موجی از مبارزات در صنعت گوشت در غرب میانی ایالات متحده در سال‌های ۱۹۸۶-۱۹۸۷، ما برای ایجاد فراکسیونی در اتحادیه کارگران متحد صنایع غذایی و تجاری قدم‌های لازم را برداشتیم، از جمله اینکه سه شعبه‌ی جدید حزبی (دس موینز، آیووا؛ آستین، مینه سوتا؛ اوماها، نبراسکا) و یک شعبه‌ی ناحیه‌ای در سال ۱۹۸۷ در آیووا ساختیم. ما این واقعیت را دریافتیم که اعتبار یک فراکسیون سراسری صنعت گوشت بستگی خواهد داشت به وجود یک شعبه‌ی مستحکم حزب در این ناحیه‌ی غرب میانی و ایالات اطراف آن و بر مبنای آن عمل کردیم.

۳-۲-۵) برگزاری گردهم‌ایی ناحیه‌ای کارگران فعال در بهار ۱۹۸۷ و دو دوره‌ی گردهم‌آیی‌های سیاسیِ ناحیه‌ای در سال ۱۹۸۹ نقش مهمی در تداوم سازماندهی کادرهای حزب در راه پیشبرد فعالیت برای توفیق در چرخش بر مبنای این خطوط داشتند.(۲۹)

۳-۳) تغییر روابط نیروهای طبقاتی در دهه‌ی ۱۹۸۰ خود را از طریق عقب‌نشینی و هزیمت اتحادیه‌ها، اُفت جنبش آزادیبخش زنان و تهاجم ایدئولوژیک سرمایه‌داری علیه دست‌آوردهای پیشین زنان به ثبت رساند. فشارهای نابرابری در اثر این تغییر روابط طبقاتی به کادرهایی که زن هستند وارد می‌آمد. حزب این را تشخیص داد و با آن برخورد کرد.(۳۰)

۳-۳-۱) آهنگ کُند عضوگیری و افزایش حد متوسط سن کادرها این فشارها را تشدید کرد.

۳-۳-۲) ما دریافتیم که فشار نابرابر وارد آمده بر زنان، برای عقب

کشیدن خود از رهبری حزب، محصول این ادعا نبود که گویا زنان شاغل در صنعت با رفتارهای تبعیض جنسی بیشتری مواجه شده‌اند.

۳-۳-۲-۱) افزایش کیفی درصد زنانی که دستمزدبگیر هستند و افزایش درصد زنان در نیروی کار ـ ترکیب این واقعیت با تأثیرات کلی مبارزه برای حقوق مساوی برای زنان ـ همواره در حال تضعیف تعصبات ارتجاعی ضدزن است و باعث افزایش وزنه‌ی رهبران طبقه‌ی‌کارگر در درون جنبش مبارزه برای رهایی زنان و باعث پیشرفت زنان در رهبری فراگیر اتحادیه‌ها و مبارزه‌ی طبقاتی می‌شود.

۳-۳-۲-۲) کلید پیشرفت اعتماد به نفس و افزایش پتانسیل رهبری کمونیست‌هایی که زن هستند، چرخش حزب به اتحادیه‌های صنعتی بوده و امروزه هم این صادق است. چرخش به اتحادیه‌های صنعتی نه‌تنها در گذشته بلکه اکنون هم در حال دگردیسی آگاهی جنبش کمونیستی ـ چه مرد و چه زن ـ است؛ دگردیسی در جهت ارزیابی سیاسی زنان نه به عنوان یک جنسیت، بلکه به عنوان کارگر ـ بلشویک‌ها و همقطارانی که رهبرند. چرخش همچنین نقش تعیین‌کننده‌ای داشت در اینکه حزب هزیمت جنبش فمینیستی را، که تحت رهبری طبقه‌ی متوسط است، نسبتاً بدون آسیب پشت سر بگذارد.

۳-۳-۳) حزب آگاهانه خود را به گونه‌ای سازماندهی می‌کند که تعداد زنان عضو بدنه‌های رهبری حزب به حداکثر ممکن برسد و آنان مسئولیت‌های بیشتری در درون و برون حزب داشته باشند. اما، ما این نظریه را رد می‌کنیم که بخواهد به منظور تلاش برای جبران فشارهای وارده بر کادرهای زن، برای تعداد زنان در موقعیت‌های رهبری درصد

قایل شود ـ از جمله با تعیین نظامی که برای تعداد زنان در بدنه‌های حزبی "سهمیه" قایل شود نیز مخالفیم، حتی اگر به گونه‌ای استتار شده صورت پذیرد.

۳-۳-۳-۱) ما دریافتیم که، به رغم آرزوهای ذهنی ما، آثار ستم‌کشیدگی زنان در جامعه‌ی سرمایه‌داری همگام با افزایش سن آنان شدت می‌یابد. این قصور حزب نیست که درصد عضویت زنان در بدنه‌های رهبری اتحاد جوانان سوسیالیست بیشتر از درصد زنان در کمیته‌های رهبری حزب بوده است و خواهد بود. این قصور حزب نیست که درصد عضویت زنان در کمیته‌های رهبری شاخه‌های حزبی عموماً بیشتر از درصد عضویت آنان در بدنه‌های رهبری سراسری و مرکزی است و این گونه باقی خواهد ماند. این قصور حزب نیست که در دوران عقب‌نشینی جنبش اتحادیه‌ای کارگری، دورانی که عضوگیری کند شده است و سن کادرهای ما بالا می‌رود، درصد عضویت زنان در کمیته‌ی سراسری حزب تا حدودی کاهش یافته است.

۳-۳-۳-۲) همه‌ی این گرایش‌ها بیانگر این مطلب است که ما در کدام مقطع از تاریخ تکامل مبارزات زنان برای رهایی، مبارزه‌ی طبقاتی و ساختن احزاب پرولتاریایی قرار داریم. نفی این واقعیت‌های اجتماعی یقیناً به تضعیف رهبری سراسری حزب و نابودی فرآیند مستدام و درازمدت پرورش کادرها خواهد انجامید.

۳-۳-۳-۳) صِرفِ تشخیص اینکه فشارهای وارده بر ما ناشی از عوامل وزین اجتماعی و تاریخی هستند، عذر موجهی برای فقدان آگاهی، بی‌تفاوتی، و یا قصور در کار مداوم برای کاهش موانع موجود بر سر راه آن عده از کادرهای زن، که بار رهبری افزون‌تری

را بر دوش می‌کشند، نیست. این‌ها تعهدات دایمی یک سازمان کمونیست است و حزب کارگران سوسیالیست بهتر از هر حزب دیگری به این مهم پرداخته است.

۳-۳-۴) دو معیار وجود دارد که ما باید بر مبنای آن‌ها پیشرفت حزب را در زمینه‌ی افزایش اعتماد به نفس و قابلیت رهبری کادرهایی که زن هستند اندازه گیری کنیم:

۳-۳-۴-۱) اگر درصد زنان شاغل در صنعت در مقایسه با درصد عضویت آنان در حزب شروع به اُفت کند، این یک عقب‌نشینی غیرضروری برای حزب خواهد بود.

۳-۳-۴-۲) اگر از زنانی که برای ادای مسئولیت‌های رهبری انتخاب شده‌اند نخواهیم که انجام طیفی از کارهای سخت و مسئولیت‌هایی را بر عهده بگیرند که رهبر حزب بودن مستلزم انجام آن‌هاست، این نیز یک عقب‌نشینی خواهد بود.

۳-۴) به عنوان بخشی از فتح چرخش، حزب موفق شده با معضل نژادستیزی برخورد کند و بحث تباین و ناسازگاری هر نوعی از آن را با ساختن حزب و رهبری کمونیست پرولتاریایی به انتها برساند. این پیروزی را حزب از طریق یک گزارش تحریر شده و با موافقت تقریباً همه‌ی اعضا تدوین کرد.

۳-۴-۱) این نخستین بار در تاریخ جنبش کارگری است که نژادستیزی از نظر سیاسی به چالش کشیده شده و به عنوان یک نحوه‌ی عملکرد مخرب و ضدپرولتاریایی به طور سازش‌ناپذیر طرد شده است.

۳-۴-۲) این دست‌آورد حزب کارگران سوسیالیست یک ماحصل سیاسی است که ثمرات آن در خدمت کل جنبش کمونیست بین‌المللی

و جنبش‌های آزادیبخش ملی خواهد بود. زیرا که نژادستیزی یک پدیده‌ی منزوی نیست و آنچنان دینامیسم خورنده‌ای دارد که هر سازمان انقلابی و یا مترقی را از درون متلاشی می‌کند. نمو یک رهبری با اخلاص را تباه می‌کند و در میان کادرها که برابرِ سیاسی‌اند سدی برپا می‌کند که هرگز اجازه‌ی رشدِ آن رابطه‌ی برابری را به آنان نمی‌دهد.

۳-۴-۳) سمّ نژادستیزی یک بیماری شایع و مزمن حزب کمونیست ایالات متحده و دوایر تحت نفوذ آن در ایالات متحده و سراسر جهان بوده است. طرد این معضل خرده‌بورژوایی از جانب ما باعث بهبود تسلیح ما به عنوان کمونیست‌ها برای رو در رو شدن با این فساد شده است. نژادستیزی را استالینیست‌ها و سایر افراد و گروه‌ها و روندها و باندهایی که به دفاع از حقوق ملیت‌های ستمدیده تظاهر می‌کنند به درون جنبش‌های اعتراضات اجتماعی، گروه‌های همبستگی و سازمان‌های سیاسی وارد می‌کنند.

۳-۴-۳-۱) نژادستیزی به یکی از خصلت‌های اقشاری تبدیل شده است که آن را علیه جناح پرولتری و نیروهای جوان بکارمی‌گیرند تا تلاش کنند کنترل بوروکراتیک خود را بر سازمان‌های اعتراضات اجتماعی اعمال کنند و یا آن را تداوم بخشند. (تجربه‌ی غنی ما در حزب سیاسی مستقل سراسری سیاهپوستان[1] سیر تکاملی این حرکت را نشان داد).(۳۱)

۳-۴-۳-۲) اکراه در مبارزه و شکست نژادستیزی باعث تباهی پرورش هر نوع رهبری در سازمان‌های جنبش کارگری و ملیت‌های ستمدیده می‌شود و باعث خواهد شد که انواع

1- National Black Independent Political Party

نژادپرستی‌ها (علیه هاییتیایی‌ها و آسیایی‌ها) تقویت شود. گرایشات ضدیهود و ارتجاعی و رشدیابنده نژادستیزی می‌تواند پوشش یا پلی برای همه‌ی آن‌ها بشود.

۳-۵) فقط یک حزب همگن سیاسی می‌توانست این دو دست‌آورد پیش‌گفته‌ی جنبش کمونیستی را تحقق بخشد، حزبی که اکثریت قاطع کادرهایش جزو رده‌های طبقه‌ی کارگر و در جریان فتح چرخش باشند. در عین حال، بدون این دست‌آوردها، امکان نداشت که حزب به فتح چرخش نایل شود.(۳۲)

۴ـ ما برای ایجاد ساختارهای حزبی که چرخش را فتح کرده است با چالش‌های عدیده‌ای مواجه هستیم، به این معنی که جزیی از یک جنبش بین‌المللی کمونیست هستیم که در بر گیرنده‌ی سازمان‌هایی است که در مراحل مختلفی از فتحِ چرخش هستند.

۴-۱) ابعاد و دامنه‌ی دستگاه تبلیغاتیِ مستقر در نیویورک (دفتر هیأت تحریریه و ویراستاری، کارهای تجاری و ترویج، چاپخانه، نشریات ادواری) فقط از دیدگاه پذیرش مسئولیت به عنوان جزیی از یک جنبش بین‌المللی کمونیست مفهوم پیدا می‌کند.

۴-۱-۱) این دستگاه با ابعاد و منابع حزب کارگران سوسیالیست به تنهایی همخوانی ندارد و در درازمدت نمی‌تواند بر مبنای صرفاً یک سازمانی از نوع ما سرپا بایستد.

۴-۱-۲) ساختار جاری موجود فقط زمانی قابل درک و شایسته‌ی پشتیبانی است که بر مبنای ماهیت دوگانه‌ی انتقالی‌اش به آن نگریسته شود.

۴-۱-۲-۱) این انتشارات، دستگاه تبلیغاتی حزب کارگران سوسیالیست است که می‌باید ابعادش متناسب با ابعاد، منابع و

ظرفیت‌های رهبری حزب باشد.

۴-۱-۲-۲) این انتشارات یک دستگاه تبلیغاتی بین‌المللی در حال تکوین است و برای آن سازماندهی شده و تناسب یافته است که هم بتواند بر پایه‌ی منابع یک جنبش جهانی نیازهای آن را برآورده سازد و هم منابع آنان را جذب کند.

۴-۱-۳) هدف ما این نیست که هر یک از انجمن‌های کمونیست دستگاه موجود در نیویورک را الگو قرار دهند و به تدریج بار مسئولیت‌های "بین‌المللی" را از دوش حزب کارگران سوسیالیست بردارند.

۴-۱-۳-۱) به جای این کار، ما مشترکاً مسئولیت این دستگاه تبلیغاتی را بر عهده خواهیم گرفت، و توسعه‌ی آن، انعکاس کاربرد استراتژی کمونیستیِ حزب‌سازی و ثمره‌ی سانترالیزه‌کننده‌ی آن است که امروزه در "شش نکته" جمع‌بندی شده است.

۴-۱-۳-۲) این مطلب به شکل روزافزونی به مهم‌ترین چالشی تبدیل می‌شود که در راه پیشروی جنبش بین‌المللی در پیشِ روی خود داریم.(۳۳)

۴-۲) حزب ساختار و سازماندهی رهبری خود را برای انطباق با این دوره تجدید سازمان کرده است، دوره‌ای که شرایط تحمیل شده بر آن همراه است با آهنگ آهسته‌ی عضوگیری، افزایش حد متوسط سن اعضا و کاهش شتاب در تجربه‌اندوزی در کار توده‌ای از نوعی که به سرعت شرایط دگردیسی رهبری را فراهم می‌سازد.

۴-۲-۱) اشتغال تمام وقت سازماندهان شعبه‌های حزب در صنعت، تحت شرایط موجود در مبارزه‌ی طبقاتی و مرحله‌ی کنونی حزب‌سازی، به وضعیت غالب تبدیل شده است.

۴-۲-۲) درصد بالایی از کل کادرهای حزب از تجربه‌ی قبول مسئولیت در چاپخانه و تشکیلات مرکزی برخوردار شده‌اند.

۴-۲-۲-۱) در دورانی که عضوگیری سرعت بیشتری داشته باشد و تعداد اعضای حزب رشد کند، این درصد کاهش خواهد یافت.

۴-۲-۲-۲) تجربه‌ی آمدن اعضای حزب از صنعت به تشکیلات ستاد مرکزی و سپس بازگشت به فراکسیون‌های حزب در صنایع، همچنان عامل مهمی در رشد همگنی سیاسی و ماهیت پرولتری حزب بوده است.

۴-۲-۳) ما همچنان درصد مهمی از رهبری مرکزی را در صحنه‌ی فعالیت‌ها، در رهبری شعبه‌ها و فراکسیون‌های اتحادیه‌ی صنعتی حفظ خواهیم کرد. فرآیند ترکیب تفویض مسئولیت از تشکیلات مرکزی به صحنه‌های فعالیت و فراخوانی رهبران از شعبه‌های حزبی و فراکسیون‌ها برای انجام مسئولیت در تشکیلات مرکزی، موجب تقویت و گسترش کادرهای رهبری سراسری حزب می‌شود.

۴-۲-۳-۱) این کار باعث اعتلا و همگن کردن تجارب رهبری فراگیر حزب می‌شود.

۴-۲-۳-۲) تحت شرایط عینی‌ای که ما بسر می‌بریم، این کار باعث تسهیل ادغام نسل‌های جوان‌تر کادرها در مسئولیت‌های رهبری سراسری حزب می‌شود.

۴-۳) ساختار بنیادین و جهت‌گیری فراکسیون‌های سراسری حزب در اتحادیه‌های صنعتی به همان شکلی باقی مانده است که جول بریتون آن را در گزارشی در سال ۱۹۸۵ از طرف کمیته‌ی سراسری حزب به کنگره‌ی حزب کارگران سوسیالیست ارائه داد و به تصویب رسید.(۳۴) شرکت ما در نبردهای ایسترن و پیتستون تأییدی است بر اینکه:

۴-۳-۱) رهبری فراکسیون‌های حزب در اتحادیه‌های صنعتی از طریق شرکت در مبارزات طبقه‌ی کارگر از طریق کار توده‌ای رشد و نمو می‌کند.

۴-۳-۲) این مسیری است که نوسازی رهبری یک حزب کمونیست را به حد اعلای خود می‌رساند.

۴-۴) فروش نشریات در مقابل کارخانه‌ها به منظور ساختن فراکسیون‌های حزب در صنعت، با توجه به کسب پیروزی در چرخش، بیش از هر زمان دیگری، یکی از جنبه‌های منظم ضرب‌آهنگ هفتگی فعالیت‌های ضروری اعضای حزب می‌باشد.

۴-۴-۱) فروش هفتگی، تحت هدایت کمیته‌ی اجرایی شاخه‌های حزب، به کل اعضا این فرصت را می‌دهد که تماس خود را با کارخانه‌ها، معادن و کارخانه‌های نورد فولاد، محل‌هایی که ما می‌خواهیم در آن‌ها فراکسیون حزبی بسازیم، ادامه دهند.

۴-۴-۲) علاوه بر این‌ها، چنین فروشی از نشریات، برای ما راهی را می‌گشاید تا هر هفته با کارگرانِ صنعتی کارخانه‌هایی آشنایی پیدا کنیم که در آنجا فراکسیون حزبی نداریم.

۴-۵) کمیته‌های کاریابی شعبه‌ها، نهادهای دایمی و زنده‌ی شعبه‌های حزب هستند و تحت هدایت مستقیم کمیته‌ی اجرایی شعبه فعالیت می‌کنند.

۴-۵-۱) کمیته‌های کاریابی کمک می‌کنند تا اولویت‌های فراکسیون‌ها را متنوع و تنظیم کنند و کاملاً در جریان امکانات اشتغالی جدید قرار گیرند تا چشم‌انداز ساختن شعبه‌های چندفراکسیونی را تحقق بخشند.

۴-۵-۲) کمیته‌ی کاریابی در شرایطی که کل اعضای شعبه در صنایع مورد نظر ما شاغل هستند به اندازه‌ی موقعی که تعدادی از اعضا و یا اعضای مشروط دنبال کار می‌گردند اهمیت دارد. تعدیل‌های لازم و

چالش‌های جدید (از جمله تلاش برای عضوگیری و یا همکاری با اتحاد جوانان سوسیالیست) هرگز متعلق به آینده‌ای چندان دور نیستند.

۴-۶) یکی از سنگ محک‌های یک شعبه‌ی پرولتری این است که به چه میزانی از نظر سیاسی به اتحاد در حال تکوینِ کارگر-کشاورز توجه می‌کند.

۴-۶-۱) ما همیشه در حال ارزیابی راه‌هایی برای ایجاد ارتباط و همکاری با زارعان و سازمان‌های آنان هستیم؛ کمک می‌کنیم تا حمایت اتحادیه‌ها و سایرین را در دفاع از مبارزات کشاورزان بسیج کنیم و نیز می‌کوشیم زارعان را به حمایت از اعتصاب‌های کارگران و دیگر فعالیت‌های همبستگی جلب کنیم. و در پی آن هستیم تا بر تعداد خوانندگان میلیتانت و کتب پاث‌فایندر، جزوات و سایر نشریات در میان زحمتکشان زراعی بیفزاییم.

۴-۶-۲) ما همچنان توجه سیاسی خاصی به کارگران کشاورزی و مبارزات و سازمان‌های آنان داریم. دستمزدبگیران کشاورزی پل مهمی میان شهر و مناطق زراعی، میان جنبش اتحادیه‌ای کارگری و تمامی زحمتکشان غیرمتشکل زراعی هستند.

۴-۶-۳) تجربه نشان می‌دهد که می‌توانیم کار در میان کشاورزان را عمق ببخشیم و، از طریق وسعت بخشیدن به همکاری بین‌المللی خود در این زمینه، احزاب خود را تقویت کنیم.

۴-۷) به عنوان جزیی از تعمیق پرولتریزه کردن حزب، سازماندهی رفقای غیرعضو را به گونه‌ای پیش برده‌ایم که بخشی از جنبش کمونیست باشند.

۴-۷-۱) اعضای مشروط

۴-۷-۱-۱) تصمیم حزب در سال ۱۹۸۹، در خصوص تطویل دوره‌ی عضویتِ مشروط به شش ماه، نتیجه‌ی تجارب ما در توفیق

در چرخش است. این تطویل دوره‌ی عضویتِ مشروط کمک می‌کند که امکان عضویت در حزب پرولتری افزایش یابد، به رغم اینکه در بدو امر افرادی که پتانسیل عضویت در حزب را دارند چه شغلی داشته باشند.

۴-۷-۱-۱-۱) تجربه نشان می‌دهد که شش ماه طول می‌کشد تا به حزب فرصت داده شود تا مسئولیت خود را در زمینه‌ی کمک به اعضای بالقوه پیش ببرد؛ یعنی به آن‌ها کمک شود تا دوره‌های انتقالی برای پیوستن به کادرهای حزب را طی کنند، کادرهایی که زندگیشان تحت‌الشعاع ضرب‌آهنگ و اولویت‌های یک حزب پرولتری قرار دارد.

۴-۷-۱-۱-۲) این انطباق برای اعضای بالقوه صرفاً یک آموزش سیاسی نیست. از همه مهم‌تر اینکه این زمان لازم است تا به انتقال آنان از شغل پیشین و ضرب‌آهنگ‌های زندگانی خود به زندگی یک کارگر صنعتی کمک شود، کارگری که جزیی از یک فراکسیون اتحادیه‌ای و بخشی از یک شعبه‌ی حزبی است که فعالیت‌هایش ضرب‌آهنگ هفتگی دارد.

۴-۷-۱-۱-۳) حزب کارگران سوسیالیست با تمام سازمان‌هایی که هر عضو مشروط قبلاً در آن‌ها عضویت داشته است فرق دارد؛ ضرب‌آهنگ و اولویت‌هایش فرق می‌کند. این نه‌تنها در مورد دانشجویان و کارگران غیرصنعتی مصداق پیدا می‌کند، بلکه همچنین برای کسانی که قبلاً عضویت در یک اتحادیه‌ی صنعتی را تجربه کرده‌اند.

۴-۷-۱-۱-۴) عضویت در حزب باعث ایجاد تغییراتی در روابط شخصی و سیاسی می‌شود: تغییراتی در نوع و محل اشتغال،

درآمد شما و آنچه با آن انجام مـی‌دهید، حـتی در انـتخاب دوست نیز محدودیت‌هایی ایجاد می‌شود (دوستی با پلیس، خیر؛ دوسـتی با سرکارگر[1]، خیر؛ و غیره).

۴-۷-۱-۱-۵) دوره‌ی عضویت مشروط باید بـه اعـضای بـالقوه فرصت کافی را بدهد تا در کمیته‌ی کاریابی شـعبه‌ی حـزب ادغـام شوند و امکان پیدا کنند تا شغل مـناسب را بـدست آورنـد و عـضو یکی از ده فراکسـیون سـراسـری حـزب در اتـحادیه‌های صـنعتی بشوند.

۴-۷-۱-۱-۶) بالاخره اینکه، لازم است زمان کافی بـه شـعبه‌ها داده شود تا یک بـرنامه‌ی آغـازین بـرای خـوانـدن و تـبادل نـظر درباره‌ی تاریخ و عـقاید حـزب را بـرای عـضو مشـروط سـازمان دهند.

۴-۷-۱-۲) اتخاذ تصمیم درباره‌ی عضویت اساسنامه‌ای به مـراتب سنگین‌تر از تصمیم‌گیری در خصوص عضو شدن مشروط است.

۴-۷-۱-۲-۱) پرداخت وجه ورودیه بر طبق اساسنامه‌ی حزب، نشانی است از اینکه شخص مورد نـظر از آن پس عـضو مشـروط نیست و نه‌تنها شانه‌های خود را زیر بار مسئولیت‌های حـزب داده است، بلکه از حـقوق کـامل عـضویت در حـزب نـیز بـرخـوردار خواهد بود.

۴-۷-۱-۲-۲) پذیرش حقوق کـامل عـضویت در حـزب، خـود بزرگ‌ترین مسئولیت است. رأی شما از آن پس به حساب خواهـد آمد و شما در مسئولیتِ اخذ تصمیم دربـاره‌ی مسـیر فـعالیتی کـه همه‌ی اعضای جنبش کمونیستی آن را پیش خـواهـند بـرد کـاملاً

1- Foreman

شریک خواهید بود.(۳۵)

۴-۷-۲) هواداران فعال

۴-۷-۲-۱) شفافیت در خصوص معیارهای عضویت در حزب ذهن ما را باز می‌کند تا بتوانیم ضرب‌آهنگ‌های گوناگون زندگی سیاسی و مسئولیت‌پذیری قابل دوام هوادارانی را که عضو حزب نیستند تشخیص دهیم، تا بدین ترتیب بتوانیم با آن‌ها کاملاً به عنوان گروه‌های متشکلی از همرزمان خود و جزیی از جنبش کمونیستی مشترک کار کنیم.

۴-۷-۲-۲) هواداران فعال حزب به عنوان یک ساختار سراسری متشکل شده‌اند.

۴-۷-۲-۲-۱) آنان هواداران فعال حزب کارگران سوسیالیست هستند، نه هواداران یک شعبه‌ی خاصی از حزب. تأیید آنان به عنوان یک هوادار فعال حزب با رأی هیأت اجراییه‌ی یکی از شعبه‌های حزب صورت می‌گیرد که متعاقباً مسئولیت سازماندهی کار سیاسی آنان را بر عهده خواهد داشت.

۴-۷-۲-۲-۲) هوادار فعال حزب بودن، یک رابطه‌ی غیررسمی و یا یک رابطه‌ی خود-انتصابی با حزب نیست؛ بلکه یکی از مقوله‌های عضویت در جنبش کمونیستی است. لیست هواداران از طریق رأی‌گیری تعیین می‌شود، لیست مشخص است، مانند عضویت در حزب.

۴-۷-۲-۳) هواداران فعال تحت هدایت حزب کارهای سیاسی منظمی را پیش می‌برند. آنان صرفاً یک کمک‌کننده‌ی مالی و یا کسانی که هر از گاهی به تریبون‌های [آزاد کارگری میلیتانت] سری می‌زنند نیستند. هواداران فعال به حزب کمک می‌کنند تا بتواند کمک

و حمایت مادی قشر گسترده‌تری از دوستان و حامیان خود را جذب کند.

۴-۷-۲-۴) تمامی کمک‌های مالی ماهانه‌ی جمع‌آوری شده از هواداران فعال، هر چه باشد، مستقیماً به صندوق سراسری حزب واریز می‌شود.

۴-۷-۲-۵) هواداران فعال، همانند اعضای حزب، در تبلور سیاست می‌کوشند و از آن لذت می‌برند، اما آنان، برخلاف اعضای حزب، اولویت‌های شخصی خود را تحت‌الشعاع ضرب‌آهنگ حرکت یک حزب کارگری قرار نمی‌دهند.

۴-۷-۲-۵-۱) هواداران فعال از مسئولیت شرکت در بحث و جدل شعبه‌های حزب، که به منظور تصمیم‌گیری صورت می‌گیرد، فارغ هستند. آنان به مراسلات داخلی حزب، جزوات داخلی و یا بحث‌های داخلی حزب دسترسی ندارند. در تصمیم‌گیری‌های حزب دخالتی ندارند. آنان از حزب، به عنوان سازمانی که به سوی آن جلب شده‌اند، حمایت و بر مبنای فعالیت و کار عمومی‌اش و نشریاتش درباره‌اش قضاوت می‌کنند.

۴-۷-۲-۵-۲) هواداران فعال، عضو فراکسیون‌های اتحادیه‌های صنعتی و ساختارهای کمیته‌ای حزب نیستند.(۳۶)

۴-۷-۲-۵-۳) میلیتانت متشکل‌کننده‌ی سیاسی هفتگی هواداران فعال است.

۴-۷-۲-۶) هواداران فعال، همانند اعضا، سازماندهی می‌شوند تا فعالیت‌های سیاسی‌ای را پیش ببرند که حول استراتژی کمونیستی حزب‌سازی متشکل می‌شود. اما، آنان این کار را به طور دستچین شده انجام می‌دهند، نه همه فراگیر مانند اعضای حزب، ولی حزب

است که تصمیم می‌گیرد و فعالیت آن‌ها را سازماندهی می‌کند (نظیر جمع دوستان دیوارنگاره‌ی پاث‌فایندر، فعالیت‌های جمعی فروش نشریات و مبارزات انتخابی، کتابفروشی، تریبون آزاد کارگری میلیتانت، کارهای دفاعی نظیر پشتیبانی از مارک کرتیس، فعالیت‌های همبستگی با کوبا و آفریقای جنوبی، فعالیت‌های دفاع از اعتصابات و غیره).

۴-۷-۲-۷) مهم‌تر از همه اینکه هواداران فعال جمع‌آوری منظم و نظام‌یافته‌ی کمک‌های مالی از دوستان حزب و خودِ هواداران فعال را بر عهده دارند. آن‌ها خودشان این کار را سازماندهی و در جلسات دوره‌ای خود با رهبران حزب مرور می‌کنند.

۴-۷-۳) اتحاد جوانان سوسیالیست(۳۷)

۴-۷-۳-۱) میان ضرب‌آهنگ فعالیت، تجربه، و حیات اتحاد جوانان سوسیالیست و حزب کارگران سوسیالیست تفاوت وجود دارد.

۴-۷-۳-۱-۱) حزب کارگران سوسیالیست بر مبنای ضرب‌آهنگ یک حزب کارگران صنعتی ساخته شده است. اتحاد جوانان سوسیالیست، از طرفی، سازمانی است که نه‌تنها کارگران جوان، بلکه دانش‌آموزان و دانشجویان غیرحزبی را نیز در برمی‌گیرد.

۴-۷-۳-۱-۲) با توجه به فتح چرخش توسط حزب، این خلاء میان این دو سازمان، در مقایسه با تاریخ سی ساله‌ی اتحاد جوانان سوسیالیست، به میزان قابل توجهی افزایش یافته است. پیوستن به حزب کارگران سوسیالیست، برای یک عضو اتحاد جوانان سوسیالیست، تصمیم وزین‌تری است. این اهمیت کار آن

دسته از کادرهای حزب را که با اعضای اتحاد جوانان سوسیالیست کار سیاسی می‌کنند، تاریخ حزب را برای آنان بازگو می‌کنند و عقایدی را که در کتب پایه‌ی زرادخانه‌ی ما موجود است با آنان بحث می‌کنند، روشن می‌کند.

۴-۷-۳-۲) مهم‌تر از همه، وظیفه‌ی مرکزی ما، کمک به عضوگیری از میان اعضای اتحاد جوانان سوسیالیست است. اعضای حزب باید در جهت‌گیری به بیرون کمک کنند و از طریق سخنرانی در دانشگاه‌ها دانشجویان علاقمند را به کلاس‌ها و فعالیت‌هایی که اتحاد جوانان سوسیالیست سازماندهی می‌کند، جلب کنند.

۵ـ تلاش برای به حداکثر رساندن همگنی سیاسی، یک محور مستدام چالش در راه ساختن یک حزب پرولتری است.

۵-۱) با پیشینه‌های شخصی ناهمگن و ریشه‌های مختلف که کلیت آن‌ها باعث تقویت تجربه‌ی جمعی کادرهای کمونیست می‌شود، همه‌ی اعضای حزب با مسیر حرکت طبقه‌ی کارگر خود-همانی می‌کنند.

۵-۱-۱) همگنی سیاسی کادرهای حزب بدون تلاش حاصل نمی‌شود. کادری می‌تواند از این همگنی بهره‌مند شود که تجارب مبارزات طبقاتی حزب را جدی بگیرد و تلاش کند تا درک سیاسی مشترکی را به دست آورد و در این فرآیند موجب استغنای نظریات مارکسیستی شود.

۵-۱-۲) این تنها روشی است که بر مبنای آن با توسل به تجربه‌ی مشترک و با بحث‌های دموکراتیک می‌توان ارزیابی‌های مختلف از پیش‌آمدهای مقطعی جدید و تاکتیک‌های بکار رفته را حل و فصل کرد و از این طریق برای تعیین مسیر حرکت و عمل مشترک خود در راه پیشبرد کارهای حزب به تصمیمات معتبری دست یافت.

۵-۲) ما، به عنوان بخشی از روند انطباق خود با کُندیِ عضوگیری و رکود در انتقال رهبری به نسل جدیدتر در دوره‌ی گذشته، آگاهانه در خصوص دو نهاد عقب‌نشینی کرده‌ایم، دو نهادی که نقشی مرکزی در تعمیق همگنی سیاسی حزب و جنبش جهانی داشتند.

۵-۲-۱) از سال ۱۹۸۶ تاکنون، هیچ دوره‌ای از مدرسه‌ی رهبری حزب را برگزار نکرده‌ایم.

۵-۲-۱-۱) یک حزب کارگری انقلابی باید به آموزش همگن رهبری خود توجه خاصی داشته باشد. به همین دلیل بود که تشکیل مجدد مدرسه‌ی رهبری در سال ۱۹۸۰، از بدو اخذ تصمیم در جهت هدایت حزب به درون صنعت، همگام با آن به پیش رفت.(۳۸)

۵-۲-۱-۲) عقب‌نشینی ما در امر برگزاری دوره‌های مدرسه‌ی رهبری نه‌تنها جریان همگنی رهبری حزب کارگران سوسیالیست ایالات متحده، بلکه جریان همگنی سیاسی رهبری کمونیستی جهان را کند کرده است.

۵-۲-۱-۳) گسست برقراری دوره‌های منظم مدرسه‌ی رهبری همچنین توجه متمرکز به آموزش مارکسیستی کادرها را از طریق شعبات حزب تضعیف کرده است. چنین آموزشی، به عنوان یکی از جنبه‌های مستدام فعالیت‌های حزب، برای ارتقای همگنی سیاسی نیز حیاتی است. کلاس‌های لنین، که همه‌ی بخش‌ها در نیمه‌ی اول دهه‌ی ۱۹۸۰ برگزار کردند، جزء لاینفکی از پیشرفت سیاسی ما به عنوان یک حزب چرخش بود.(۳۹)

۵-۲-۲) ما از اواسط ۱۹۸۷ تاکنون شماره‌ی جدیدی از مجله‌ی نیو اینترنشنال را چاپ نکرده‌ایم.

۵-۲-۲-۱) گرچه ما توانسته‌ایم بر مسایل سیاسی و پروگراماتیک

مهمی چیره شویم ـ نظیر مسایلی که در این پیش‌نویس قطعنامه با آن مواجه بودیم ـ دایماً مجبور شده‌ایم کار فشرده‌ای را که برای چاپ این دست‌آوردها و به شکلی که عموماً قابل استفاده باشد به تعویق بیندازیم.

۵-۲-۲-۲) نیو اینترنشنال همچنان به عنوان بهترین منبع خواندن و مطالعه‌ی چشم‌انداز سیاسی و پروگراماتیک، که نیروهای ما در سطح بین‌المللی بر مبنای آن ساخته می‌شوند، برای کادرها و مبارزین دیگر پا برجا مانده است.

۵-۲-۳) فقدان مدرسه‌ی رهبری و یا عدم نشر نیواینترنشنال موجب تغذیه‌ی غیرسیاسی شدن و سطحی‌نگری سیاسی می‌شود و انتقال رهبری [از نسلی به نسل دیگر] را کُند می‌سازد. در سال آینده ما با این چالش روبرو هستیم که خود را برای تجدید حیات این دو سلاح سازماندهی کنیم، سلاح‌هایی که در پیشروی سیاسی ما نقش کلیدی دارند.(۴۰)

۵-۳) مبارزان، که به جنبش کارگری می‌پیوندند، علیه قدرت‌گرایی و حاکمیت سربرافراخته‌اند. در دست و پنجه نرم کردن با چالش ادغام این مبارزان جوان در حزب، کمونیست‌ها به برخورد نقّادانه‌ی آنان با سنن، معیارها و ارزش‌های بورژوایی و خرده‌بورژوایی که مستقلاً و همراه با اعتماد به نفسِ فزاینده ابراز می‌شود ارج می‌نهند و تقویتش می‌کنند.

۵-۳-۱) کادرها، در عین حال در داخل جنبش کمونیستی اولی‌تر از هر چیز دیگری یاد می‌گیرند که به تداوم سیاسی پرولتری، سنن، ضوابط و ارزش‌ها احترام قایل شوند، این‌ها غنایم جنبش انقلابی کارگری عصر حاضر هستند که به بهای بسیار گزاف بدست آمده‌اند.

۵-۳-۱-۱) ما می‌آموزیم تا قدر ماهیت عمیقاً رادیکال سازمانی را

که جزوش هستیم بدانیم، که درس‌های جنبش کمونیستی دهه‌ی ۱۹۳۰ و آثار سیاسی تروتسکی را به عنوان راهنمای عملکرد سیاسی روزانه‌ی خود قرار می‌دهد؛ که این راهنمایی‌های او را با محک لنین، بلشویک‌ها، و بین‌الملل کمونیست قیاس، بررسی و تصحیح می‌کند و راهنمایی‌های لنین را با نظرات مارکس و انگلس و دست‌آوردهای سازمان‌های کمونیست بین‌المللی و سازمان‌های کارگری، که آنان بنیانگذارش بودند، قیاس و بررسی می‌کند، همان گونه که خود لنین می‌کرد.

۵-۳-۱-۲) از این نظر، جنبش کمونیستی سنتی‌ترین و محافظه‌کارترین جنبش است و در عین حال رادیکال‌ترین و انقلابی‌ترین.

۵-۳-۲) بدست گرفتن و بکاربردن این سنت کمونیستی، یک عمل سیاسی اشتراکی است و مرکب است از:

۵-۳-۲-۱) آموزش سازمان‌یافته‌ی مارکسیستی (از طریق برگزاری کلاس، مطالعه‌ی کتب و جزوات، مجلات و روزنامه‌های سیاسی) که مدام سیاسی‌سازی کادرهای حزب را تعمیق می‌بخشد؛

۵-۳-۲-۲) تشویق و کمک به پرورش عادت مطالعه‌ی متون کلاسیک مارکسیستی و تاریخ حزب؛ و

۵-۳-۲-۳) تجربه‌ی مشترک مشارکت در مبارزه‌ی طبقاتی از طریق شعبه‌های حزب و فراکسیون‌های حزب در اتحادیه‌های کارگری که به بحث و تبادل نظر و اخذ تصمیم برای تعیین مسیر حرکتمان می‌انجامد.

۵-۳-۳) مهم‌تر از همه، کارگران به سازمان‌های انقلابی رو می‌آورند تا عملکرد منضبطی را بیابند که قادر است مبارزات طبقه‌ی آنان را در

مقابل قدرت‌های طبقه‌ی دشمن، که غلبه‌ناپذیر جلوه می‌کنند، به گونه‌ی مؤثری تحقق بخشد.

۵-۴) حزب کارگران سوسیالیست کهن‌ترین حزب کمونیست در جهان است.

۵-۴-۱) از طریق حزب کارگران سوسیالیست بوده که تداوم بنیادین یک جنبش همگن بین‌المللی کمونیست به ثبت رسیده است. این تداوم به شکل انباشت‌گونه‌ای از طریق تداوم کمونیستی یک رهبری نسل اندر نسل صورت گرفته است و تداوم سیاسی و سازمانی آن بلاانقطاع به سرمنشأ بین‌الملل کمونیست برمی‌گردد.

۵-۴-۲) این واقعیت مسئولیت‌هایی را بر دوش حزب کارگران سوسیالیست، به عنوان جزیی از یک جنبش جهانی، قرار می‌دهد که تنها راه تحقق آن، پذیرش این مطلب است که این تداوم بلاانقطاع کمونیستی بین‌المللی یک دست‌آورد بین‌المللی بوده است و خواهد بود، دست‌آوردی که فقط از طریق تشریک مساعی بین‌المللی قابل حصول بوده است.

۶ـ تهاجم کارفرمایان، که بیش از ده سال از آغاز آن می‌گذرد، در طرد جنبش اتحادیه‌ای کارگری ایالات متحده از صحنه‌ی مرکزی سیاست این کشور شکست خورده است. این حقیقت، که نقطه‌ی شروع ما بود، فقط زمانی می‌تواند دقیقاً ارزیابی شود که بتوان وزن عظیم اثراتی را که بر رابطه‌ی نیروهای طبقاتی در سطح جهانی گذاشته است ارزیابی کرد. اگر درک کنیم که این یک واقعیت مرکزی سیاست بین‌المللی است، آن‌گاه می‌توانیم دست‌های خود را به سوی همقطاران کارگر خود در سراسر جهان بگشاییم تا دسته‌جمعی مسئولیت‌ها را بر دوش بگیریم و دست‌آوردهای کمونیستی‌ای را که نوید می‌دهد از آنِ خود سازیم.

یادداشت‌های فصل چهارم

۱ـ برای مطالعه‌ی چکیده‌ی نتایج استراتژیکی که بنیانگذاران جنبش کارگری کمونیستی عصر جدید از طریق مشارکت فعالانه‌ی خود در مبارزات انقلابی بدست آورده‌اند، رجوع کنید به:
"Communism and the Fight for a Popular Revolutionary Government: 1848 to Today," by Mary-Alice Waters, *New International* no. 3, distributed by Pathfinder Press.

۲ـ رجوع شود به:
Programmatic Platform of the Communist Party of Cuba (Havana: Department of Revolutionary Orientation of the Central Committee of the Communist Party of Cuba, 1976), p. 120-21.

۳ـ فیدل کاسترو در سخنرانی خود در نشست دوم سومین کنگره‌ی حزب کمونیست کوبا در ۲ دسامبر ۱۹۸۶ در تشریح فرآیند تصحیح، که حدوداً هفت ماه پیش از آن آغاز شده بود، مثالی از شرکت‌های دولتی آورد "که سعی داشتند از راه دزدی، کلاه‌برداری و کلک زدن به یکدیگر سودآور شوند. چگونه سوسیالیسمی می‌خواستیم با این گونه کارها بسازیم؟ این چه نوع ایدئولوژیی بود؟ و من می‌خواهم بدانم آیا این روش‌ها ما را به جای آنکه به سوی سوسیالیسم و کمونیسم هدایت کنند به سوی نظامی بدتر از سرمایه‌داری هدایت نمی‌کردند؟" رجوع کنید به مجله‌ی:
New International no. 6 ("Important Problems for the Whole of International Revolutionary Thought"), p. 217.

۴ـ در اواخر سال ۱۹۲۰ و اوایل ۱۹۲۱ لنین با فراخوان تروتسکی برای "مرتعش کردن" اتحادیه‌ها مخالفت کرد. هدف آن فراخوان به حرکت در آوردن مجدد تولید صنعتی پس از فجایای اجتماعی و اقتصادی جنگ داخلی

بود. لنین گفت: "حتی اگر بخشی از سیاست 'ارتعاش' قابل توجیه هم باشد، در این زمان و در این شرایط نمی‌توان آن را پذیرفت. زیرا خطر ایجاد انشعاب در طبقه‌ی کارگر و در میان پیشقراول آن، حزب بلشویک، را در بر دارد." لنین گفت چنین انشعابی "صرفاً خطرناک نیست، بلکه فوق‌العاده خطرناک است. بخصوص در شرایطی که پرولتاریا اقلیت کوچکی از جمعیت را شامل می‌شود." در آن زمان اقشاری از دهقانان، در مواجهه با قحطی ناشی از جنگ و گسستگی در تولید و توزیع ابزار کشاورزی و کالاهای مصرفی اساسی، علناً سر به شورش برداشته بودند. لنین گفت در چنین شرایطی انشعاب "کل عمارت سیاسی را تکان خواهد داد و نابود خواهد کرد." رجوع کنید به:

Lenin's *Collected Works*, vol. 32, especially pp. 43-53 and 75-80.

۵ـ جهت اطلاع بیشتر از مبحث گروه‌های ساختمانی نیروی کار داوطلب و بریگادهای کوچک، مراجعه کنید به:

"Che's Proletarian Legacy and Cuba's Rectification Process," by Mary-Alice Waters, and

"The Politics of Economics: Che Guevara and Marxist Continuity," by Steve Clark and Jack Barnes, both published in issue no. 8 of *New International*.

۶ـ در ژوئن-ژوئیه‌ی ۱۹۸۹ ژنرال آرنالدو اکوآ[1]، که عضو کمیته مرکزی حزب کمونیست کوبا بود، به همراه سه تن از افسران عالی‌رتبه نیروهای مسلح انقلابی و وزارت کشور، از جمله آنتونیو دِ لا گاردیا[2]، به جرم عملیات متخاصم علیه یک کشور خارجی و قاچاق مواد مخدر و سوءاستفاده از مقام خود محاکمه، محکوم و اعدام شدند. در همان محاکمه، چند افسر دیگر ارتش کوبا و وزارت کشور، از جمله پاتریشیو دِ لا گاردیا[3] (برادر آنتونیو دِ لا گاردیا) محکوم و به ده تا سی سال زندان محکوم شدند. ماه بعد، خوزه آبرانتس[4]، وزیر کشور کوبا، به جرم سوءاستفاده از مقام خود، اهمال در انجام وظیفه و استفاده‌ی نادرست از منابع مالی و بودجه‌ی دولتی، محاکمه و به بیست سال زندان محکوم شد. در

1- General Arnaldo Ochoa
2- Antonia de la Guardia
3- Patricio de la Guardia
4- José Abrantes

ژوئیه، دیوکلز تورالباس[1]، وزیر حمل و نقل، که بیش از بیست سال عضو کمیته مرکزی حزب کمونیست کوبا بود، به جرم استفاده‌ی غلط از منابع مالی برای استفاده‌های شخصی و سایر جرایم به بیست سال زندان محکوم شد.

۷ـ فیدل کاسترو در سخنرانی خود در سومین کنگره حزب کمونیست کوبا در فوریه ۱۹۸۶ اشاره کرد که کنگره‌ی قبل از آن در سال ۱۹۸۰ "هم زنان و هم کارگران را در فهرست نامزدهای کمیته‌ی مرکزی قویاً تزریق کرد. قدم‌هایی که بسیار با شکوه بودند. اکنون باید کارمان را در همان مسیر ادامه بدهیم، به تعداد کارگران بیفزاییم، و نه صرفاً کارگرانی که نقش رهبریت یافته‌اند، بلکه افزودن کارگران از کف کارخانه‌ها. ما باید در راستای این خط‌ومشی حرکت می‌کردیم، باید بر سه مسأله تأکید می‌کردیم، سه شاخص که باید برای ارتقای اعضا در نظر می‌گرفتیم، سه تزریق ـ تزریق قدرتمندی از زنان، تزریق قدرتمندی از سیاهان و مستیزوها[2] [از تبار سرخ‌پوستان و اروپائیان]، و تزریق قدرتمندی از جوانان." کاسترو گفت که چنین پیشرفتی "موضوع نوسازی یا مرگ است." این بخش از سخنرانی کاسترو در سال ۱۹۸۶ درباره‌ی انتخابات کمیته‌ی مرکزی در مجله‌ی ذیل موجود است:

New International no. 6, "Renewal or Death," pp. 239-53.

۸ـ کاسترو در ۸ مارس ۱۹۸۰ در سخنرانی خود در فدراسیون زنان کوبا[3] بر اهمیت پیشروی انقلابی در آمریکای مرکزی و کارائیب تأکید کرد. او گفت "باید درکی از تاریخ داشته باشیم تا بدانیم ... انقلاب در اینجا یعنی چه، در کنار هیولای امپریالیست؛ بله، اینجا انقلاب کوبا و خط قاطع و تزلزل‌ناپذیرش چه مفهومی داشته است. باید درکی از تاریخ و واقعیت‌ها داشت تا بتوان ارزش انقلاب ساندنیست‌ها را فهمید، ارزش انقلاب گرانادا را فهمید. گرانادا، نیکاراگوئه و کوبا سه غول هستند که در دفاع از استقلال، حاکمیت و عدالت، درست در آستانه‌ی امپریالیسم، بپاخاسته‌اند."

رجوع کنید به کتاب:

Women and the Cuban Revolution (Pathfinder, 1981), P.129.

1- Diocles Torralbas 2- Mestizos

3- Federation of Cuban Women

۹ـ مراجعه کنید به کتاب‌های:
Dynamics of the Cuban Revolution: A Marxist Appreciation by Joseph Hansen; *The Workers and Farmers Government* by Joseph Hansen; and *The Workers and Farmers Government in the United States*, by Jack Barnes. All are available from Pathfinder.

۱۰ـ برای مطالعه‌ی بیشتر درباره‌ی مطالب این فصل مراجعه کنید به کتاب:
"The Fight for a Workers and Farmers Government in the United States," by Jack Barnes, in *New International* no. 4, pp. 135-68.

۱۱ـ فیدل کاسترو گزارش اصلی سومین کنگره‌ی حزب کمونیست در فوریه ۱۹۸۶ را عرضه کرد. در این گزارش اعلام شد که وزارت کشور باید "همیشه معیارهای شخصی والایی را الگو قرار دهد و با تمام مواردی چون خودخواهی، فساد، تکبر، بی‌توجهی به مردم و اصولشان جدی و قوی برخورد کند..." به عنوان مثال مثبت، در این گزارش استناد شد به "تصمیم اخیر وزارت کشور در خصوص واگذاری امکانات بهداشتی، ورزشی، و تفریحی، که در برنامه‌ی پنج ساله‌ی پیشین برای رفع حاجت‌های خودشان ساخته شده بود، به نهادهای قدرت مردمی برای استفاده‌ی عموم مردم."

۱۲ـ رهبری ساندنیست‌ها، در رابطه با اتکا به خدمت نظام وظیفه‌ی اجباری در مقابل تشکیل نیروهای مسلح داوطلب، به خط‌ومشی توصیه شده از جانب مشاوران نظامی شوروی عمل کرد. نستر لوپز کیوبا[1]، ژنرال کوبایی، رییس هیأت نظامی کوبایی که در دهه‌ی ۱۹۸۰ چندین سال در نیکاراگوئه مستقر بود، در مصاحبه‌ای در سال ۱۹۹۷ مطرح کرد که "ساندنیست‌ها هم مشاورین نظامی کوبایی داشتند و هم شوروی. و در توصیه‌هایی که می‌کردیم، ما همیشه توافق نداشتیم. شوروی‌ها ایجاد یک ارتش معمولی بزرگ، حرفه‌ای، از نظر تکنیکی پیشرفته را توصیه می‌کردند. ما، از طرف دیگر، معتقد بودیم نیکاراگوئه به نوعی از ارتش نیاز دارد که بتواند نیروهای غیرمنظمی را که در داخل با آن‌ها روبرو بود شکست دهد و اینکه ارتش معمولی نمی‌تواند از پس چنین

1- Néstor López Cuba

وظیفه‌ای برآید ... باید توسط داوطلبان با چنین نیرویی جنگیده می‌شد. این گونه بود که ما در سال‌های نخستین انقلاب کوبا توانستیم یاغیان را شکست دهیم." (این مصاحبه نخستین بار در شماره ۲۲ ژوئن ۱۹۹۸ در هفته نامه میلیتانت به چاپ رسید.)

۱۳ـ به نقل از سخنرانی فیدل کاسترو در دسامبر ۱۹۸۸ در یک تظاهرات نیم میلیون نفریِ مردم هاوانا در برگزاری جشن روز نیروهای مسلح، به مناسبت سالروز لنگر انداختن کشتی گرانما[1] که مسافران آن هشتاد و دو مبارز کوبایی تحت فرماندهی فیدل کاسترو بودند و برای آغاز جنگ انقلابی علیه دیکتاتوری باتیستا، مورد حمایت واشنگتن، عازم کوبا شدند. مراجعه کنید به سخنرانی فیدل کاسترو تحت عنوان:

"As Long as the Empire Exists We Will Never Lower Our Guard,"

این سخنرانی بخشی از کتاب ذیل است:

In Defense of Socialism: Four Speeches on the 30th Anniversary of the Cuban Revolution by Fidel Castro (Pathfinder, 1989), p.30.

۱۴ـ قانون اسمیت، که فرانکلین روزولت ان را در ژوئن ۱۹۴۰ توشیح کرد، به منظور درهم کوبیدن پیشقراولان مبارزطبقاتی جنبش اتحادیه‌ای طراحی شده بود؛ پیشقراولانی که مخالفت با تدارک جنگ امپریالیستی واشنگتن را رهبری می‌کردند. این قانون محکومیت‌های سنگین زندان را برای کسانی که در کلام‌شان تبلیغ نظریات "آشوبگرانه‌ی براندازی" داشتند در نظر گرفته بود. اولین کسانی که تحت پیگرد این قانون قرار گرفتند و به زندان محکوم شدند، هیجده تن از رهبران شعبه‌ی ۵۴۴ اتحادیه عمومی رانندگان در مینیاپولیس و حزب کارگران سوسیالیست بودند. در ۸ دسامبر ۱۹۴۱، یک روز پس از بمباران پرل هاربر[2]، متهمان مینیاپولیس به اتهام "تبلیغ توطئه برای براندازی حکومت ایالات متحده" به دوازده الی هیجده ماه زندان محکوم شدند. (برای مطالعه در این زمینه مراجعه کنید به کتاب: محاکمه‌ی سوسیالیسم، نوشته‌ی جیمز پی کانن، ترجمه‌ی مسعود صابری، انتشارات طلایه پرسو، تهران، ۱۳۷۹) همچنین

1- Granma 2- Pearl Harbor

مراجعه کنید به کتاب:

Teamster Bureaucracy By Farrell Dobbs, Pathfinder, 1977.

حزب کمونیست ایالات متحده فعالانه از کیفرخواست دولت فدرال حمایت کرد و به وزارت دادگستری در جمع‌آوری سند و مدرک برای محاکمه کمک کرد. روزنامه‌ی دیلی ورکر[1] در سرمقاله‌ای اعلام داشت "رهبران سازمان تروتسکیستی که تحت نام کاذب 'حزب کارگران سوسیالیست' فعالیت می‌کنند. همانقدر شایسته‌ی حمایت هستند ... که نازی‌ها هستند، نازی‌هایی که تحت نام کاذب 'حزب ملی کارگران سوسیالیست' حزبشان را استتار می‌کنند." پس از جنگ جهانی دوم، در سال ۱۹۴۹، قانون اسمیت این بار برای راهی کردن رهبران حزب کمونیست به زندان بکار گرفته شد. در سال ۱۹۵۸ بندهای اصلی این قانون کنترل افکار، مغایر با قانون اساسی اعلام شد.

۱۵- چند مثال از این روند که هنوز هم تداوم دارد می‌آوریم: در ژوئیه ۱۹۹۸ آمار رسمی بیکاری، که حکومت ایالات متحده منتشر کرده است، نشان می‌دهد نرخ بیکاری سیاهپوستان ۱۰/۴ درصد است، یعنی دو و نیم برابر نرخ بیکاری در کل جامعه. نرخ بیکاری در میان جوانان سیاهپوست ۱۶ تا ۱۹ ساله بالغ بر ۲۹/۹ درصد بود، این رقم نیز دو و نیم برابر نرخ عمومی بیکاری برای آن سنین بود. درآمد متوسط خانواده‌های سیاهپوست کمتر از ۶۰ درصد درآمد سفیدپوستان و شکاف موجود در سال ۱۹۹۶ به مراتب بزرگ‌تر از ۱۹۶۷ بود. سی درصد از آفرو-آمریکن‌ها زیر کمربند فقر خست‌بار اعلام شده از طرف حکومت ایالات متحده زندگی می‌کنند. در عین حال، یک سوم جمعیت مردان سیاهپوست بین ۲۰ تا ۲۹ سال یا با قید و شرط از زندان آزاد شده‌اند، یا به قید التزام آزاد هستند و یا در زندان‌های ایالات متحده بسر می‌برند. در حالی که سیاهپوستان کمتر از ۱۲ درصد جمعیت را تشکیل می‌دهند، تعداد مردان سیاهپوستی که در زندان بسر می‌برند بیش از تعداد مردان سفیدپوست زندانی است. (در سال ۱۹۹۵ در مجموع ۵/۴ میلیون نفر در ایالات متحده یا با قید و شرط از زندان آزاد شده، یا مجازات تعلیقی داشتند و

1- Daily Worker

یا در زندان بسرمی‌بردند؛ یعنی ۲۰۰ درصد بیشتر از سال ۱۹۸۰؛ در حالی که در همین مدت جمعیت ایالات متحده کمتر از ۱۷ درصد رشد کرده است. با توجه به اینکه از هر صد هزار نفر ۶۰۰ نفر پشت میله‌های زندان بسر می‌برند، ایالات متحده بالاترین نسبت زندانی را در سراسر جهان دارد.)

۱۶ـ اتفاقاتی که منجر به صدور دستور سکوت به مالکم شد، و متعاقباً انفصال او از سازمان ملت اسلام، از آنجا ناشی شد که او مطلع شد آلیجاه محمد با تعدادی دختران نوجوان رابطه‌ی جنسی برقرار کرده و زمانی که آن‌ها باردار شده بودند به اتهام "زناکاری" اخراج آنان را از ملت سازماندهی کرده بود. مالکم در کتاب زندگینامه‌ی خود توضیح می‌دهد که آلیجاه محمد خودش این مطلب را در آوریل ۱۹۶۳ بازگو کرد. زمانی که مالکم از پیوستن به جمع سایرین در سلسله مراتب فرماندهی ملت در سرپوش گذاشتن بر روی این مطلب سر باز زد ـ که هم تعدی علیه زنان بود و هم سوءاستفاده از قدرت ـ آن گاه آلیجاه محمد تصمیم گرفت او را ساکت کند. مالکم در مصاحبه‌ای که در سال ۱۹۶۵ با نشریه جوان سوسیالیست داشت مطلب را این گونه توضیح داد: "زمانی که دریافتم رده‌های بالای سلسله مراتب جنبش ما به آنچه توصیه می‌کنند خود پایبند نیستند، برایم روشن شد که این قسمت از برنامه‌ی سازمان به ورشکستگی کشیده شده است." (برای مطالعه‌ی بیشتر رجوع کنید به کتاب، مالکم ایکس با جوانان سخن می‌گوید، ترجمه‌ی مسعود صابری، نشر طلایه پرسو، تهران، ۱۳۷۸، ص ۱۱۲).

۱۷ـ مشخصاً مراجعه کنید به سخنرانی مالکم در ۱۵ فوریه ۱۹۶۵ در سالن آدوبان[1] در محله‌ی هارلم نیویورک. این سخنرانی در کتاب ذیل قابل دسترسی است:

"There is a Worldwide Revolution Going On", in *Malcolm X, February 1965: The Final Speeches* (Pathfinder, New York, 1992).

۱۸ـ حزب بلاک پانتر (ببر سیاه) برای دفاع از خود[2] در سال ۱۹۶۶ در شهر اوکلاند در ایالت کالیفرنیا، و در واکنش به کشته شدن یک جوان ۱۶ ساله‌ی

1- Audubon Ballroom 2- Black Panther Party for Self-Defense

سیاهپوست به دست پلیس، بنیانگذاری شد. این حزب طی چندین سال هزاران جوان سیاهپوست و سایر جوانانی را به صفوف خود جلب کرد که از پلیدی‌های نژادپرستی به تنگ آمده بودند و در پی یافتن استراتژیی بودند که ریشه‌ی ستم روا شده بر آنان را روشن کند، ستمی که در حال مبارزه با آن بودند. اما، رهبری حزب بلاک پانتر در جستجوی راه‌حل‌های ضدسرمایه‌داری سر از استالینیسم درآورد؛ در آن زمان استالینیسم هنوز در سطح جهان از پشتوانه‌ی قابل توجهی برخوردار بود. در پایان دهه‌ی ۱۹۶۰ ترکیبی از روش‌های خشونت‌آمیز، توهمات مصالحه‌ی طبقاتی و ماجراجویی‌های ماورای چپی که بلاک پانترها از استالینیسم کسب کرده بودند باعث شد که آن‌ها کاملاً در معرض عملیات تخریبی مرگ‌زای اف‌بی‌آی و سایر سازمان‌های پلیسی قرار گیرند. در حدود بیست تن از بلاک پانترها یا مستقیماً به دست پلیس کشته شدند ـ مانند جریان فرد همپتون که در سال ۱۹۶۹ در رختخواب به دست پلیس شیکاگو کشته شد ـ یا در تیراندازی با پلیس و یا در هنگام تیراندازی به یکدیگر که به تحریک جاسوسان دولت انجام می‌گرفت از بین رفتند. تعداد به مراتب بیشتری از بلاک پانترها در پی پاپوش‌دوزی به زندان انداخته شدند.

۱۹ـ مراجعه کنید به:

The Transitional Program for Socialist Revolution by Leon Trotsky (Pathfinder, New York, 1977), p. 148.

۲۰ـ برای مطالعه‌ی این سند مراجعه کنید به مقاله‌ی:

"The Communist Strategy of Party Building Today: A letter to Comrades in Sweden" by Mary-Alice Waters.

این مقاله یکی از مقالات منتشر شده در مجله‌ی ذیل است:

New International no. 11, distributed by Pathfinder Press, New York, 1998.

۲۱ـ اولین شماره‌ی نووا اینترناسیونال[1] به زبان فرانسه به عنوان نشریه‌ی خواهر

1- Nueva Internacional

اسپانیایی زبان نیو اینترنشنال در سال ۱۹۹۱ منتشر شد. سپس در سال ۱۹۹۳ اولین شماره‌ی نای اینترنشنال[1] نشریه‌ی خواهر سوئدی زبان آن به چاپ رسید. مجله‌ی فرانسه زبان لوت اووریه، که یک ماه در میان منتشر می‌شود، در ژانویه ۱۹۹۱ به لو اینترناسیونالیست[2] تغییر نام داد و در بهار سال ۱۹۹۲ متوقف شد تا به جنبش کمونیستی این فرصت داده شود تا امکانات ویراستاری فرانسوی خود را برای کار ترجمه و تولید نوول اینترناسیونال و ترجمه‌ی کتاب‌های مارکسیستی و جزواتی که پاث‌فایندر منتشر می‌کند متمرکز سازد.

۲۲ـ گاردین و فرانت لاین نشریات دو روند از محفل‌های گسترده‌تر استالینیست بودند که در دهه‌های ۱۹۷۰ و ۱۹۸۰ در اوقات گوناگونی به سوی یکی از اجزای کاست بوروکراتیک حاکم بر دولت کارگری چین جهت‌گیری کرده بودند. متعاقباً هر دو در جریان فروپاشی استالینیسم جهانی در دوران مابعد دهه‌ی ۱۹۹۰ منحل شدند.

۲۳ـ یکی دو سال پیش از تهیه پیش‌نویس این قطعنامه، اعضا و حامیان حزب کارگران سوسیالیست ایالات متحده و انجمن‌های کمونیست سایر کشورها موفق شدند حمایت تعداد کثیری از سازمان‌ها و افراد معتبر و صاحب‌نام را در مقابله با چندین حمله‌ی حکومت‌ها و گروه‌های دست‌راستی به حقوق سیاسی بدست آورند. در نوامبر ۱۹۸۸ اعضای مجلس و شورای سراسری حقوق مدنی و سایرین به بازداشتِ بدون اعلام جرمِ نماینده پاث‌فایندر، پیتر کلیفورد، در ایرلند شمالی، که تحت اشغال بریتانیا است، اعتراض کردند؛ کلیفورد تحت بازجویی قرار گرفت و به مدت بیست و چهار ساعت تحت لوای به اصطلاح قانون جلوگیری از عملیات تروریستی بازداشت شد، فقط پس از آن توانست مجدداً به سفر بازاریابی خود ادامه دهد.

در اوایل سال ۱۹۸۹ حکومت تحمیلی ایالات متحده در گرانادا تعداد ۸۶ عنوان کتاب به قلم فیدل کاسترو، مالکم ایکس، نلسون ماندلا، کارل مارکس و سایرین را، که انتشارات پاث‌فایندر آن‌ها را توزیع می‌کند، ممنوعه اعلام کرد. جمع معترضین به این امر عبارت بودند از چند تن از نمایندگان کنگره‌ی

1- Ny International 2- L'internationaliste

ایالات متحده، چند تن از اعضای مجالس بریتانیا و کانادا، سازمان قلم آمریکا، اتحادیه‌ی صنفی کارگران صنعت نفت ترینیداد[1] و بسیاری دیگر.

در دسامبر ۱۹۸۹ دیوارنگاره‌ی منقش بر روی دیوار شش طبقه‌ای ساختمان پاث‌فایندر، که عکس آن بر روی جلد این کتاب طراحی شده است، توسط عده‌ای از دست‌راستی‌ها با بمب‌های رنگی مورد حمله قرار گرفت و قسمت پایینی این نقاشی تخریب شد. این حمله درست چند هفته پس از آنکه دیوارنگاره رسماً پرده‌برداری شده بود صورت گرفت و در فاصله‌ی بسیار کوتاهی پس از آنکه سرمقاله‌ای در روزنامه‌ی نیویورک پُست با تیتر "از دیوار بیرون، دیوارنگاره ـ جایش آنجاست" به چاپ رسید. روزنامه‌ی پُست سرمقاله‌اش را با یک جمله‌ی تحریک‌آمیزی این گونه تمام کرد "دیوارنگاره باید حذف شود." و پاتریک بوکانن[2]، عوام‌فریب ماورای راست، در مقاله‌ای نوشت: "آیا این ریشخند نیست؟ قربانیان کمونیسم در اروپای شرقی انگاره‌های مارکس و لنین را به زیر می‌کشند، در حالیکه در ام‌القرای هنر آمریکا نقاشی آنان بر دیوار نقش می‌بندد و فیدل کاسترو از فراز بزرگراه وست ساید سر در می‌آورد." هنرمندان، اتحادیه‌گرایان، و بسیاری دیگر در نیویورک و اقصی نقاط ایالات متحده و جهان، بلافاصله تخریب نقاشی را محکوم کردند، از جمله شهردار منتخب، دیوید دینکینز[3]، که اعلامیه‌ای صادر کرد و خواستار بازداشت مسئولین حمله شد. بمب رنگی دیگری که در مارس ۱۹۹۱ به دیوار نگاره پرتاب شده بود نیز اعتراض وسیعی را برانگیخت.

۲۴ـ ورکرز لیگ، به عنوان بخش مرکزی عملیات ایذایی و تخریبی خود علیه حزب کارگران سوسیالیست و سایر مبارزان پیشقراول جنبش کارگری، در سال ۱۹۷۵ به یک تبلیغ گسترده در میان اذهان عمومی دامن زد و مدعی شد که رهبران حزب کارگران سوسیالیست جاسوسان دوجانبه‌ی حکومت ایالات متحده و پلیس مخفی مسکو هستند. علاوه بر جوزف هانسن و جورج نوواک، رهبران باسابقه‌ی حزب کارگران سوسیالیست، سایر کسانی که هدف این حملات اتهام جاسوسی قرار گرفتند شامل بود بر جک بارنز، دبیر سراسری

1- Oilfields Worker's Trade Union of Trinidad

2- Patrick Buchanan

3- David Dinkins

کنونی حزب کارگران سوسیالیست، مـاری ـ آلیس واتـرز، سـردبیر نشـریه نـیو اینترنشنال، و چندین تن دیگر از اعضای این حزب که هـنگامی کـه در دهـه‌ی ۱۹۶۰ در کالج کارلتون در نورث فیلد در ایالت مـینه‌سوتا دانشـجو بـودند بـه جنبش کمونیستی پیوستند. برای مطالعه‌ی جزئیات این تلاش بین‌المـللی بـرای پاپوش‌دوزی مراجعه کنید به کتاب:

Healy's Big Lie: The Slander Campaign against Joseph Hansen and George Novack, an Education for Socialists publication published by Pathfinder.

در سال ۱۹۷۹ یکی از کادرهای ورکـرز لیگ بـه نـام آلان قـلفند ـ کـه بـه عـنوان یک مأمـور آن سـازمان در داخـل حـزب کـارگران سـوسیالیست کـار می‌کرده و متعاقباً اخراج شد ـ به دادگاه شکایت کرد و بـر مـبنای ایـنکه حـزب کارگران سوسیالیست تحت سـلطه‌ی جـاسوسان پـلیس قـرار دارد خـواسـتار برکناری رهبری آن شد؛ هدفی که این شکـایت دنـبال مـی‌کرد عـبارت بـود از اتلاف وقت رهبری حزب کارگران سوسیالیست و ضایع کردن منابع مـالی ایـن حزب. قاضی فدرال ماریانا فـلزر[1] اجـازه داد کـه ایـن اقـدام قـضایی تـوام بـا بی‌عدالتی به مدت ده سال کش پیدا کند تا اینکه بالاخره در اواخر ۱۹۸۹ حکم کرد که مورد قلفند "پایه و اساسی ندارد و همواره این گونه بوده است" و هـدف از این کار "اساساً بدست آوردن مواد لازم برای حـملات سیاسی ورکـرز لیگ به حزب کارگران سوسیالیست بوده است."

۲۵ـ در سال ۱۹۸۹ کنگره‌ی ایالات مـتحده لایـحه‌ای را تـصویب کـرد کـه بـه موجب آن تأمین بودجه از جانب "کمیته‌ی سـراسـری اهـدای بـودجه بـه کـارهای هنری" برای آن دسته از کارهایی که بر مـبنای شـرایـط مـندرج در ایـن لایـحه "مبتذل و رکیک" تشخیص داده می‌شوند ممنوع شد. در مـواجـهه بـا اعـتراض وسیع عمومی در مقابل این حکم سانسور، سال بـعد کـنگره مـحدودیتی را کـه خود بر این مبنا در توزیع بودجه‌ی سه ساله ایجاد کرده بود رفع کرد.

در اکتبر ۱۹۹۰ دنیس باری[2] مـدیر مـرکز هـنرهای مـعاصر در سین‌سیناتی، از

1- Mariana Pfaelzer 2- Dennis Barrie

اتهام ابتذال، که استانداری چند ماه قبل از آن بر او وارد کرده بود تبرئه شد. این اتهام در اثر برگزاری نمایشگاهی از کارهای عکاسی به نام رابرت ماپل‌تروپ بر او وارد شده بود.

۲۶ـ چرخش حزب کارگران سوسیالیست به اتحادیه‌های صنعتی در نیمه دوم دهه‌ی ۱۹۷۰ و تجربه‌ای که در پیشبرد این جهت‌گیریِ استراتژیک در دو دهه پس از آن اندوخته در کتاب ذیل به تفصیل تشریح شده است:

The Changing Face of U.S. Politics: Working-Class Politics and the Trade Unions, by Jack Barnes (Pathfinder, 1994).

۲۷ـ در سال ۱۹۲۸ جیمز پی کانن و تعدادی دیگر از رهبران و کادرهای بنیانگذار حزب کمونیست در ایالات متحده توسط رهبری استالینیست این حزب اخراج شدند. علت اخراج آنان دفاع از خط‌ومشی انقلابی انترناسیونالیستی‌ای بود که انترناسیونال کمونیست و احزاب آن در کشورهای مختلف در زمان لنین به آن پایبند بودند. اخراج‌شدگان انجمن کمونیست آمریکا[1] را تشکیل دادند. به فاصله‌ی کوتاهی از آن، استالین دستور یک جهت‌گیری ماورای چپ را صادر کرد که بیش از پیش موجبات سردرگمی اکثریت اعضای حزب کمونیست را فراهم آورد، از جمله عده‌ای از آنان که از ابتدا به نظریات کانن و همرزمانش رو کرده بودند و گوش شنوا داشتند. کانن در یک سری سخنرانی در این مورد در سال ۱۹۴۲ که متعاقباً ویرایش و در کتاب ذیل چاپ شد:

The History of American Trotskyism (1928-1938): The Record of a Participant, Pathfinder Press, fourth edition, 2002.

اعلام داشت "در آن روزهای دوزخیِ جنبش، ارتباط ما را با کلیه هواداران حزبی قطع کرده بودند ... این‌ها سخت‌ترین روزهای من در دوران سی ساله‌ای بود که تا آن زمان در جنبش سپری کرده بودم ـ آن روزها (از ۱۹۲۹ تا ۱۹۳۳) آنچنان انزوای سختی را می‌گذراندیم که حتی یک ذره هوا هم به آن نشت نمی‌کرد، با همه‌ی مشکلاتی که در بر داشت. انزوا مأمن یک سکتاریست

1- Communist League of America (CLA)

است. اما، برای کسی که غریزه‌ای برای جنبش توده‌ای دارد، انزوا بی‌رحمانه‌ترین تنبیه است" (ص ۱۱۵ و ۱۱۹ همان کتاب). آن "روزهای دوزخی" زمانی خاتمه یافت که نخستین خیزش‌های مقاومت اتحادیه‌ای و مبارزات کشاورزان و جوانان در سال‌های ۱۹۳۳-۱۹۳۴ آغاز شد و انجمن کمونیست آمریکا به این گشایش‌ها روی آورد؛ گشایش‌هایی که چند سال بعد به اعتصابات، اشغال کارخانه‌ها توسط کارگران و سایر نبردهایی انجامید که اتحادیه‌های صنعتی را به عنوان بستر جنبش‌های رزمنده‌ی اجتماعی توده‌ای در ایالات متحده پدید آورد.

۲۸- برخلاف آنچه در سال ۱۹۹۰ توقع آن می‌رفت، سومین "روزهای دوزخی" جنبش کمونیستی در ایالات متحده (و در اکثریت دیگر کشورهای امپریالیستی) تا پیدایش خیزشی جدید از مقاومت طبقه‌ی کارگر و اقشاری از ستمدیدگان در سال‌های ۱۹۹۷-۱۹۹۸ پایان نیافت. وجه مشخصه‌ی سالِ بعد از تصویب این قطعنامه، انباشت تدارکات نظامی سازمان یافته به دست ایالات متحده و جنگ جنایتکارانه علیه عراق از اوت ۱۹۹۰ تا مارس ۱۹۹۱ بود. گرچه نتیجه‌ی این جنگ چیزی جز یک فاجعه برای واشنگتن نبود، اما، میهن‌پرستی و طاق‌نصرت‌بندی‌های پیروزمندانه‌ی تبلیغ شده توسط هیأت حاکمه‌ی ایالات متحده قبل، طی و پس از تهاجم علیه عراق که اساساً بی‌پاسخ ماند، باعث کاهش رزمندگی طبقه‌ی کارگر در ایالات متحده شد.

اقتصاد سرمایه‌داریِ ایالات متحده طی هشت ماه تدارک برای جنگ و طی جنگ، در اواخر ۱۹۹۰ و اوایل ۱۹۹۱ به یک وضعیت رکود سقوط کرد. تغییر جهت صعودی که سپس پدید آمد، در سیکل تناوبی تجاری آنقدر بی‌رونق بود که نرخ رسمی بیکاری همچنان در سال بعد افزایش یافت و در سال ۱۹۹۲ به نقطه‌ی اوج ۷/۵ درصد رسید. حد متوسط رشد سالانه‌ی اقتصادی در پایان سال ۱۹۹۷ برای دهه‌ی ۱۹۹۰ حدود ۲/۸ درصد بود، که به سختی به نصف حد متوسط ۴ درصدیِ یک ربع قرن پیش از بحران جهانی ۱۹۷۴-۱۹۷۵ می‌رسید.

نتایج سیاسی ناشی از طاق‌نصرت‌بندی‌های پیروزمندانه برای جنگ و آغاز شرایط تضییقاتی و کاهش سرمایه‌گذاری موجب آن شد که عقب‌نشینی

اتحادیه‌ای به مدتی بیش از نیم دهه طولانی‌تر شود. حزب طی این مدت همچنان از نظر عضویت سیر نزولی طی کرد و نیروهای خود را در هیجده شهر متمرکز ساخت، یعنی سیزده شهر کمتر از زمانی که این قطعنامه نوشته شده بود.

۲۹ـ در پی برگزاری گردهم‌آیی کارگران فعال در پیتزبرگ در ژوئیه ۱۹۹۸، حزب کارگران سوسیالیست قدم‌هایی برداشت برای بازسازی یک فراکسیون در اتحادیه معدنچیان و تقویت فراکسیون‌های خود در اتحادیه کارگران صنایع غذایی و تجاری و اتحادیه صنایع دوزندگی، صنعتی و پوشاک (که در سال ۱۹۹۵ از طریق ادغام دو اتحادیه آی ال جی دبلیو یو و ای سی تی دبلیو یو تشکیل شد). پیش از آن، در دوران عقب‌نشینی جنبش اتحادیه‌ای در اوایل دهه‌ی ۱۹۹۰، به دلیل اخراج‌های دسته جمعی و محدودیت بسیار شدید در استخدام نیرو در معادن، حزب فراکسیون خود را در اتحادیه معدنچیان آمریکا از دست داد و ابعاد فراکسیون‌هایش در اتحادیه‌های کارگران صنایع غذایی و تجاری و یونایت به گونه‌ی نامتناسبی با سایر فراکسیون‌هایش در اتحادیه‌های کارگری کاهش یافت. با جان گرفتن مقاومت کارگری در سال‌های ۱۹۹۷-۱۹۹۸ حزب به سوی فرصت‌های نوپا جهت‌گیری کرد تا یکبار دیگر کارهای خود را در این بخش‌های مهم استراتژیکی طبقه‌ی کارگر و جنبش اتحادیه‌ای تقویت کند.

۳۰ـ رجوع کنید به مقدمه‌ی ماری‌ـ آلیس واترز در کتاب:

Cosmetics, Fashions, and the Exploitation of Women, by Joseph Hansen, Evelyn Reed, and Mary-Alice Waters (Pathfinder, 1986).

کتاب فوق با عنوان آرایش، مد و بهره کشی از زنان، ترجمه‌ی افشنگ مقصودی، نشر گل‌آذین، ۱۳۸۱، به چاپ رسیده است.

۳۱ـ برای مطالعه‌ی بیشتر مراجعه کنید به:

The National Black Independent Political Party, (Pathfinder, 1981).

همچنین مراجعه کنید به قطعنامه‌ی مصوب ۱۹۸۵ حزب کارگران سوسیالیست ایالات متحده در:

"The Revolutionary Perspective and the Leninist Continuity in the United States," in *New International* no. 4, pp. 73-75.

۳۲ـ برای مطالعه‌ی بحث جامع‌تری در مورد این مسایل رهبری پرولتری، مراجعه کنید به:

"Preparing the Election of the National Committee" by Mary-Alice Waters, and "Race-Baiting and Communist Leadership" by Mac Warren, both available in *Background to "The Changing Face of U.S. Politics", and "U.S. Imperialism Has Lost the Cold War,"* (Pathfinder, 1998).

۳۳ـ برای مطالعه‌ی بیشتر مراجعه کنید به:

"Extending the Arsenal of Communist Propaganda and Reconquering the Apparatus through Revolutionary Centralism," a report by Mary-Alice Waters adopted by the June 1991 convention of the Socialist Workers Party. It is available in the Education for Socialists booklet, *Pathfinder Was Born With the October Revolution* (Pathfinder, 1998).

۳۴ـ مراجعه کنید به مقاله‌ی:

"Building the Party's Nine National Industrial Fractions" by Joel Britton, in Background to *"The Changing Face of U.S. Politics", and "U.S. Imperialism Has Lost the Cold War,"* (Pathfinder, 1998).

۳۵ـ در سال ۱۹۹۵ حزب کارگران سوسیالیست چنین نتیجه گرفت که عضویت مشروط در آن مقطع از زمان دیگر بهترین روش مؤثر برای شعبه‌های حزب در زمینه‌ی هدایت کارگران و جوانان در دوره‌ی انتقالی جهت انطباق اعضای بالقوه با ضرب‌آهنگ و رفتارهای پرولتری عضویت در حزب نیست. با توجه به اینکه اغلب شعبه‌های حزب کوچک‌تر شده بودند، تشخیص تفاوت میان دوره‌ی نامزدی عضویت و عضویت در حزب در عمل هر چه بیشتر کمرنگ شده بود و تعداد اندکی از شعبه‌ها قادر بودند یک دوره‌ی شش ماهه‌ی تعلیماتی را برای اعضای مشروط دایر نگه دارند. کنگره‌ی ۱۹۹۵ حزب کارگران سوسیالیست به دوره‌ی نامزدی عضویت خاتمه داد و تصمیم گرفت در هر یک از شعبه‌های حزبی برای تسهیل عضوگیری، تعلیم و ادغام اعضای

جدید در حزب، دوره‌های آموزشی دایر کند. علاوه بر آن، جذب قشر کوچکی از جوانان به جنبش کمونیستی در سال‌های ۱۹۹۴-۱۹۹۵ و پیدایش یک سازمان جدید جوانان سوسیالیست بر این مبنا، زمینه‌ی جدید دیگری را برای آموزش اعضای بالقوه‌ی حزب کارگران سوسیالیست فراهم آورد.

۳۶ـ برای مطالعه‌ی بیشتر مراجعه کنید به:

"Party Membership and Active Supporters," letters by Jack Barnes and Joel Britton, in *Background to "The Changing Face of U.S. Politics" and "U.S. Imperialism Has Lost the Cold War."*

۳۷ـ کمیته‌ی سراسری حزب کارگران سوسیالیست و اتحاد جوانان سوسیالیست در مارس ۱۹۹۲ جلسه‌ی مشترکی تشکیل دادند تا درباره‌ی کاربرد فرصت‌های پیش آمده برای جلب جوانان به جنبش کمونیستی تبادل نظر کنند. طی دهه‌ی قبل از آن، همگام با لطمات وارده بر جنبش اتحادیه‌ای در ایالات متحده و جهان، تعداد اعضای اتحاد جوانان سوسیالیست کاهش یافته و میانگین سن اعضا و رهبری آن از حد نصاب مورد قبول یک سازمان انقلابی جوانان بالاتر رفته بود. در این جلسه‌ی مشترک تصمیم گرفته شد که برای جلب یک نسل جدید به سیاست‌های پرولتری لازم است در عین حفظ تداوم سیاسی جوانان کمونیست که اتحاد جوانان سوسیالیست مظهر آن است، این سازمان در درون "جنبش جوانان که فعالانه حامی گزینه‌ی سوسیالیست [در انتخابات ریاست جمهوری ایالات متحده در سال ۱۹۹۲] هستند" حل شود. گزینه‌ای که به رقابت در مقابل نامزدهای انتخاباتی مدافع جنگ، حامی نژادپرستی و بانی بحران اقتصادی [احزاب دموکرات و جمهوری‌خواه] برخاسته بودند و به همراه اعضای حزب کارگران سوسیالیست در حرکت‌های اعتراضات اجتماعی و سایر فعالیت‌های سیاسی شرکت می‌کردند.

کمتر از دو سال پس از آن، در اوایل ۱۹۹۴، گروه‌هایی از جوانان انقلابی-اندیش از چندین شهر ایالات متحده برای بازسازی یک سازمان جوانان کمونیست با یکدیگر شروع به همکاری کردند. در جلسات مشترکی که آنان در آوریل ۱۹۹۴ همان سال در شیکاگو و ایلی نویز و در اوت همان سال در اوبرلین در ایالت اوهایو برگزار کردند، در ابتدا نام کمیته‌ی سازماندهی

جوانان سوسیالیست و سپس نام جوانان سوسیالیست را برگزیدند. سپس، بر مبنای کارهای سیاسی‌ای که مشترکاً انجام دادند و تجاربی که باهم کسب کردند، هیأت‌های نمایندگی انجمن‌های محلی جوانان سوسیالیست از سراسر ایالات متحده گرد آمدند و نخستین کنگره‌ی خود را در آوریل ۱۹۹۶ در مینیا پولیس در ایالت مینه سوتا برگزار و بیانیه‌ای راکه دربرگیرنده‌ی اصول سیاسی و سازمانی بود تصویب کردند. در پاییز همان سال، کمیته‌ی سراسری حزب کارگران سوسیالیست و کمیته‌ی سراسری جوانان سوسیالیست تصمیم گرفتند که فراکسیون‌های مشترکی را در اتحادیه‌های صنعتی تشکیل دهند. سازمان جوانان سوسیالیست دومین کنگره‌ی خود را در مارس ۱۹۹۷ در شهر آتلانتا در ایالت جورجیا برگزار کرد و سومین کنگره‌ی خود را برای اواخر نوامبر ۱۹۹۸ در لس‌آنجلس فراخواند.

جوانان انقلابی-اندیش از سایر کشورها از همان آغاز در این فرآیند مشارکت داشتند و برای ساختن گروه‌های جوانان سوسیالیست در کشورهای استرالیا، کانادا، فرانسه، ایسلند، زلاندنو، سوئد و انگلستان و جاهای دیگر تلاش می‌کردند.

جک بارنز، دبیر سراسری حزب کارگران سوسیالیست ایالات متحده، در گردهم‌آیی برگزار شده در شیکاگو در سال ۱۹۹۴ توضیح داد که: "تاریخ این قرن حاکی است پیش از آنکه مبارزات وسیع کارگران عمومیت پیدا کنند و ساخته شوند و یکدیگر را تقویت کنند، اقشاری از جوانان علیه ظالمانه‌ترین و انسان‌زدائی‌ترین عواقب تضادهای اجتماعی و اقتصادی سرمایه‌داری شروع به طغیان می‌کنند... آنان که امروزه ما می‌توانیم به جنبش انقلابی جلب کنیم تعداد زیادی نیستند، اما در سراسر ایالات متحده گسترده‌اند." برای مطالعه‌ی بیشتر در این زمینه مراجعه کنید به:

"Imperialism's March Toward Fascism and War", *New Intenational* no. 10, esp. pp. 219-35 and 317-33, distributed by Pathfinder.

همچنین مراجعه کنید به:

"Young Socialists Manifesto", in *New International* no. 11, distributed by Pathfinder, New York.

۳۸ـ برای مطالعه‌ی بیشتر در این باره مراجعه کنید به:
"Educating the Leadership of a Proletarian Party" in *The Changing Face of U.S. Politics* by Jack Barnes, Pathfinder, pp. 372-87, as well as pp. 149, 161-62, and 191-92.

۳۹ـ عناوین مطالب گنجانده شده برای دوره‌ی آموزشی "مفهوم لنین از نیروهای طبقاتی و استراتژی برای تحقق انقلاب روسیه (۱۹۰۲–۱۹۱۷)" در یکی از جزوات تعلیمات سوسیالیستی به نام "دو راهنما برای مطالعه‌ی آثار لنین" آمده و پاث‌فایندر توزیع‌کننده‌ی آن است.

۴۰ـ از زمان تصویب این قطعنامه در اوت ۱۹۹۰ تاکنون پنج شماره‌ی دیگر از نیو اینترنشنال، از جمله همین شماره، منتشر شده است. علاوه بر آن، انتشار نووا اینترناسیونال به زبان اسپانیایی آغاز و چهار شماره از آن منتشر شده است، همچنین دو شماره‌ی دیگر از نوول اینترناسیونال به زبان فرانسوی و دو شماره‌ی دیگر از نای اینترنشنال به زبان سوئدی منتشر شد. همین شماره‌ی نیواینترنشنال قرار است به زبان‌های اسپانیایی، فرانسوی و سوئدی منتشر شود و برای انتشار آن‌ها در سال ۱۹۹۸ برنامه‌ریزی شده است.

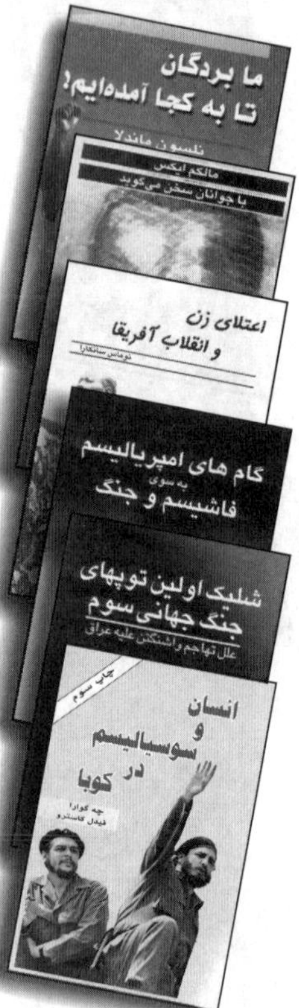

- **ما بردگان تا به کجا آمده‌ایم!**
  - اثر: نلسون ماندلا و فیدل کاسترو
  - مترجم: مسعود صابری
  - ۱۱۲ صفحه

- **مالکم ایکس با جوانان سخن می‌گوید**
  - اثر: مالکم ایکس
  - مترجم: مسعود صابری
  - ۱۶۸ صفحه

- **اعتلای زن و انقلاب آفریقا**
  - اثر: توماس سانکارا
  - مترجم: شهره ایزدی
  - ۹۶ صفحه

- **گام‌های امپریالیسم به سوی فاشیسم و جنگ**
  - اثر: جک بارنز
  - مترجم: شهره ایزدی
  - ۱۹۶ صفحه

- **شلیک اولین توپ‌های جنگ جهانی سوم،**
  علل تهاجم واشنگتن علیه عراق
  - اثر: جک بارنز
  - مترجم: شهره ایزدی
  - ۲۲۴ صفحه

- **انسان و سوسیالیسم در کوبا (چاپ سوم)**
  - اثر: چه گوارا و فیدل کاسترو
  - مترجم: شهره ایزدی
  - ۸۸ صفحه

در دست انتشار:

- **تروتسکی آن‌ها، تروتسکی ما**
  - اثر: جک بارنز
  - مترجم: مسعود صابری

- **ما وارثان انقلاب‌های جهان هستیم**
  - **اثر: توماس سانکارا**
  - **مترجم: مسعود صابری**

نشر طلایه پُرسو منتشر کرده است:

● مارکسیسم و تروریسم (چاپ دوم)

○ اثر: لئون تروتسکی
○ مترجم: مسعود صابری
○ ۶۴ صفحه

● نظری گسترده بر تاریخ

○ اثر: جورج نوواک
○ مترجم: مسعود صابری
○ ۸۰ صفحه

● چشم‌انداز دگردیسی در آموزش (چاپ دوم)

خدعه‌ی اصلاح تعلیم و تربیت در سرمایه‌داری
○ اثر: جک بارنز
○ ترجمه‌ی: شهره ایزدی
○ ۶۴ صفحه

● پورتوریکو: مستعمره‌ی ایالات متحده

«استقلال یک ضرورت است»
○ اثر: رافائل کانسل میراندا
○ مترجم: سیاوش سماواتی
○ ۹۶ صفحه

● ساختن تاریخ

مصاحبه با چهار ژنرال نیروهای مسلح انقلابی کوبا
○ مترجم: سروش محبی
○ ۲۲۳ صفحه

● محاکمه‌ی سوسیالیسم

○ اثر: جیمز پی کانن
○ مترجم: مسعود صابری
○ ۲۷۲ صفحه

● تحول در دریا (چاپ دوم)

دگرگونی سیاسی در بطن ایالات متحده
○ اثر: جک بارنز
○ مترجم: شهره ایزدی
○ ۶۴ صفحه

Also from *Pathfinder*:

Capitalism's World Disorder

WORKING CLASS POLITICS
AT THE MILLENNIUM

Jack Barnes "The social devastation, financial panics, political turmoil, police brutality, and military assaults accelerating all around us are not chaos. They are the inevitable forces unleashed by capitalism. But what future capitalism has in store for us is not inevitable. it can be changed by the timely solidarity, courageous action, and united struggle of workers and farmers conscious of their power to transform the world."

Class, Party and State and the Eastern Eurpean Revolution

Joseph Hansen, and Tom Kerry

In Defense of Marxism

THE SOCIAL AND POLILTICAL
CONTRADICTIONS OF THE SOVIET
UNION ON THE EVE OF WORLD WAR II

Leon Trotsky Writing in 1939-40, Leon Trotsky replies to those in the revolutionary workers movement who were beating a retreat from defense of the Soviet Union in face of looming imperialist assault. He describes how the rising pressures of bourgeois patriotism in the middle classes during Washington's buildup to enter the spreading imperialist war in Europe were finding an echo even inside the communist movement. And he explains why only a party that fights to bring growing numbers of workers into its ranks and leadership can steer a steady revolutionary course.

Lenin's Final Fight

SPEECHES AND WRITINGS, 1922-23

V.I. Lenin In the early 1920s Lenin waged a political battle in the Communist Party leadership in the USSR to maintain the course that had enabled workers and peasants to overthrow the tsarist empire, carry out the first socialist revolution, and begin building a world communist movement. The issues posed in this fight--from the leadership's class composition, to the worker-peasant alliance and battle against national oppression--remain central to world politics today.

This book is a Farsi translation of

U.S. Imperialism Has Lost the Cold War

from

New International No. 11

A Magazine of Marxist Politics and Theory

by

Jack Barnes

Third printing 2000

ISBN for original English version 0-87348-796-6

ISBN for Farsi version 964-5783-03-8

Translation by
Masoud Saberi

Farsi Publisher
Talaye Porsoo Publications
Tehran P.O. Box 13185/1197
E-mail: ntalaye_p@yahoo.com

This book is a Farsi translation of

U.S. Imperialism Has Lost the Cold War

from

New International No. 11
A Magazine of Marxist Politics and Theory

by

Jack Barnes

ISBN for original English version: 0-87348-796-6

New International is distributed internationally by
Pathfinder Press
pathfinderpress@compuserve.com
www.pathfinderpress.com